Carmen Rohrbach, in Bischofswerda geboren, studierte Biologie in Greifswald und Leipzig. Am Max-Planck-Institut für Verhaltensforschung in Seewiesen setzte sie ihre Ausbildung fort und promovierte in München. Danach erforschte sie ein Jahr lang das Leben der Meerechsen auf den Galapagos-Inseln. Heute arbeitet sie als Reiseschriftstellerin und Kinderbuchautorin und hält Vorträge über ihre Reisen, die sie nach Afrika, Asien und Arabien führten. Ein wichtiger Tätigkeitsbereich sind ihre Dokumentarfilme, deren Drehorte sich meist im Ausland befinden.

Weitere Titel der Autorin:
- Der weite Himmel über den Anden
- Jakobsweg
- Inseln aus Feuer und Meer
- Botschaften im Sand

CARMEN ROHRBACH

IM REICH DER KÖNIGIN VON SABA

Auf Karawanenwegen im Jemen

Ein Buch der Partner
Goldmann und National Geographic

Der Verlag dankt für die freundliche Genehmigung
zum Abdruck folgender Zitate:
Wilfried Thesiger: Die Brunnen der Wüste, S. 63 und S. 286

Titelfoto: Aglaja Stirn »Jemenitin im Bazar von Taizz«
Alle weiteren Fotografien stammen
von der Autorin Carmen Rohrbach.

SO SPANNEND WIE DIE WELT.

Dieses Werk erscheint in der Taschenbuchreihe
NATIONAL GEOGRAPHIC ADVENTURE PRESS
im Goldmann Verlag, München.

1. Auflage Juli 2002, erstmals im Taschenbuch
NATIONAL GEOGRAPHIC ADVENTURE PRESS
im Goldmann Verlag, München,
in der Verlagsgruppe Random House GmbH

Lektorat: Susanne Härtel, München
Karte: Margret Pritzsch, Gröbenzell
Satz der arabischen Schrift: Fremdsprachensetzerei Schönwald, Essen
Umschlaggestaltung: Petra Dorkenwald, München
Herstellung: Sebastian Strohmaier, München
Satz: DTP im Verlag
Druck und Bindung: Claussen & Bosse, Leck
ISBN 3-442-71179-7
Printed in Germany

Das Papier wurde aus chlorfrei gebleichtem Zellstoff hergestellt.

Inhalt

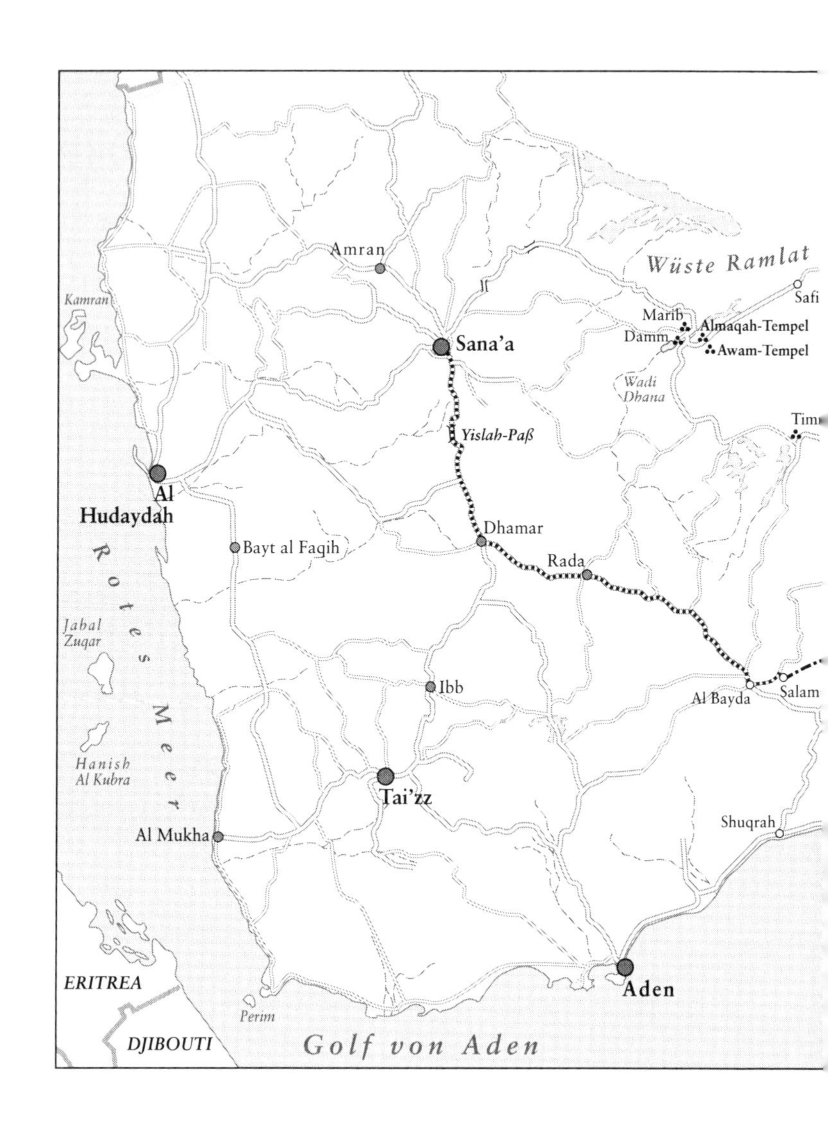

Amran
Wüste Ramlat
Safi
Kamran
Marib
Almaqah-Tempel
Damm
Awam-Tempel
Sana'a
Wadi Dhana
Yislah-Paß
Al Hudaydah
Dhamar
Bayt al Faqih
Rada
Rotes Meer
Jabal Zuqar
Ibb
Al Bayda
Hanish Al Kubra
Tai'zz
Shuqrah
Al Mukha
ERITREA
Aden
Perim
DJIBOUTI
Golf von Aden

Wüste Rub al Khali
Wadi Hadramaut
batayn
Tarim
Shibam
Sayun
Al Qatn
Hawrah
Raybun
Sabwah
J o l
Sif
Budah
Wadi Do'an
Jebath
J o l
Sira
Nisab
Ataq
Wadi Ischbum
Wadi Amaqin
Sidarah
Mukalla
Wadi Hajar
As Said
Azzan
Wadi Mayfa'ah
Bir Ali
dhali-Gebirge
Qana
N
Golf von Aden
0
50
100 km
mit dem Landrover von Qasim
Wanderroute mit Kamel Al Wasim

إذا كانت في بدء الحياة الكلمة ؛ فإنّ في بدء الرحلات كان اكتشاف موطن الانسان ، وعاداته وسلوكه وتقاليده ؛ وبالرحلات كان القاء الضوء على ثقافة مجتمعات وعلومها وآدابها وطباع اهلها واجلاء صور طالما ظلت مطموسة ومشوهة في اذهان مجتمعات اخرى حتى بقي التماسك وثيقاً بين الرحلة والثقافة.

ومن هذا المنطلق اتجهت كارمن روباك صوب اليمن لتقوم بمحاولة جادة لتقصي اثنوجرافيا الواقع اليمني في رحلتها البرية التي امتدت (٩٠) يوماً ، ليأخذها الترحال في ربوع اليمن كل مأخذ متنقلة في الصحاري والسهول ، وبين الأودية والمرتفعات على متن جملها الذي تدعوه (الوسيم)

وعلى مدار هذه الرحلة كانت كارمن شاهد عيان عن أحوال اليمن وثقافة أهلها وطباعهم وسلوكهم في الحياة ليتمخض عن ذلك ميلاد هذا الكتاب الذي نقدم له ، والذي يؤكد لنا من خلال محتواه إن للرحلة دوراً جليلاً في اثراء الحقائق وتأصيل الواقع المعيش

وإذا كان لكل كتاب هدف ، فان هدف هذا الكتاب هو الوقوف على اسلوب الحياة في بلاد اليمن ، ووصف مجموعة قيمها وعاداتها وتقاليدها وفنون اهلها ، ثم تحليلها ومقارنتها بقيم وتقاليد شعوب أخرى.

ويستدل القارئ لسطور هذا الكتاب أن اليمن كانت ومازالت قبلة للزوار ومقصداً للسائحين ، ويجد في ثناياه وصفاً اميناً وصادقاً ، مشفوعاً بالاعجاب والتقدير ، ومغايراً لذلك الوصف والصورة التي تجذرت عند كثيرين من الغرب ، الذين لايرون في الصورة العربية أكثر من كونها خروجاً عن طريق الخلق والابداع ، وبعيداً عن حميد الصفات ، وجميل القيم والسجايا.

ومن خلال الملاحظات الدقيقة التي دونتها كارمن والوصف الغني للخصائص المتنوعة في اليمن ، نكتشف قوة الترابط بين الرحلة وحركة كشف الانسان لنفسه وغيره

فلاشك إذاً أن القارئ بحاجة ملحة الى كتاب كهذا لتصحيح مسار الصورة المغلوطة التي علقت في أذهان الكثير ، وتشكيل رؤى وأفكار جديدة تتواءم مع الصورة الحقيقية لتي تجليها المعلومات الاثنوجرافية التي توصلت اليها هذه الرحلة ، التي تضيف الى صاحبتها صفة علم الاثنوجرافيا الى جانب تخصصها في علم الاحياء وكاتبة قديرة.

فغاية المنى أن تعمم الفائدة ويتحقق الهدف الذي من أجله تحملت الباحثة وعثاء لتنقل والسفر في ظروف بيئية متباينة.

امة العليم السوسوة

اليمن

Ein wichtiges Ziel des Reisens war schon immer die Erforschung menschlicher Stätten, das Kennenlernen fremder Traditionen, Bräuche und Sitten. Das Reisen brachte verschiedene Kulturen, Literaturen, Künste und Lebensweisen ins Bewußtsein, zahlreiche Bilder von dieser oder jener Gesellschaft wurden zurechtgerückt, nachdem sie lange Zeit unklar oder gar verfälscht gewesen waren.

Carmen Rohrbach ist während ihrer Expedition in den Jemen von Ort zu Ort gezogen, durch Täler und Gebirge, Wüsten und Ebenen, immer auf dem Rücken ihres Kamels Al Wasim. Ihr Ziel war, die jemenitische Gesellschaft zu beschreiben, wie sie tatsächlich ist. Was Carmen Rohrbach mit eigenen Augen von den Lebensbedingungen im Jemen, der Kultur dieses Landes, der Mentalität der Leute und ihrer Lebensweise gesehen hat, ist in dieses Buch eingegangen – ein klarer Beweis dafür, welch wichtige Rolle das Reisen beim Auffinden von Fakten spielt.

Seit langem schon ist der Jemen ein beliebtes Ziel für Touristen und sonstige Besucher, und so kann dieses Buch den Reisenden eine offene und ehrliche Beschreibung bieten, die von Bewunderung und Achtung getragen ist. Wobei sich sein Inhalt sehr von den Bildern und Vorstellungen unterscheidet, die sich fälschlicherweise in den Köpfen einiger Westler festgesetzt haben.

Beim Lesen dieser inhaltsreichen Schilderung wird auch klar, wie stark der Bezug ist zwischen dem Reisen und dem Bedürfnis des Menschen, sich selbst zu erforschen und alle die Dinge, die um ihn herum geschehen. Es ist ein Bericht, aus dem der Leser viele Ideen und Gedanken für sein eigenes Leben schöpfen kann. Ich hoffe, daß dieses nützliche Buch möglichst viele Leser findet und so das angestrebte Ziel der Autorin erreicht wird.

Amat Al-Aleem Ali Asusowa
Ministerium für Information und Kultur, Jemen

Ich ging nicht in die arabische Wüste, um Pflanzen zu sammeln oder eine Karte zu zeichnen, all das ergab sich zufällig nebenher. In meinem tiefsten Inneren wußte ich, daß meine Leistung entwertet würde, wenn ich über meine Reisen schriebe.

Wilfred Thesiger »Die Brunnen der Wüste«

Vorgeschichte

مقدمة

Träume, die sich erfüllen, machen das Leben ärmer – heißt es. Für mich hingegen bedeutet jeder Traum, den ich in erlebte Gegenwart verwandeln konnte, die Öffnung neuer Räume. Es ist mir deshalb ein Vergnügen, fast schon eine Sucht, mein Dasein ganz der Wahrmachung von Träumen zu widmen. Allerdings – die Vorstellung, mit einem Kamel durch den Jemen zu wandern, blieb für lange Zeit wirklich nur ein Traum. Aber er hat mich immer wieder wachgerufen, und eines Tages füllte er sich mit Leben.

Meine erste Begegnung mit dem Jemen liegt weit zurück. Damals war ich noch ein Kind und nährte meine Sehnsucht nach der Ferne mit Büchern über abenteuerliche Entdeckungsreisen. Sie entzündeten in mir ein Feuer, dessen Glut nie mehr erlosch: In meiner Phantasie gab es mächtige Königreiche und blühende Gärten inmitten der Wüste, endlose Kamelkarawanen, schwer beladen mit den Kostbarkeiten des Orients, und vor allem das zauberhafte Bild der Königin von Saba.

Ich wollte es den mutigen Helden meiner Bücher gleichtun: ferne Länder erforschen, unbekannte Völker kennenlernen und allen Gefahren standhalten. Sie waren furchtlose Einzelgänger, denen das Entdecken ein höchst persönliches Abenteuer bedeutet hatte, und viele verloren ihr Leben bei Überfällen, Mordanschlägen und Krankheiten. Statt mich abzuschrecken, steigerte dies nur die Verlockungen am wilden Wagnis.

Sollte ich mich auch als Araber verkleiden wie der Italiener

Ludovico di Varthema, der als erster Europäer 1503 in den Jemen eindrang? Er wurde allerdings schnell entlarvt und als Gefangener nach Sana'a verschleppt. Mit viel Glück kam er frei und konnte so ein Buch über sein Abenteuer schreiben.

Um sich ins Land zu schmuggeln, hatten sich fast alle getarnt, manche benutzten sogar dunkle Haftschalen, um ihre blauen Augen zu vertuschen. Vor dem Spiegel versuchte ich mich in einen ansehnlichen Araber zu verwandeln, aber zwecklos. Das Spiegelbild zeigte mir nur die lächerliche Faschingsfigur eines »Kleinen Muck«. Daher las ich vorerst weiter in meinen Büchern – vielleicht stieß ich doch noch auf eine nützliche Idee für mich.

1536 besetzten türkische Osmanen das Land und blieben 100 Jahre lang. Zwei portugiesische Missionare ließen sich von den Gefahren nicht abschrecken und versuchten im Jahr 1589 sogar ohne Verkleidung in den Jemen zu gelangen. Für mich waren sie zum Nachahmen ungeeignet, denn Missionarin würde ich ganz bestimmt nicht werden. Die Jesuiten mußten für ihren Mut bitter büßen. Fünf lange Jahre dauerte ihre Gefangenschaft, über die Pater Pero Pais später einen eindrucksvollen Bericht verfaßte.

Im Jahr 1616 war Pieter van den Broecke, ein holländischer Kapitän, einer der wenigen, dem während der osmanischen Herrschaft die Ehre zuteil wurde, willkommener Gast im Palast des Pascha zu sein. Von ihm erhoffte sich der Herrscher einträgliche Handelsgeschäfte. Doch auch dies war für mich kein erfolgversprechender Berufsweg. Zum Kapitän fehlten mir Statur und Seefestigkeit und zum erfolgreichen Händler das Rechentalent.

Nach Ende der osmanischen Besetzung übernahmen Imame die Herrschaft im nördlichen Teil des Jemen. Als weltliche und religiöse Oberhäupter vereinigten sie in sich die doppelte Macht. Auf das Abendland übertragen wären sie Papst und König in einer Person gewesen. Die Imame waren äußerst mißtrauisch und wollten ihr Land vor schädlichen Einflüssen aus der Fremde abriegeln. Ohne ihre Genehmigung durfte kein Ausländer den Jemen betreten, und die wenigen offiziellen Gäste wurden streng bewacht. Bis 1962 – so lange herrschte der letzte Imam – war freies Reisen im Nordjemen verboten. Doch die wahren Abenteurer ließen sich nicht beirren und schlichen sich selbst bei Lebensgefahr ins Land ihrer Träume.

Carsten Niebuhr war eine Ausnahme unter den frühen Forschungsreisenden. Sein Vorbild regte mich dazu an, Wissenschaftlerin zu werden, denn Niebuhr war Mitglied der ersten wissenschaftlichen Expedition im Auftrag des Königs von Dänemark. Im Jahr 1761 bestieg das fünf Mann zählende Forschungsteam wohlgemut ein Schiff in Kopenhagen, aber in Ägypten verpaßten sie den Anschluß – das vorgesehene Schiff fuhr ohne sie ab. Erst ein Jahr und zehn Monate später erreichten sie die Küste des Jemen. Nach langer Wartezeit im feuchtheißen Küstenklima hatten sie endlich Glück. Der damals herrschende Imam liebte Geschenke, vor allem Spieluhren und andere kleine Wunderwerke, und so ließ er die Forscher zu seinem Regierungssitz nach Sana'a geleiten.

Carsten Niebuhr verstand es, sich der fremden Umgebung und Lebensweise anzupassen. Er kleidete sich in arabische Gewänder, nicht um sich zu verstecken, sondern weil sie dem Klima angemessen und seinen Zwecken am dienlichsten waren. Er aß die landesübliche Kost und reiste auf dem Rücken eines Esels durch das Land. Erst nach sechs Jahren – als einziger Überlebender seines Teams – kehrte er mit wertvollen Informationen über den bis dahin unbekannten Jemen in seine norddeutsche Heimat zurück. Dort schrieb er Bücher, die später mein Leben beeinflussen sollten.

50 Jahre nach Carsten Niebuhr reiste ein tollkühner Wissenschaftler in den Jemen: der ostfriesische Arabist und Biologe Ulrich Jasper Seetzen. Ihn interessierten vor allem antike Inschrif-

ten. Eigentlich sollte mir der Wagemut von Seetzen imponieren, doch mir mißfiel der Fanatismus, mit dem er sich ausschließlich auf das Sammeln von Inschriften versteifte, ohne auf die Gefühle seiner Gastgeber Rücksicht zu nehmen. Später erfuhr ich, wie hilfsbereit Jemeniten sein können, und so nahm ich mir viel Zeit für Gespräche und Debatten, erklärte ihnen Ziel und Zweck meiner Reise, befolgte ihre Ratschläge und gehorchte ihren Anordnungen – allerdings mit einer Ausnahme.

Seetzen hatte sich anders verhalten, als er 1810 in den Jemen kam, denn er versuchte die Einheimischen mit der Tracht eines Derwischs zu täuschen. Derwische sind Angehörige eines asketischen und mystischen islamischen Ordens. Der Forscher wurde durchschaut, als er in aller Eile alte Inschriften in Moscheemauern kopierte. Von da an beobachteten ihn die Jemeniten argwöhnisch, ohne daß er dessen gewahr wurde. Als dann ausgerechnet die Brunnen versiegten, deren Inschriftensteine er freigelegt und mitgenommen hatte, war das Maß voll. Der Forscher wurde verhaftet und böswilliger Zauberei beschuldigt. Seine Aufzeichnungen in der für Araber unbegreiflichen Schrift verstärkten den Verdacht, und Reagenzgläser mit in Spiritus konservierten Schlangen und Eidechsen, getrocknete Blätter, Zweige und Blüten, außerdem kleine Tierskelette, lieferten den scheinbaren Beweis für Seetzens obskure Tätigkeit. Sein Hab und Gut, die gesamte wissenschaftliche Sammlung, die Tagebücher, alles wurde verbrannt. Seetzen starb bald darauf im Dezember 1811. Er sei vergiftet worden, wird behauptet. Aber die geheimnisvollen Inschriften, von denen er Kopien an seine Mäzene hatte schicken können, entzündeten in Europa ein Forschungsfieber unter den Gelehrten. Viele träumten davon, eine alte Sprache zu entdecken und zu entziffern.

Besonders erfolgreich war der Franzose Louis Arnaud, der als Apotheker und Arzt im Dienst des Imam stand. Er nutzte im Jahr 1843 seine privilegierte Stellung und reiste heimlich mit Gefährten und jemenitischen Führern nach Marib, der Ruinenstadt des ehemaligen Königreiches Saba. Die Fremden wurden von den Einheimischen mit großer Herzlichkeit begrüßt und als Gäste willkommen geheißen. Alles ging gut – bis Arnaud Inschriften auf alten Steinen entdeckte. Sie waren für den Hausbau des Dorfes verwendet worden und stammten aus der antiken Königsstadt. Arnaud brachte es fertig, zwei dieser Epigraphe inmitten der Dorfbewohner zu kopieren, die ihn unter lautem Geschrei und heftigen Verwünschungen umringten. Auf den Flachdächern standen die Frauen und schrien: »Jagt den Ungläubigen fort, diesen Zauberer, der Unglück über unser Dorf bringt.«

Was sollte ich von all diesen eifrigen Sammlern halten? Konnten sie mir ein Vorbild sein? Ich bewunderte ihre kühne Entschlossenheit und die leidenschaftliche Hingabe an die selbstgestellte Aufgabe. Ihnen verdanken wir die Kunde über die geheimnisvollen Königreiche Saba, Ma'in, Qataban, Aussan, Hadramaut und Himjar. Beflügelt vom Entdeckerdrang setzten sie sich über alle Hindernisse hinweg, und es war ihnen gleich, was die Jemeniten dachten und fühlten. Ich wollte es einmal besser machen. Nicht die Altertümer waren mir wichtig, sondern die Menschen. Sie wollte ich kennenlernen, bei ihnen leben und ihren Alltag mit ihnen teilen. Damals konnte ich noch nicht ahnen, in welche Bedrängnis auch ich dabei geraten würde.

Zu Beginn unseres Jahrhunderts erschienen die ersten fremden Frauen im Jemen, zunächst als Begleiterinnen ihrer Männer. Und endlich begegnete mir in ihren Büchern die Frau, die mir den Weg weisen sollte: Freya Stark. Im Jahr 1934 reiste sie allein, nur begleitet von ortskundigen Beduinen, entlang der Route, die in der Antike als Weihrauchstraße berühmt war. Nie zuvor hatte eine alleinstehende Frau ein solches Unternehmen gewagt, war in die archaische Welt der Nomaden und Feudalherren, der Beduinen und Stammesfürsten, der Sultane und

Scheichs eingedrungen, hatte zusammen mit ihnen gelebt und herzliche Freundschaften geschlossen.

Freya Stark, 1893 in Paris geboren, war eine außergewöhnliche Frau, die sich entschlossen über die Konventionen der Gesellschaft hinwegsetzte. Selbstbewußt entschied sie sich für ein Leben in Freiheit und Unabhängigkeit. Sie lernte Arabisch und reiste 1927 allein nach Bagdad, um dort ihre Studien fortzusetzen. Anders als die übrigen Europäer lebte sie im arabischen Viertel der Stadt, denn ein wichtiges Anliegen war für sie der Kontakt zur einheimischen Bevölkerung. Mit Instinkt und Klugheit fand sie die richtige Balance im Umgang mit den Menschen. Sie organisierte Expeditionen in unerschlossene Gebiete, meist allein mit einheimischen Führern. Reisen war für Freya Stark ein Mittel, hinter den Schleier unseres Daseins zu blicken.

Die Reisenden, die mir den Weg in den Jemen wiesen und deren Berichte sich meinem Gedächtnis einprägten, leben alle nicht mehr. Auch Freya Stark starb 1994, sie wurde 101 Jahre alt. Aber ihre Spuren sind unvergänglich, solange andere ihnen folgen.

Trotz Freya Starks Vorbild war für mich der Weg besonders kompliziert. Zwar bereitete ich mich schon als Kind zielstrebig auf Expeditionen vor, härtete mich gegen Kälte, Hunger und Durst ab, lernte später Jagen, Reiten, Klettern und Tauchen, studierte Biologie, weil ich auf einen Forschungsauftrag im Ausland hoffte – aber alles vergeblich, denn mein Land war hermetisch abgeschlossen, ähnlich dem Jemen unter den Imamen. Niemals hätte ich meine Träume verwirklichen können. Aber ich konnte nicht auf sie verzichten, denn sie waren mein Lebenssinn. Es gab für mich keine andere Aufgabe im Leben als reisen, forschen, beobachten und berichten. Doch die geschlossenen Grenzen der DDR drohten mein Leben zu zerstören. Auf dem Weg in den Jemen mußte ich zuerst durch die Ostsee schwimmen. Nach nur einem halben Jahr in Freiheit war ich Mitglied einer Bergsteiger-Expedition im Himalaya. Aber das war nicht das Abenteuer, das ich suchte. In der Gruppe war ich geschützt und nicht der Natur ausgeliefert, wie ich es brauchte, um sie in ihrer Wahrheit, Schönheit und auch Gewalt zu erleben.

Ich kletterte auf den Mount Kenya, zeltete auf dem Kilimandscharo, fuhr mit dem Kajak die Wasserfälle in Mexiko hinunter, aber erst allein, in einer lebensfeindlichen Umwelt, sammle ich die für mich wichtigen Erfahrungen. Immer zu Fuß unterwegs, bemüht, wenig »Spuren« zu hinterlassen, wanderte ich durch die Anden von Ecuador, durch Feuerland und die Philippinen, lebte bei Indianern im Gebirge und bei Kopfjägern im Dschungel. Ein Jahr lang erforschte ich allein auf einer Insel das Leben der Meerechsen auf Galapagos und zog mit meinem Pferd Tuco durch Argentinien.

Als ich meine Art zu reisen in Asien, Afrika und Amerika erprobt hatte, glaubte ich, reif zu sein für meine Expedition nach Arabien. Prickelnd wie niemals zuvor empfand ich die Ungewißheit und den Reiz eines wahren Abenteuers. Ich würde ein Land kennenlernen, das mir nur schemenhaft in den Büchern erschienen war. Ich erwartete mir viel vom Jemen.

Würde es aber möglich sein, allein durch das Land zu wandern? Niemals zuvor war ein Fremder ohne einheimische Führer gereist, und ausgerechnet ein Kamel hatte ich als Lastenträger gewählt, ein Tier mit unbezähmbarem Eigensinn und Trotz. Ich aber hing diesem Plan an, gerade weil er schier unmöglich zu verwirklichen war.

Sana'a – Goldene Stadt im Morgenlicht

صنعاء الذهبية وقت الشروق

Das stolze Ghumdan steigt zur Höhe des Himmels, in zwanzig Stockwerken; die Wolken sind sein Turban.

Hamdani (10. Jh.)
über den sagenhaften Palast in Sana'a

Wie in einem Kaleidoskop treten Gesichter und Gestalten hervor, wirbeln durcheinander. Aus der Erinnerung tauchen sie auf, für einen Moment sehe ich sie deutlich, höre jemanden lachen. Von überall strömt mir Herzlichkeit und Zuneigung entgegen, menschliche Wärme im Übermaß. Ich denke an den Aufenthalt im Lager der Beduinen und wie bestürzt sie waren, als ich kein Fleisch essen wollte. Die Alte, die nachts ihr kaltes Lager unter der dünnen Plane mit mir teilte. Ich erinnere mich an Hochzeitsfeiern und Tänze, an prachtvoll geschmückte Frauen oder an Frauen in dunklen, fensterlosen Küchen, wie sie mit glühendheißen Töpfen und Tiegeln hantierten und beim Abschmecken den Finger in brodelnde Brühen tauchten. Ich denke zurück an das Unglück, als mein Kamel entflohen war und wir im Landrover einen Tag lang hinter ihm herjagten, und an den ehrwürdigen Scheich, der in seinem blütenweißen Gewand auf die Kühlerhaube sprang. Ich sehe Zayd wieselflink auf einen Baum klettern und Holz für das Lagerfeuer schlagen, während Salem derweil den Brotteig auf einem flachen Stein knetet. Ich höre Nasser hoch vom Kamelrücken mit seiner Fistelstimme selbsterfundene Lieder trällern. Nasser, der mich wegen seiner Torheit zur Verzweiflung trieb und dann wieder mit seinen Späßen zum Lachen brachte. Oder meine Flucht, als die Polizei zwei Tage lang suchte, bis sie mich unter einem Baum beim Spaghettikochen fand und mich wunderbarerweise mit meinem Kamel allein weiterziehen ließ. Ich denke an Rechmar, die unermüdlich versuchte, mich zur Muslima zu bekehren, damit ich nicht in der Hölle braten müsse. Ich sehe die vielen beeindruckenden Frauen, vor allem Habiba, meine Freundin.

Begonnen aber hatte alles mit der Sprachenschule in Sana'a. Wie war das eigentlich gewesen, als ich noch kein Wort Arabisch konnte? Gleich einer Festungsmauer trennte mich die schwierige Sprache von meinem Gastland. Die Zugbrücke war hochgezogen und das Tor geschlossen. Vergeblich die Jahre des Selbststudiums mit Tonkassetten und Büchern. Die Wörter klebten mir wie Fremdkörper im Mund und ließen sich nicht aussprechen. Die unsägliche Mühsal des Anfangs liegt weit zurück, aber an meine jemenitische Lehrerin Karima erinnere ich mich genau. Sie nahm mich bei der Hand und führte mich Wort für Wort den gläsernen Berg hinauf. Sie hielt mich, wenn ich abrutschte, und plötzlich wurde es leicht, und die Wörter sprudelten hervor.

Ich erwache in einem wunderschönen Raum. Er ist ohne jeden Schmuck, und doch jubele ich innerlich vor Entzücken. Ich fühle mich wie in einem zauberhaften Glaspalast. Die Fenster reichen bis zum Fußboden, und ich erblicke das Panorama von Sana'a vergoldet im Morgenlicht. Es gibt Augenblicke im Leben, die vergißt man nie mehr. Sie prägen sich unauslöschlich dem Bewußtsein ein. Dieser erste Blick auf Sana'a, die Hauptstadt des Jemen, ist so ein Augenblick.

Tumult und Getöse, gellende Schreie haben mich aus dem Schlaf gerissen. Trunken vor Müdigkeit wehrte ich mich gegen das Aufwachen. Aber die dröhnenden Stimmen waren unerbittlich. Sie bohrten sich in meine Ohren, krallten sich in das Gehirn und rissen mich in den neuen Tag hinein, in den ersten Tag meines Abenteuers im Jemen.

Aus allen Himmelsrichtungen, von zahlreichen Moscheen hallen die Rufe der Muezzins: »*Allahu akbar*!« Die Stimmen überlagern sich, ekstatische Weisen mischen sich mit schwermütigen Melodien, schrille Töne mit melodischen Gesängen zu einer mächtigen Symphonie. Die Muslime werden zum Gebet gerufen. Ich hebe den Kopf und sehe von meiner Matratze am Boden eine Stadt wie aus einem Traum. Die hohen, schlanken Häuser erscheinen mir wie Märchenschlösser. Die dunklen Steinfassaden und die braunen Ziegelwände sind verziert mit weißen Stukkaturen, die sich um jedes Fenster, um jeden Balkon ranken wie ein Gewebe aus feinem Spitzenwerk. Über den Fenstern wölben sich Rundbögen, ausgelegt mit Alabaster und farbigem Glas. Die schneeweißen Kuppeln der Moscheen, die schlanken Minarette und die grünen Gärten zwischen den Turmhäusern steigern den zauberhaften Anblick. Die Phantasien aus Tausendundeiner Nacht scheinen mir greifbar, fast unheimlich nah und gegenwärtig.

Gestern nacht bin ich in Sana'a gelandet. Ich war die einzige Europäerin, aber niemand schien sich an meiner fremdartigen Erscheinung zu stören. Als ich durch die Sperre trat, sah ich ihn sofort, den kleinen Zettel mit den drei Buchstaben YLC, und ergänzte sie zu Yemen Language Center, die Sprachenschule, bei der ich mich zum Arabischunterricht angemeldet hatte. Die drei Initialen waren auf eine herausgerissene Heftseite gekritzelt, die ein Jemenit zierlich zwischen Daumen und Zeigefinger hielt. Der Mann hatte funkelnde schwarze Augen, trug ein Tuch lässig um den Kopf geschlungen, sein langes, weißes Gewand wurde von einem goldbestickten Gürtel gerafft, in dem ein Dolch steckte.

»*Salam aleikum*«, sagte ich beklommen.

Ein Lächeln erhellte sein Gesicht. »*Wa aleikum as-salam*!« erwiderte er und winkte mir, ihm zum Fahrzeug zu folgen. Wir rollten auf Sana'a zu. Die Hauptstadt war in Dunkel gehüllt, nur schemenhaft konnte ich im Licht der Scheinwerfer die Fassaden der Häuser erkennen. Der Fahrer erzählte allerlei auf arabisch, bis er einsah, daß ich ihn nicht verstand. Schließlich hielten wir in einer Gasse vor einem turmhohen Gebäude. Der Mann hatte drei Schlüssel. Mit dem ersten öffnete er das große Tor zum Innenhof, mit dem zweiten die schwere Holztür zum Haus, und nachdem wir über eine Wendeltreppe ins oberste Stockwerk gelangt waren, mit dem dritten eine Zimmertür. Er reichte mir den Ring mit den drei Schlüsseln und verabschiedete sich: »*Ma'a-salama*!«

Ich war allein. Allein in einem fremden Land, einer fremden Stadt, einem fremden Zimmer. So spät in der Nacht schienen alle Bewohner längst zur Ruhe gegangen zu sein. Zu müde, mir weiter Gedanken zu machen, ließ ich mich auf die am Boden liegende Matratze fallen und schlief sofort ein.

Jetzt, am Morgen des neuen Tages, fühle ich mich ein wenig schwindelig. Wahrscheinlich ist es wegen der ungewohnten Höhe, denn Sana'a liegt auf einem 2200 Meter hohen Gebirgsplateau. Ich sehe mich um in dem Raum, der für die nächsten zehn Wochen mein Studierzimmer und Zuhause sein wird. Er ist vier Meter lang, drei Meter breit und sparsam eingerichtet. An der Stirnseite steht ein kleiner Schreibtisch mit Leselampe, daneben ein Kleiderschrank aus Stoff, am Boden ein Kokosläufer, auf dem die Schlafmatratze liegt. An der etwa drei Meter hohen Decke fallen die mächtigen, querverlaufenden Balken auf. Sie sind weiß gekalkt, ebenso die Wände, in die Nischen, Konsolen und Simse eingearbeitet sind, die das Fehlen von Regalen und Schränken geschmackvoll ausgleichen. Das Schönste am Raum aber sind die bis zum Boden reichenden Fensterreihen mit dem

Blick auf Sana'a. Darüber wölben sich bunte Oberlichter. Die Sonne scheint durch das farbige Glas, und ein zauberhaftes Licht huscht verspielt über die weißen Wände.

Es ist still in dem hohen Haus, und ich begebe mich auf die Suche nach den Bewohnern. Überall Türen mit arabischen Zahlen. Ich klopfe an, manche sind verschlossen, andere offen, aber nirgendwo ein Mensch.

Inzwischen habe ich ziemlichen Hunger und vor allem Durst, denn zuletzt habe ich im Flugzeug etwas zu mir genommen. Ich werde also Geld umtauschen und dann einkaufen, denn hier im Wohnhaus hat zwar jeder Sprachschüler freie Unterkunft, muß sich aber selbst um alles kümmern. Niemand ist da, der den Ankömmling einführt, statt dessen liegt auf dem Tisch eine Info-Mappe in Englisch, der Leitfaden in der Fremde. Ich stecke meine drei Schlüssel in die Tasche und mache mich auf zum Erkundungsgang durch die Stadt bis zum weit entfernten Schulgebäude. Als Wegweiser dient ein handgezeichneter Straßenplan aus der Mappe.

Schwarze Milane kreisen am Himmel, irgendwo hinter den geschlossenen Fassaden meckern Ziegen, Hühner gackern und ein Hahn kräht. Eine Hauptstadt mit ländlichen Geräuschen. Mir ist seltsam, fast wie in einem Traum zumute, als ich durch die fremde, märchenhafte Stadt wandere mit ihren Minaretten, Kuppeln und Turmhäusern, deren Ziegelfassaden mit weißem Dekor wie eine Torte verziert sind. Die Straßen sind schmal, und doch zwängen sich Fahrzeuge hindurch, stauen sich und verpesten die Luft mit Abgasen. Diese zahlreichen Autos wollen gar nicht so recht in das Bild meiner Märchenstadt passen. Ich weiche aus in verwinkelte Nebenstraßen. Die Altstadt von Sana'a ist gebaut wie ein Labyrinth. Straßen und Häuser sind ineinander verschachtelt, manchmal endet eine Gasse vor einer Hauswand, und ich muß umkehren. Der Stadtplan ist mir hier keine Hilfe mehr. Dennoch fürchte ich nicht, mich zu verirren. Ich aktiviere einfach meinen Orientierungssinn, den ich bei Wanderungen in Urwäldern erprobt habe. Ich weiß die Richtung, aus der ich gekommen bin, und diejenige, in der die Schule liegen muß. Zwischen diesen beiden Fixpunkten lasse ich mich treiben. So kann ich mich mit wachen Sinnen auf die Gerüche und Geräusche, Farben und Formen meiner Umgebung konzentrieren. Mir fallen die Messingklopfer an jeder Tür auf, mit denen sich Besucher klappernd bemerkbar machen. Straßennamen und Hausnummern gibt es hier nicht. Die unteren Etagen haben keine Fenster, höchstens Luftlöcher. Erst in den oberen Stockwerken sind Fensterluken eingesetzt, oft verkleidet mit einem Holzgitter.

Weit hallt das Lachen der Kinder, die sich in den Gassen mit Hüpf- und Fangspielen vergnügen. Männer hocken vor ihren Haustüren, andere schlendern Hand in Hand umher. Sie wirken auf mich wie Darsteller aus einem exotischen Abenteuerfilm. Mit malerisch um den Kopf geschlungenen Tüchern, bunten Röcken oder weißen Gewändern, von einem bestickten Gürtel gerafft, in dem der Krummdolch steckt, und den schwarzen Augen in braunen, hageren Gesichtern mit wilden, schwarzen Haaren, scheinen sie Piraten oder orientalische Märchenprinzen zu sein. Niemand scheint mich besonders zu beachten. Ich empfinde es als angenehm, durch die fremde Stadt zu spazieren, so als wäre ich schon oft hier gewesen.

Frauen gehen selten durch die Gassen. Vom Scheitel bis zur Sohle in Schwarz gehüllt, sind sie gerade deswegen um so auffälliger. Es ist eigenartig, einem Menschen zu begegnen, den man nicht sehen kann; selbst die Schlitze für die Augen sind mit Schleiern verhängt.

Plötzlich versperrt mir eines dieser gesichtslosen Wesen den Weg. Aus dem schwarzen Umhang schnellt eine Hand im schwarzen Handschuh hervor, streckt sich mir zum Gruß entgegen. Und mit kessem Ton fragt eine fröhliche Mädchenstimme in bestem Schulenglisch: »*What is your name?*« Ich bin so verblüfft, daß mir die Antwort nicht einfällt. Eine zweite schwarze Figur tritt hinzu und sagt forsch: »*How do you do?*« Und die dritte will wissen: »*Do you like Yemen?*« Sie amüsieren sich köstlich über meine Verlegenheit, haken sich unter und ziehen kichernd weiter. Ich staune. Meine vorgefaßte Meinung über unterdrückte und ins Haus verbannte Jemenitinnen bekommt einen ersten Riß.

Meine Überlegungen werden abrupt unterbrochen. Ein gewaltiges Dröhnen wie ein Donnerschlag läßt mich zusammenzucken. Ich stehe gerade unter einem Minarett, und der Muezzin hat unvermittelt den Lautsprecher eingeschaltet. Der Gebetsruf wirft mich fast um. Die Stille danach ist köstlich. Das Gehör wird wieder empfänglich, und es ist, als würden die Alltagsgeräusche der Stadt zu neuem Leben erwachen.

Dann stehe ich vor einer hohen Lehmmauer. Ein Schild mit den bereits vertrauten Buchstaben YLC weist mir den Eingang zur Schule. Durch einen engen Durchschlupf gelange ich in den Innenhof. Eingehüllt in schwarze Gewänder sitzen drei Jemenitinnen im Schatten. Ihre Gesichter sind unverschleiert.

»*Salam aleikum*«, grüße ich verlegen. Die Frauen antworten und lächeln mir aufmunternd zu. Sie sind Lehrerinnen an der Schule. Eine gefällt mir besonders. Umrahmt von schwarzem Tuch scheint ihr Gesicht zu leuchten. Karima heißt sie, erfahre ich, als ich ihr die Hand reiche.

Allerlei Arabisch

الكل يعربي

Hier und da hockt ein bärtiger Patriarch wie aus dem Alten Testament auf einer Türschwelle in jener feierlichen Haltung, wie sie Arabern so oft eigen ist.

Fritz Kortler »Altarabische Träume«

Karima schaut mich an, zögert einen Moment, dann streift sie entschlossen ihre Schuhe von den Füßen und schleudert sie mit anmutiger Bewegung ihrer nackten Zehen schwungvoll unter den Tisch.

»Sehr heiß heute«, sagt sie.

Barfuß, aber mit schwarzem Mantel, dem *baldu,* der bis zu den Knöcheln reicht, und dem Tuch, das ihren Kopf fest umschließt, steht sie vor mir. Karima ist sehr schön. In ihrem ebenmäßigen Gesicht leuchten dunkle Augen. Die schwarze Kleidung beeinträchtigt nicht, sondern betont ihre Schönheit.

Karima unterrichtet mich in Arabisch. Wir sind allein im Klassenraum, da ich die einzige Sprachanfängerin bin. Als ich bei meiner Ankunft die junge Frau im Schulhof sah, wünschte ich sie mir insgeheim als Lehrerin. Wie staunte ich, als sich der Wunsch erfüllte, und ich betrachtete es als gutes Omen. Ach, wäre ich doch niemals so leichtsinnig gewesen, Arabisch lernen zu wollen! Ich bin verzweifelt. Die fremdartige Schrift ist noch das Beste an dieser schweren Sprache. In meinen Ohren klingen alle Wörter ähnlich: *aktub, akul, afham, aftah, adfah, arif, aschrab, asaal*... Und diese Verben soll ich in Vergangenheitsform und Gegenwart konjugieren können!

Karima lobt mich wegen meines guten Gedächtnisses, aber sie weiß nicht, wie viele Stunden ich Vokabeln lerne, nämlich von früh bis spät. Es zahlt sich aus, denn bald kenne ich die Bezeichnungen für alle Früchte von Ananas bis Zitrone, alle Gemüsesorten von Gurke über Knoblauch bis zur Zwiebel. Im Restaurant lese ich die Speisekarte auf arabisch und kann gefüllten Paprika, Reis und Rindfleisch, Lamm, Fisch und Huhn bestellen, auf der Post einen eingeschriebenen Brief aufgeben oder ein Postschließfach eröffnen. Ich weiß die Uhrzeit mit viertel, halb und zwanzig vor oder nach der vollen Stunde, vermag die arabischen Wochentage und Monate zu sagen und die Zahlen von 1 bis 1000 in der männlichen und weiblichen Form. Aber – ich kann keinen einzigen Araber verstehen! Auf der Straße oder am Markt lausche ich angestrengt den Gesprächen. Die Leute reden rauh und derb. Es gelingt mir nicht, einzelne Wörter herauszufiltern. In meinen Ohren klingt die Sprache gewalttätig wie eine Kriegstrommel.

Die anderen Sprachschüler haben Jahre an Universitäten Arabisch studiert und wollen hier ihre Kenntnisse vervollkommnen. Es ist für mich kein Trost, daß sie zwar mühelos arabische Bücher lesen, sich aber kaum auf arabisch unterhalten können. Während diese Studenten, die in Gruppen angereist sind, in vier anderen Wohnhäusern untergebracht sind, wohnen in meinem Haus einzelne Studierende: Die Holländerin Anna Chris ist Architektin und hofft auf Anstellung in einem Bauprojekt. Elisabeth kommt aus Schweden und schreibt ihre Dissertation über arabische Frauen. Adele aus Italien studiert Völkerkunde und möchte am liebsten alle Sprachen der Welt lernen. Der Engländer Laurence beschäftigt sich mit dem Islam und ist sogar Muslim geworden. Doménic aus Kanada will sich für den auswärtigen Dienst in arabischen Ländern bewerben, und Nicolai aus Polen war einfach mal neugierig, ein arabisches Land kennenzulernen.

In den ersten Tagen verbringe ich viel Zeit mit den anderen. Wir gehen zum *suq* einkaufen, am Wochenende besichtigen wir die Umgebung von Sana'a, kochen in der Gemeinschaftsküche, trinken Kaffee im Garten und – unterhalten uns auf englisch! Mein Englisch wird merklich besser. Nur zu gerne vergesse ich dabei die Qualen des Arabischunterrichts. Es ist eine verführerische Gemeinschaft, eine Sprachinsel inmitten des unverständlichen Wortgewirrs.

Um dieser Sprachfalle zu entkommen, schwöre ich mir, kein Wort Englisch, nur noch Arabisch zu reden. Aber außer *Salam aleikum* weiß ich nicht viel zu sagen. Als Vorbedingung muß ich zuerst meine Hemmungen überwinden.

Ich beginne mit den Kindern. Sobald sie mich auf der Straße erblicken, rufen sie: »*Sura! Sura! Galam! Galam! Sura!*« Diese Wörter bedeuten: Foto und Kugelschreiber, weil manche Touristen jede Menge Kugelschreiber an Kinder verteilen und gerne fotografieren. Dieses Geschrei war mir lästig gewesen, nun aber warte ich, bis die Kinder mich umringen, stelle Fragen und erzähle, wie ich heiße, woher ich komme und was ich hier mache. Dabei passieren lustige Sprachfehler. Einmal will ich von einem kleinen Mädchen den Namen wissen. Doch statt dessen fragte ich: »Wieviel Kinder hast du?«

Auch der Einkauf von Lebensmitteln ist eine geeignete Bühne für Sprachübungen. Ich beginne mit: »*Nuss kilu russ, min fadlack,* ein halbes Kilo Reis, bitte.« Bald schon bereitet es mir großes Vergnügen, einzukaufen und zu handeln. Vormittags lerne ich bei Karima, und am Nachmittag probiere ich die neuen Wörter aus. Häufig bummle ich durch die Jamal-Straße. Dort reiht sich Laden an Laden. Die Geschäfte quellen über von Waren: Stoffe, Kleidung, Videos, Fernseher, Kameras, Brillen, Parfüm, Goldschmuck. Nach einer Klassifizierung der UNO gehört der

Jemen zu den ärmsten Ländern der Welt – kaum zu glauben angesichts des reichhaltigen Warenangebots und der vielen Käufer.

Amüsiert beobachte ich Frauen beim Einkauf, bei dem sie keineswegs eine sanftmütige Rolle spielen: Die schwarz verschleierte Kundin betritt den Laden wie einen Kampfplatz. Den Verkäufer würdigt sie weder eines Blickes noch eines Grußes. Blitzschnell huschen ihre Augen über die Regale, und schon reißt sie etwas aus der Mitte des Stapels heraus. Als wolle sie sich nicht die Hände schmutzig machen, hält sie die Ware zwischen zwei Fingern weit von sich gestreckt und fragt in herrischem Ton: »*Bikam?*« Mit abgewandtem Kopf murmelt der Verkäufer den Preis. Entrüstet wirft sie die Ware zurück: »*Rrali!* Zu teuer!« Sie sucht weiter, reißt Stapel auseinander, befühlt und durchwühlt alles. Kann sie den von ihr gewünschten Preis nicht erzielen, stürmt sie ohne Verabschiedung aus dem Geschäft. Oder sie rafft einige Sachen zusammen und feilscht um einen Rabatt. Obwohl ihr Gesicht vom Schleier verdeckt ist, vermeidet der Verkäufer, die Kundin anzublicken. Er bleibt während des ganzen Theaters seltsam passiv. Will er auf ein günstiges Angebot aufmerksam machen, legt er die Ware wie zufällig auf den Ladentisch, als wäre sie kaum einer Beachtung wert.

Auf meinem Heimweg komme ich jeden Tag an einem Mann vorbei, der vor seiner Haustür hockt und freundlich meinen Gruß erwidert. Die Neugier plagt ihn, doch er möchte nicht unhöflich sein und die Ausländerin so einfach ansprechen. Schließlich hat er eine Idee. Er winkt mich heran und fragt: »*Kam sa'a?*«

Wie bin ich stolz, daß ich die Frage verstanden habe und antworten kann! Die Uhrzeit, nach der er gefragt hat, ist ihm aber gar nicht wichtig. Wohin ich denn jeden Tag gehe, will er wissen, und lobt mich, wie gut ich schon Arabisch gelernt habe. Es macht ihm Spaß, meine Aussprache zu korrigieren. Hassan, wie der Mann heißt, wird nicht müde, mir die schwierigen Laute seiner Sprache immer wieder vorzusprechen. Von nun an plaudern wir jedesmal, wenn ich vorbeikomme. Hassan läßt sich meine Schulbücher und Hefte zeigen, überprüft meine Kenntnisse und lehrt mich neue Wörter. Eines Tages kommt ein *sayid* des Weges, ein weißbärtiger Herr mit langem Gewand, prachtvoll besticktem Gürtel, einem Krummdolch in silberner Scheide und einem goldgelben Tuch um den Kopf. Wahrscheinlich will er zur Moschee. Als er uns sieht, bleibt er stehen und spricht mit wohlklingender Stimme, sehr ernst und würdevoll. Verlegen zupfe ich mein Kopftuch noch tiefer in die Stirn. Ich bin überzeugt, daß er uns eine Rüge erteilt, weil es sich nicht schickt, daß Mann und Frau auf der Straße miteinander sprechen. Da der *sayid* ein ungewöhnlich gewähltes Arabisch spricht, verstehe ich wenig. Wie staune ich, als Hassan mir den Inhalt mit einfachen Wörtern wiedergibt. Der *sayid* hatte uns gelobt und ermutigt: Eine Sprache könne man nicht allein aus Büchern lernen. Wichtiger sei, sich mit den Einheimischen zu unterhalten.

Eines Morgens sind die Straßen voll mit bewaffneten Männern. In der Hauptstadt darf man außer dem Dolch keine Waffen tragen, nun aber hat jeder eine Kalaschnikow geschultert, und in den Straßen stauen sich Panzerwagen mit Sturmgeschützen und Granatwerfern. Die Männer sehen wild aus, drahtig und abgehärtet, die Gesichter dunkel und hager mit feurigen Augen und schwarzen Bärten, die langen Haarmähnen von Stirnbändern und Tüchern gebändigt. Um die schlanken Hüften tragen sie bunte Röcke, die *futah*. Ich frage, wer sie seien. Stolz antworten sie: »Wir sind *qabili*, Stammeskrieger der Beduinen.«

»Gibt es Krieg?«

Sie lachen. »Nein, diesmal nicht. Wir sind Gäste der *hukuma*.«

Ihre Aussprache ist rauh, und mit Mühe verstehe ich, daß die Regierung sie nach Sana'a eingeladen hat, weil ein neues Parlament gewählt wird. Viele der Abgeordneten sind Scheichs, und diese Führer der Beduinenstämme lassen es sich nicht nehmen, alle ihre Stammeskrieger mitzubringen. Je größer und besser ausgerüstet diese Privatarmeen, um so mehr Ansehen genießen die Scheichs.

Die entspannten und freundlichen Mienen der Krieger zeigen mehr als Worte, daß sie mit friedlicher Absicht gekommen sind. Sie tragen ihre Maschinengewehre so natürlich, als seien sie ein selbstverständlicher Teil ihrer Kleidung. Es sieht lustig aus, wenn zwei Krieger, mit ihren Kalaschnikows über dem Rücken, händchenhaltend – wie es Sitte unter arabischen Männern ist – durch die Straßen spazieren. Gern würde ich sie fotografieren. Sie haben auch gar nichts dagegen, nur stellen sie sich dann in Positur und blicken starr in die Kamera.

Ich erzähle von meiner Absicht, mit einem Dromedar durch den Jemen zu wandern.

»Was? Mit einem *djamel*? Das dauert doch viel zu lange! Nimm lieber ein Auto«, ist die Antwort.

»Nein, nein! Ich will ja gerade langsam vorankommen, damit ich alles sehen und mich mit den Leuten unterhalten kann.«

»Ja, schon gut! Aber du kannst doch mit dem Auto fahren und unterwegs anhalten, sooft du willst.«

»Habt ihr denn keine Kamele mehr?« frage ich besorgt.

»Nein, die sind nutzlos geworden.«

»Erzähl nicht solchen Unsinn!« mischt sich ein Graubärtiger ins Gespräch. »Es gibt noch Stämme, die Kamele züchten. Du mußt in den Süden gehen, nach Al Bayda oder Hadramaut«, rät er mir.

»Wo warst du denn?« fragen die anderen Studenten mich später erstaunt. Elisabeth, die Schwedin, blickt mich vorwurfsvoll an und sagt: »Ich bin heute nicht mal zum Unterricht gegangen wegen des Militärs, und du läufst in der Stadt herum!«

»Es wird doch nur ein neues Parlament gewählt«, erkläre ich.

»Hast du eine Ahnung, was da alles passieren kann!« mischt Nicolai sich ein.

Doménic ergänzt: »Bei der letzten Wahl gab es Tote, weil ein Scheich abgewählt wurde. Und bisher ist noch jeder Präsident des Jemen durch Militärputsch entmachtet oder gleich ermordet worden, wie Al Hamdi und Al Ghasmi.«

»Na, das ist aber lange her!« ruft Adele dazwischen. »Seit 1978 regiert Ali Abdallah Salih, und seitdem ist nichts mehr passiert.«

»Oho! Nichts passiert?« sagt Laurence empört. »Und was war 1994? Sana'a wurde bombardiert, und mehr als 7000 Menschen starben in diesem Krieg zwischen Nord- und Südjemen.«

Das stimmt alles, dennoch habe ich mich unter den Stammeskriegern nicht einen Moment lang bedroht gefühlt.

Der Palast des Imam

Wo Nacht und Tag im Wechsel waren,
Sultan auf Sultan kam mit Prunk und Pracht,
Verweilte eine Stunde oder zwei,
Zog seines Weges, war die Zeit vorbei.

Omar Chajjam, gest. 1123

»*Ahlan wa sahlan!*« Mutter Taqia breitet ihre Arme aus und drückt mich an sich. Mit der Hand streichelt sie meine Wange. »Komm herein, Töchterchen. Setz dich! Endlich bist du da. Du mußt uns jeden Tag besuchen. Wir freuen uns!« Während sie redet, umarmen mich Rechmar und ihre Schwester Chalima. Sie wollen wissen, warum ich gestern nicht gekommen bin, und ich solle mich doch setzen und erzählen. Sie schenken Tee ein und füllen eine Schale mit Rosinen und Nüssen.

Taqia legt Weihrauch auf glühende Kohlen und reicht mir das Gefäß, damit ich mich einräuchere. Ich ersticke fast am Rauch, aber Taqia ist nicht zufrieden. Sie nimmt das *mabhara* und hält es mir unter die Bluse. Dann zeigt sie mir, wie man es richtig macht. Breitbeinig stellt sie sich über das Gefäß und läßt ihre Röcke darüber fallen. Wohlig lächelnd steht sie da und schaut würdevoll in die Runde. Mit den zotteligen grauen, in dünne Zöpfchen geflochtenen Haaren, der Haut wie knittriges Pergament, den schwarzen, tief eingesunkenen Augen und dem Mund voll blinkender Goldzähne wirkt sie wie eine Zauberin, die das Orakel beschwört; Phythia höchstpersönlich, vom Rauch umhüllt.

Wir sitzen in einem dunklen Raum, er hat nur eine winzige Fensterluke weit oben. Abgewetzte Sitzpolster und dünne Kissen liegen in Hufeisenform am Boden. Die Wände sind gelbgrün gestrichen. In der Ecke neben der Tür flimmert der unvermeidliche Fernseher. Darüber hängt ein großes Bild von Saddam Hussein.

Wie kommt es, daß ich mich in diesem kümmerlichen Zimmer so wohl fühle? Die warme Herzlichkeit von Chalima, Rechmar und Taqia lassen die Äußerlichkeiten unwichtig werden. Ihre Zuwendung wirkt, als würde ich sanft in duftendes Schaumbad getaucht, und das Eis der Einsamkeit schmilzt hinweg. Ich muß gar nichts tun, einfach dasein. Ihre Umarmungen und das Leuchten in ihren Augen überzeugen mich, daß es gut so ist.

Es war an einem frühen Morgen, als ich Rechmar zum ersten Mal sah. Die Sonne ging gerade auf und hing im Morgendunst gleich einer fahlgelben Kugellampe. Flimmernder goldener Nebel umspielte die schlanken Minarette und umhüllte die Silhouette der Stadt mit geheimnisvollem Glanz. Es war still. Sana'a lag noch in tiefem Schlaf. Ich zuckte zusammen, als ein schwarzer Milan heiser schrie und sich in die Luft schwang. In diesem Augenblick öffnete sich tief unten in der Gasse eine Tür, und eine schwarz verhüllte Gestalt trat heraus. Neugierig schaute ich hinab, denn ein Familienstreit hatte in der Nacht im Nachbarhaus getobt. Das Haus ist ein einstöckiger Würfel aus Betonblöcken, unverputzt und zur Straßenseite ohne Fenster. Eingeklemmt zwischen den hohen Häusern ähnelt es einem Verlies.

Außenstehende erfahren kaum, was sich hinter arabischen Mauern abspielt, alles Schöne und Häßliche bleibt im Inneren verborgen. Gestern nacht jedoch erhielt meine Phantasie Nahrung. Ich wachte auf, weil wild gegen eine Tür gedonnert wurde. Verschlafen sah ich aus dem Fenster. Unten in der dunklen Gasse stand ein Mann, hochgewachsen mit grauem Bart und struppigen, grauen Haaren, das Tuch hatte er sich vor Erregung vom Kopf gerissen und schwang es drohend durch die Luft. Die Tür öffnete sich, ohne daß ich sehen konnte, wer dahinter stand. Knallend fiel sie zu, und bald hörte ich wüstes Geschrei. Der Mann brüllte, eine Frau verteidigte sich mit jammervollem Zetern. Zwei junge Männer eilten herbei, sie klopften und riefen, wurden aber nicht eingelassen. Innen ging der Streit weiter, und es klang, als würden Ohrfeigen ausgeteilt. Weibliche Stimmen schnatterten hektisch durcheinander, der Mann verstummte, dann war kein Laut mehr zu vernehmen.

Als ich nun am frühen Morgen die verschleierte Gestalt sah, erinnerte ich mich an die Szenen der Nacht und war begierig, mir ein Bild von den Vorkommnissen zu machen. Die Frau schaute die Gasse hinauf und hinunter, sah keinen Menschen und schlug die schwarzen Tücher zurück. Ich wollte gern ihr Gesicht sehen und beugte mich noch weiter aus dem Fenster. In diesem Moment blickte sie nach oben. Ich fühlte mich ertappt in meiner Neugier und grüßte verlegen: »*Zabaach al cheer!*«

»*Zabaach al nuur! Aisch ismisch?* Guten Morgen! Wie heißt du?« rief sie fröhlich herauf. Sie dachte nicht daran, den Schleier überzuwerfen, und lächelte unbefangen. Der Spuk der Nacht interessierte mich nicht mehr – das was ich bei Tageslicht sah, paßte nicht dazu. Die junge Frau hatte ein rundes Gesicht, volle Lippen, rote Wangen und Augen, in denen der Schalk blitzte. Sie trug eine weiße Bluse mit Stickereien am Halsausschnitt. Die Ärmel waren bis zu den Ellenbogen zurückgerollt und ließen kräftige, braune Arme frei.

»Komm herunter!« forderte sie mich auf. »Ich möchte dir etwas geben.« Sie schenkte mir einen goldgelben Fladen, den sie gerade gebacken hatte, und ich mußte versprechen, sie am Nachmittag zu besuchen. So lernte ich meine Nachbarin Rechmar, ihre Schwester Chalima und die Mutter Taqia kennen.

Wieder einmal bin ich bei meinen Nachbarn zu Gast. Die Wasserpfeife blubbert, und malerisch schlängelt sich der weiß-lila Schlauch durch den Raum. Taqia nimmt noch einen tiefen Zug und reicht die Pfeife an Ali, ihren Schwiegersohn, weiter. Diesmal ist die gesamte Großfamilie versammelt: Taqias zwei Söhne und fünf Töchter mit Ehepartnern und Kindern. Auch Vater Ahmed ist da. Er lebt nicht bei seiner Frau Taqia, sondern hat ein Zimmer im Nebenhaus. Vater Ahmed war der Mann, der in jener Nacht wütend an die Tür schlug, der Hauptakteur des Familienstreites. Davon ist jetzt nichts mehr zu spüren. Einträchtig sitzen die Erwachsenen auf den Sitzpolstern entlang der Wände. In der Mitte des Raumes kugeln und kullern, kämpfen und quietschen die Kleinen und suchen ab und zu Schutz bei den Erwachsenen. Chalima und Rechmar, beide unverheiratet, leben bei der Mutter und bewirten die Gäste mit Tee und Kaffee. Mich umgibt der warme Atem der Familie; ich fühle mich wohl und geborgen inmitten dieser Menschen.

Dennoch bin ich vorsichtig. Unwillkürlich blicke ich zu dem Bild von Saddam Hussein, der von dieser Familie verehrt wird, und weiß, wie rasch Zuneigung sich in Verachtung, Wohlwollen in Feindschaft, Liebe in Haß verwandeln kann. Vielleicht genügt ein unbedachtes Wort, ein Mißverständnis, ein Versäumnis – und schon könnte das Pendel zur anderen Seite schnellen. Noch bevor man Atem holt, hat sich der Freund in einen Todfeind verwandelt, und dann hilft kein Reden und kein Erklären, dann ist alles zu spät. Bei jeder warmherzigen Umarmung bin ich mir der eiskalten Verachtung gewiß, die mich treffen könnte. Anders als wir begegnen Jemeniten einem Menschen niemals mit Gleichgültigkeit. Sie öffnen ihre Arme und ihr Herz, fühlen sie sich aber getäuscht, dann gibt es selten ein Verzeihen, und im Extremfall greifen sie voller Wut zum Dolch.

Doch Rechmar und ihre Familie zeigen mir mit jeder Geste, daß sie mich mögen. Ich stehe im Mittelpunkt ihrer Aufmerksamkeit, bin wertvoll und wichtig für sie, nicht irgendwelcher Vorzüge wegen, sondern einfach weil ich da bin. Gerührt und oft fassungslos beobachte ich, wie arglos sie sind. Vertrauensvoll glauben sie mir jedes Wort. Es ist für sie Ehrensache, daß ich die Wahrheit sage. Aber würden sie mich je bei einer Lüge ertappen, hätte ich ihr Vertrauen wohl für immer verloren.

Da ich die extrem feindselige Gesinnung meiner jemenitischen Familie gegen Juden und Israel und ihre tiefe Verehrung des irakischen Diktators kenne, sehe ich keinen Sinn in einem Streitgespräch und vermeide Diskussionen über dieses Thema. Einem anderen verfänglichen Thema aber entkomme ich nicht. Leidenschaftlich versucht Rechmar, mich zur Muslima zu bekehren. Ihre Augen, in denen so gern der Schalk blitzt, weiten sich vor Entsetzen, wenn sie mir die Höllenqualen schildert, die mich erwarten, falls ich als Ungläubige sterbe. Sie schüttelt sich schaudernd und greift nach meiner Hand, bettet sie zwischen ihre kleinen, warmen, festen Hände und erzählt mir beschwörend vom Paradies, in dem wir beide nach unserem Tod wandeln würden, wenn ich mich zum wahren Glauben, zum Islam, bekenne.

Das Paradies beschreibt sie mir als einen prächtigen Garten. Bäume und Büsche säumen die Ufer der Flüsse. Kristallklares Wasser rauscht überall. Not und Leid haben ein Ende.

Ob sie denn wisse, daß Christen ebenso die Hölle fürchten und auf das Paradies hoffen, frage ich sie.

Ja, es sei aber ein Irrglaube. Christen seien Ungläubige und würden allesamt in der Hölle landen. Mitleidig drückt sie meine Hand und bedrängt mich eindringlich: »Du darfst nicht in die Hölle kommen, es ist furchtbar! Du mußt Muslima werden!«

Ich bemühe mich, sie zu überzeugen, daß Christen und Muslims den gleichen Gott anbeten: »Sieh, Rechmar, ihr glaubt, daß es außer Allah keinen anderen Gott gibt, und wir glauben auch, daß es nur einen Gott gibt, deshalb müssen Allah und unser Gott derselbe sein. Bestimmt werden wir uns im Paradies begegnen, wenn wir beide die Gebote unserer Religionen beherzigen.«

Sorgenvoll schüttelt Rechmar den Kopf. »Nein, du täuschst dich«, sagt sie. »Euer Gott ist nicht Allah. Euer Gott existiert gar nicht! Du bist eine Ungläubige. Wenn du das nur erkennen wolltest!«

Rechmar ist klug, statt mich fortwährend zu beschwatzen, sagt sie pfiffig: »Ich habe genug geredet. Beschreibe mir nun deinen Glauben.«

Mit dieser Bitte bringt sie mich in arge Bedrängnis, denn ich bin keine Christin. Da ich in der Kindheit nicht mit einem Glaubensbekenntnis in Berührung gekommen bin, habe ich auch später nie das Bedürfnis verspürt, ein höheres Wesen anzubeten. Dennoch beschäftige ich mich mit Religion mehr als mancher Gläubige, denn ich finde das Thema spannend und lehrreich. Für mich ist Religion ein Teil unserer Geschichte, und ohne Kenntnis der Geschichte, so meine ich, kann man das Leben nicht verstehen. Bei meinen Reisen studiere ich, wie Menschen sich verhalten. Ich möchte wissen, warum etwas so ist, wie es ist. Die Antwort für das Heute liegt immer in der Vergangenheit. Ich bin tausend Kilometer zu Fuß auf dem Pilgerweg von den Pyrenäen nach Santiago de Compostela in Spanien gewandert, auf den Spuren der Vergangenheit des Abendlandes. Bei dieser Wanderung begegnete ich auch dem Islam, denn just als das Grab des Apostels Jakob des Älteren in Spanien entdeckt wurde, waren die Mohammedaner auf Expansionskurs und hatten Spanien bis zu den Pyrenäen besetzt. Der Grabfund war kein Zufall, die Christen brauchten ein kräftiges Zeichen, um den Mut nicht zu verlieren.

Viel könnte ich Rechmar über Erkenntnisse und Erlebnisse während meiner Pilgerwanderung erzählen, niemals aber dürfte sie erfahren, daß ich an keinen Gott glaube. Sie würde tief erschrecken und könnte es nicht fassen. Jemand, der an den Christengott, den falschen Gott, glaubt, wird bemitleidet, manchmal auch verachtet, aber derjenige, der gar nicht glaubt, verliert den Status eines menschlichen Wesens. Ich würde ein Nichts sein, weniger wert als ein Hund, der als unrein und unsauber gilt.

Da ich genau weiß, worauf Rechmar mit ihrer Bitte hinauswill, rette ich mich in eine langatmige Beschreibung der Erschaffung der Welt – für mich eine sinnvolle Sprachübung. Es ist wichtig, soviel wie möglich zu sprechen, um Kehlkopf, Ohr und Gehirn an die fremden Laute zu gewöhnen. Und so nenne ich alle Wesen der Schöpfung, die mir bekannt sind. Die Vögel in der Luft vom Adler bis zur Nachtigall, die Fische im Meer, die Tiere im Wald und in der Wüste, auch die Pflanzen vergesse ich nicht. Als ich mich zwischen Gras und Tamariske zu verlieren scheine, stützt Rechmar kläglich ihren Kopf in beide Hände. Ungeduld gilt als grobe Unhöflichkeit. Schließlich aber unterbricht sie meine namensreiche Schöpfungsgeschichte, will sie mich doch auf den rechten Weg führen: »Erzähle mir bitte von Miriam und Isa.«

Ich tue so, als hätte ich nicht verstanden, wer damit gemeint sei, und beginne bei Abraham. Rechmar kennt die Figuren des Alten Testaments und deren Schicksale, denn Geschichtenerzähler hielten sie lebendig, und Mohammed hat sie später im Koran erwähnt. Es dauert seine Zeit, wie ich, nach Wörtern ringend und mit der Aussprache kämpfend, die uralten Dramen erzähle. Rechmar kann ihre Ungeduld nicht mehr zügeln: »Erzähle von Isa! Von Isa! Wie nennt ihr ihn? Jesus? Erzähle doch endlich von Jesus!«

Nun kann ich nicht mehr ausweichen und weiß: Das Spiel habe ich bereits verloren. Die Jungfrauengeburt wäre noch verständlich, als Gleichnis für eine auserwählte Person. In Mythen und Märchen fällt die Heldin immer durch Besonderheiten auf, durch außergewöhnliche Schönheit, brillante Klugheit oder übernatürliche Fähigkeiten. Aber Jesus als Sohn Gottes ist undenkbar für mich. Noch heute besteht die Kirche darauf, daß Jesus nicht Mensch, sondern göttlich sei. Unversehens haben wir zwei Götter, die dennoch ein und derselbe sein sollen. Da ist Gott als sein eigener Sohn auf die Erde gekommen und hat sich selbst qualvoll am Kreuz sterben lassen, und der Heilige Geist ist als dritter dabei.

Darauf wollte Rechmar hinaus: »Na siehst du, ihr habt nicht einen, sondern drei Götter, wie die Heiden, die Allah – gelobt sei er – durch die Sintflut vernichtet hat. Das kann kein wahrer Glaube sein, denn es gibt nur einen Gott, und er ist einzigartig und unteilbar.«

Ich stimme ihr zu. Ein Christ hätte seinen Glauben wahrscheinlich energischer verteidigt. Zwar gefallen mir die Mythen des Alten Testaments, mit märchenhaften Gleichnissen erzählen sie vom Leben eines Nomadenvolkes und enthalten allgemeingültige Wahrheiten, das Neue Testament aber ist voller Widersprüche. Verwirrendes hat man in eine Form gepreßt und Unlogisches als wahr verpackt. Erstaunlich, daß gerade das rational denkende Abendland von diesem Glauben beherrscht wird. Vielleicht aber gerade deswegen. Der Vernünftige braucht einen irrationalen Glauben, damit die Psyche im Gleichgewicht bleibt. Die Araber dagegen, die gefühlsbetonter sind als wir, können sich als Gegenstück einen eher abstrakten, vernünftigen Gott leisten, der ihnen Verhaltensregeln und Maßstäbe für ihr tägliches Leben auferlegt. Die meisten Menschen benötigen ein höheres Wesen, um sich im Wildwuchs des Lebens zu orientieren und ihrem Dasein einen Sinn zu geben, und so schaffen sie sich den Gott, der zu ihnen paßt.

Eines Tages überrascht Rechmar mich mit der Frage, ob sie mich besuchen dürfe. Ich freue mich, sie in meine Umgebung mitzunehmen, ihr mein Zimmer, das Haus und den Garten zu zeigen. Nie hätte ich gewagt, es ihr anzubieten, um sie nicht in Verlegenheit zu bringen. Ihr Leben verläuft hinter verschlossenen Türen. Anders als ihre Schwester Chalima, die als Krankenschwester arbeitet und jeden Tag das Haus verläßt, geht Rechmar niemals allein in die Stadt. Sie bleibt daheim und scheint sich mit ihrem anspruchslosen Dasein abzufinden. Aber Rechmars Charakter ist zwiespältig, und Gegensätze prallen aufeinander. Sie ist keck und ängstlich zugleich, zänkisch und liebevoll, kindlich und listig.

Ganz in Schwarz gehüllt schlüpft Rechmar auf die Gasse. Sie kichert nervös, als ich das große Tor öffne. Für sie beginnt ein Abenteuer! Wir haben abgewartet, bis alle meine Mitbewohner außer Haus waren. Übermütig hüpft Rechmar die Stufen hinauf. Ihr Lachen schallt durchs Treppenhaus. In meinem Zimmer geht sie ans Fenster und zeigt hinunter zu ihrem geduckten Haus aus unverputzten Betonsteinen. »Dort sitze ich immer und denke an dich und warte darauf, daß du mich besuchen kommst«, sagt sie.

Ich hatte geglaubt, daß unser üppiger Garten ihr das größte Vergnügen bereiten würde, aber es ist das Telefon! Sie entdeckt es im *mafratsch*, dem Aufenthaltsraum, und möchte es benutzen. Sogleich ruft sie ihre Cousine an und sprudelt ihr Wagnis heraus, dann reicht sie mir den Hörer, damit ich ihre Mitteilung bezeuge.

Zuletzt steigen wir aufs Dach. Alle Häuser in Sana'a haben Flachdächer. Von oben überblicken wir ringsum die Stadt. Verschleierte Frauen hängen auf ihren Dächern Wäsche auf, Kinder spielen, Katzen sonnen sich. Rechmar zeigt auf eine Ruine, noch im Zerfall ein prachtvolles Gebäude. »Das war der Palast des Imam«, erklärt sie. »Mein Großvater war dort Wächter. Euer Wohnhaus hatte Imam Yahya für seine Schwester bauen lassen. Ein wunderschönes Haus. Du hast Glück, daß du hier wohnen kannst.«

»Hat dein Vater den Imam noch gekannt?«

»Ja, er war vierzehn Jahre, als 1948 Imam Yahya von seinen

Gegnern erschossen wurde. Sie wollten schon damals den Jemen modernisieren. Aber es mißlang. Yahyas Sohn Ahmad floh zu den Stämmen im Norden, und mit deren Hilfe eroberte er Sana'a zurück. Die Stammeskrieger plünderten die Stadt und mordeten jeden Einwohner, den sie fanden. Es war furchtbar, hat mein Vater gesagt. Er versteckte sich unter alten Säcken und rettete so sein Leben. Der neue Imam Ahmad baute dann seinen Regierungssitz in Ta'izz. In Sana'a war er verhaßt, weil er die Genehmigung zur Plünderung gegeben hatte. Immer wieder hat man versucht, ihn umzubringen. Er wurde mehrmals schwer verletzt, hat aber alle Attentate überlebt. Mein Vater könnte dir das alles aber besser erzählen.«

Wir gehen hinunter in den Garten, trinken Tee und plaudern. Rechmar spricht verzückt von einer Hochzeit, bei der sie kürzlich eingeladen war.

»Rechmar, ich bin neugierig – würdest du auch gern heiraten?«

Sie lächelt verlegen und winkt ab. »Ach, ich doch nicht!«

Rechmar ist 31 Jahre, für jemenitische Verhältnisse weit über dem heiratsfähigen Alter, doch sie sieht jünger aus. Wegen ihres frischen Gesichtes, der schalkhaften Augen und der zierlichen Gestalt hätte ich sie auf 23 geschätzt.

Sie zögert, gibt sich einen Ruck und sagt: »Nein, es ist besser so. Ich werde wohl nicht heiraten. Das Hochzeitsfest, die prachtvollen Kleider, die kostbaren Geschenke, die vielen Menschen, und ich – wunderschön herausgeputzt, das würde mir schon gefallen, aber dann ...«

»Was ist dann?«

»Chalima war verheiratet. Es hat meiner Schwester aber nur Ärger gebracht. Der Mann war schlecht. Sie ist weggelaufen, da hat er sich scheiden lassen und die Kinder behalten. Sie darf sie nicht einmal sehen.«

»Kannst du selbst bestimmen, ob du heiratest oder nicht?«

»Zuerst sollte ich als jüngste Tochter bei der Mutter bleiben und für sie sorgen. Damals habe ich viel geweint und war unzufrieden mit meinem Schicksal, jetzt bin ich froh. Unsere Familie ist arm. Es wäre schwer gewesen, für mich einen guten Mann zu finden. Ich hätte höchstens Zweitfrau werden können, und da bist du immer die Dienerin der ersten. Mit Mühe sind meine anderen Schwestern gut verheiratet worden. Wenn aber mein Vater für mich einen Mann bestimmt, würde ich heiraten. Mir ist es recht, wie Allah es will. *Inschallah!*«

Ich spüre, es ist Rechmar unangenehm, weiter über dieses Thema zu sprechen, und schweige nachdenklich. Es ist auch in Europa nicht allzu lange her, da waren Frauen über 30 als alte Jungfern abgeschrieben. Noch zu Zeiten meiner Großmutter war es wichtig, auf dem Heiratsmarkt eine gute Partie zu machen, denn eine Frau ohne Mann galt wenig. Auch wurde auf Druck der Familien manches Liebespaar getrennt und mußte einen Partner heiraten, der von den Eltern ausgesucht worden war.

Der Garten, in dem wir unseren Tee trinken, ist ein kleines Paradies mit Lilien, Rosen, flammendrotem Hibiskus, orangegelber Kapuzinerkresse, Windenranken, Passionsblume, Gräsern und Bäumen. Ein blühendes Wunder inmitten einer staubtrockenen Stadt und nur durch tägliches Gießen am Leben zu halten. Niemand spart in Sana'a mit Wasser. Es gibt viele Gärten, die alle bewässert werden müssen, und seit in zahlreichen Häusern Wasserklosetts und Duschen eingebaut wurden, wird noch mehr Wasser verbraucht. Der Grundwasserspiegel sinkt rapid, man kann die Jahre zählen, wann das Reservoir erschöpft sein wird.

Rechmar meint: »Wenn wir eine gute Regierung hätten, würde sie für genug Wasser sorgen.«

»Gefällt dir die Regierung nicht?«

»Was kann ich schon sagen? Mein Vater meint, früher, unter dem Imam, lebten die Menschen besser.«

»Ich würde mir gern den Palast ansehen – hast du Lust mitzukommen, Rechmar?«

»Wo denkst du hin! Das ist gefährlich! Alles kann einstürzen!«

Kein Argument, mich abzuschrecken. Mein Interesse an dem Palast ist geweckt. Ich werde eben vorsichtig sein. Nachdem ich Rechmar bis zu ihrer Haustür begleitet habe, gehe ich die Gasse weiter, bis ich vor einem imposanten Tor stehe. Rote, schwarze und gelbe Steine wechseln sich im Torbogen ab und schmücken die Mauer mit Mustern. Das Tor ist offen, kein Mensch weit und breit. Ich stelle mir vor, wie es hier noch vor ein paar Jahrzehnten ausgesehen haben mag, als sich der Platz vor dem Palast mit einer dichten Menschenmenge füllte. Denn der Imam Yahya hielt jeden Tag Audienz.

»Es kamen vornehme Araber in prächtigen Kleidern auf herrlichen Pferden, Offiziere, die eine Meldung zu bringen hatten und sich eiligst durch das Gedränge einen Weg bahnten. Jeder Untertan bis zum ärmsten Bettler wurde vorgelassen.« So schildert Hans Helfritz seine Eindrücke aus dem Jahr 1930.

Der Palasthof ist leer. Eine schwarze Katze schleicht davon. Zwischen Steinen wuchern Gras und Stauden. Die Eingangstür zum Palast ist aus den Angeln gebrochen. Vorsichtig gehe ich hinein. Innen liegen Geröll, Holz und Abfall. Es knirscht laut bei jedem meiner Schritte. Ich gelange in ein Gemach, von diesem zum nächsten, taste mich vorwärts von Raum zu Raum, von Gang zu Gang. Die Zimmer stehen leer. Allein die Fenster mit dem schmückenden Gitterwerk erinnern an den ehemaligen Prunk. Wo mag der Audienzraum gewesen sein, in dem der Imam den Abenteurer Helfritz empfing? Ich stelle mir diese Begegnung bildhaft vor, als ich einen großen Raum mit besonders schönem Fenstergitter entdecke.

Helfritz hatte auf diesen Augenblick lange warten müssen. In

Sana'a eingetroffen, stand er als »Gast« des Imam unter Hausarrest. Endlich wurde er zur Audienz geleitet, die er anschaulich beschreibt: »Auf Kissen gestützt saß da der König, über ihm an der Wand hing das silberne Schwert, das Zeichen seiner Macht. Das durchfurchte, großzügig wirkende Gesicht, von einem grauen Vollbart umrahmt, der volle Mund mit den etwas überhängenden Lippen war beim Sprechen sehr beweglich und gefällig, in der Ruhe hatte er etwas Hartes, fast Grausames. Die tiefschwarzen, dicht zusammenstehenden Augen über ziemlich breiter Nase richteten sich mit stechendem Blick auf den Besucher. Sie konnten zuweilen wild aufflammen, aber das war auch das einzige Zeichen seiner Erregung; seine Haltung blieb immer gemessen und beherrscht.«

Hans Helfritz bat darum, das Land bereisen zu dürfen. Der Imam schlug ihm diese Bitte rundweg ab und erklärte, das Land sei viel zu unsicher und noch keineswegs fest in seinem Besitz. Wegen der kämpferischen Beduinenstämme könne er nicht die Verantwortung für die Sicherheit des Gastes übernehmen.

Vier Jahre später schlich sich Helfritz von Osten durch das Wadi Hadramaut und die Wüste Rub al Khali in den Jemen. Als der Imam davon erfuhr, gab er Befehl, ihn gefangenzunehmen. Tatsächlich wurde Helfritz zur Strafe einige Wochen in einen Turm gesperrt, dann zur Küste des Roten Meeres transportiert und zur Ausreise gezwungen. Doch Helfritz hatte erreicht, was er wollte. Es war ihm gelungen, in den Jemen einzudringen. Weder von Gesetzen noch durch Gefahren hatte er sich aufhalten lassen und eine bisher in Europa unbekannte Wüstenroute durch das »Leere Viertel« erforscht.

Ich stelle mir den Imam leibhaftig vor, als ihm gemeldet wurde, daß der Fremde, dieser Helfritz, trotz seines Verbotes im Land herumreiste. Ich sehe, wie seine Brauen sich über der breiten Nase zusammenziehen und die Augen wütend funkeln. Die vollen Lippen verzerren sich, als er den Befehl zischt, den infamen

Eindringling sofort gefangenzunehmen. Vom Blickwinkel des Imam kann ich dieses Verhalten verstehen. Nicht ohne Grund hatte er die Reiseerlaubnis verweigert. Er war verantwortlich, falls der Ausländer zu Schaden kam, und er mußte seine Untertanen vor fremden Einflüssen schützen. Aus seiner Sicht war das richtig, denn der Fortschritt vernichtet das Alte, und jede Veränderung trägt in sich neues Unheil. Erst wenn das Alte unwiederbringlich verloren ist, erkennt man den Verlust. Nur durch unerbittliche Isolation hatte Imam Yahya sein Land eine Zeitlang vor Veränderungen bewahren können, bis die aufgestaute Energie sich im Attentat von 1948 entlud. Imam Yahya hatte um die tödliche Gefahr gewußt. Selbst den eigenen Söhnen traute er nicht. Seinen ältesten Sohn, Prinz Seif al Islam Mohammed, der heimlich mit Italien Verträge über Waffenkäufe abgeschlossen hatte, ließ er im Roten Meer ertränken.

Eine Windböe stößt durch die offenen Fenster, wirbelt Staub und Sand auf und bläst ihn mir in die Augen. Raschelnd segelt eine Plastiktüte durch die Luft. Plötzlich Schritte! Sie hallen weit in dem leeren Gebäude. Ein loser Stein wird beiseite gestoßen, fällt auf die Treppe und rollt hinunter, von Stufe zu Stufe. Die Schritte kommen näher. Wer mag das sein? Obwohl es heller Tag ist, gruselt es mich. In meiner Phantasie hatte ich den alten Palast wie zu Imams Zeiten mit Menschen bevölkert, mit eifrigen Dienern, eiligen Boten, bewaffneten Wächtern, würdevollen Besuchern und sich verbeugenden Bittstellern. Dennoch war ich mir sicher gewesen, in der Ruine allein zu sein.

Ich lausche angestrengt. Aus welcher Richtung kommt das Geräusch? Ängstlich spähe ich nach einem Fluchtweg. Die Schritte nähern sich von unten und versperren mir den Ausgang. Was tun? Noch höher hinauf kann ich nicht wegen der Einsturzgefahr. Ich schlüpfe in einen Nebenraum, von dort in eine Kammer. Sie hat nur eine Türöffnung. Ich eile auf sie zu …

Plötzlich steht eine große Gestalt vor mir! Der Schreck und das Erkennen rasen wie zwei verschieden gepolte Ströme durch meinen Körper. Der Mann ist Ahmed, der Vater von Rechmar. Aber ich fühle mich noch nicht sicher. Was will er von mir? Warum ist er mir gefolgt?

Seine ruhige Stimme verdrängt meinen Verdacht. Ernst sagt er: »Von meiner Tochter weiß ich, daß du hier bist. Schlechte Männer könnten dir auflauern. In der Ruine leben Leute, die kein eigenes Haus haben. Komm! Für mich ist es nicht gut, wenn ich zu lange mit einer Frau allein bin. Komm!«

Der Schleier

... denn es ist mit einem Brunnen in der Wüste wie mit einer Gabe, die nie völlig vorausberechnet, nie völlig versprochen wurde.

Antoine de Saint-Exupéry
»Botschaft der Wüste«

Auf der Bühne sitzen unverschleierte Frauen in bunten Gewändern und mit farbenfrohen Kopftüchern, im Jemen ein ungewohnter Anblick. Sie wirken selbstbewußt und souverän, als sei es Alltag für sie, auf einem Podium zu sein und Reden zu halten.

Ganz anders aber die Zuhörerinnen – sie scheinen aus einer anderen Welt zu stammen. In den Bankreihen drängen sie sich dicht an dicht. Alle sind, bis auf die Augenschlitze, in schwarze Tücher gehüllt. Die Szene sieht unwirklich aus. Längst habe ich mich an verschleierte Frauen gewöhnt, aber in geballter Masse wirken sie bizarr, gleich fremdartigen Fabelwesen.

Der Kontrast zu den Frauen auf der Bühne könnte nicht größer sein. Humorvoll und ernsthaft zugleich geben diese ihre Meinung kund, eine jede auf ihre Art. Die Organisatorin, Raufa Hassan, ist Dozentin an der Universität in Sana'a. Sie trägt ein sonnenblumengelbes Kleid und ein himmelblaues Kopftuch. Feurige Augen beherrschen ihr schmales Gesicht. Raufa ist zierlich und klein, doch ihre Bewegungen sind lebhaft. Voller Elan springt sie auf und hat in zwei, drei Sätzen das Pult erreicht. Raufa übersetzt für die wenigen ausländischen Gäste die in arabischer Sprache gehaltenen Reden ins Englische. Sie spricht frei, faßt die Gedanken der Rednerinnen zusammen und interpretiert mit Charme und Esprit.

Ich bin auf einer Frauenkonferenz. Das Thema: »Die Herausforderung der jemenitischen Frauen im 21. Jahrhundert«. Karima, meine Arabisch-Lehrerin, hat mich eingeladen, sie zu dieser Konferenz zu begleiten. Als wir später zum Ausgang gehen, entdeckt Karima ihre Freundin Habiba. »Du bist auch hier!« ruft sie erstaunt.

Habiba, größer als die meisten jemenitischen Frauen, überragt mich fast um einen Kopf. Das schöne Oval ihres Gesichtes mit den vollen Lippen und den großen Augen wirkt sanft und liebevoll. Ich habe das Gefühl, als würde ich diese Frau schon lange kennen. Bei der Verabschiedung hält sie meine Hand einen Moment länger und fragt: »Besuchst du mich mal? Ich würde mich freuen.«

Ich lade Karima noch auf einen Tee ein. Habiba kann leider nicht mitkommen. »Wie hat Habiba das gemeint mit der Einladung?« frage ich Karima.

»Genauso, wie sie es gesagt hat. Ich kann dir ihre Adresse geben. Aber nun erzähl mir mal, wie hat dir unsere Konferenz gefallen?«

»Wirklich toll! So eine heitere, frohe Stimmung habe ich auf einer Konferenz noch nie erlebt. Aber der Kontrast zwischen Präsidium und Publikum hat mich überrascht, wie zwei unterschiedliche Welten! Die Zuhörerinnen waren nur eine schweigende, passive Menge. Zwischen ihnen und den Frauen auf der Bühne gab es keinen Austausch.«

Karima bestätigt meine Beobachtung. »Es ist schwer für uns Frauen. In der Öffentlichkeit müssen wir zurückhaltend sein, damit man uns nicht für unmoralisch hält. Wir würden ja nicht nur uns, sondern die ganze Familie bloßstellen. Die Frauen oben auf der Bühne, die haben es geschafft. Für sie gelten andere Maßstäbe.«

Karima durfte studieren und Lehrerin werden, da ihr Vater es erlaubt hat. Die Familie lebte bis zum Golfkrieg in Kuwait und wurde, wie so viele andere, des Landes verwiesen, weil die jemenitische Regierung mit Saddam Hussein sympathisierte. Von einem Tag auf den anderen hatten sie alles verloren. Für Karimas Familie war es besonders hart. Der Vater war der einzige Verdiener der Großfamilie gewesen, und im Jemen fand er keine Arbeit. Karima denkt mit Wehmut an das Leben in Kuwait. Dort hat eine Frau mehr Freiheiten als hier, sagt sie.

»Wirst du denn weiter als Lehrerin arbeiten, wenn du verheiratet bist?« frage ich.

»Das kommt darauf an, ob es meinem Mann recht ist.«

Diese Antwort hätte ich von der selbstbewußten Karima nicht erwartet.

Sie lacht. »Ich nehme halt einen, der mich läßt. Aber wenn Kinder kommen, bleibe ich bestimmt zu Hause.«

Karima ist 26 Jahre. Wie bei Rechmar habe ich mich wieder verschätzt, ich hätte gedacht, sie sei kaum zwanzig.

»Wenn deine Eltern für dich einen Mann bestimmen, was wirst du tun?« frage ich.

Über ihr porzellanzartes Gesicht huscht ein feines Lächeln.

»Ach! Du hast bereits einen Bräutigam?« rate ich.

Sie nickt, und ihre Augen leuchten. Karima erzählt mir ihre Geschichte: Lange Zeit sei sie sehr unglücklich gewesen und verzweifelt, weil sie noch immer bei den Eltern lebt. Im Haus wohnen zahlreiche Verwandte, und alle, die Mutter, die älteren Schwestern, die Tanten und Cousinen bestimmen über ihr Leben. Sie habe befürchtet, es werde für immer so bleiben, denn eigentlich war sie bereits zu alt zum Heiraten, und welcher Mann wolle schon eine Frau mit guter Schulbildung? Endlich hatte die Mutter einen jungen Mann gefunden. Karima kannte ihn nicht, aber es sei ihr egal gewesen. Gerade wollten sich die Väter treffen und den Vertrag aushandeln, da passiert etwas, womit niemand gerechnet hatte: Karima verliebte sich in einen anderen Mann. Wie sie ihren Zukünftigen kennengelernt hat, will Karima mir nicht verraten. Sie hatte großes Glück, denn die Eltern waren mit der Wahl der Tochter einverstanden, und die Vereinbarung mit dem ersten Kandidaten konnte ohne Probleme gelöst werden, da sie noch ganz am Anfang stand. Nun sei sie überglücklich, sagt Karima, wie noch nie in ihrem Leben. Gelobt sei Allah! *Al hamdulillah!* Für einen kurzen Moment blinzelt sie mich schelmisch an, als sei da ein Geheimnis, das sie für sich behält.

Erst viel später, nach meiner langen Wanderung, erfahre ich die ganze Geschichte. Da ist Karima schon in England. Sie hatte sich in Laurence, der im selben Haus wie ich wohnte, verliebt und ihn geheiratet.

»Was denkst du eigentlich über die Verschleierung der Frauen?« lenke ich nun zu einem anderen Thema.

Sie überlegt und sagt dann: »Manchmal ist sie lästig, an einem heißen Tag zum Beispiel oder wenn man in Eile ist. Aber man gewöhnt sich daran. Der Schleier ist nicht so ein Problem, wie du vielleicht glaubst. Eine Frau kann ein modernes Leben führen, berufstätig sein und selbstbewußt und trotzdem verschleiert gehen. Das eine hat mit dem anderen nicht unbedingt etwas zu tun. Der Schleier ist eher wie eine Mode, und er ist eben bei uns Tradition. Ich sage dir, oft genieße ich es, verschleiert zu sein. Es ist ein Schutz. Ohne Schleier bist du wie nackt, jeder kann dich anstarren. Hinter dem Schleier kannst du alles sehen, aber niemand kann dich sehen.«

Karimas Worte bestätigen meine Beobachtungen. Die Frauen bewegen sich auf der Straße völlig unbefangen. Wenn ich an einer Gruppe Frauen vorbeigehe, spüre ich, wie intensiv sie mich mustern und sich amüsieren, mir aber bleiben sie verborgen, unzugänglich. Sie entziehen sich, stehen optisch nicht zur Verfügung, aber was sich verbirgt, wird interessant, regt die Phantasie an. Jede verschleierte Frau könnte die Traumfrau sein! Mit der Verschleierung erlangen die Frauen eine spielerische Macht über die Männer. Gewiß, die wirkliche Macht halten die Männer fest in ihren Händen und werden sie nicht teilen wollen, aber hinter dem Schleier haben die Frauen ihre Freiheit.

Die Macht des optischen Entzuges ist von den Frauen nicht bewußt inszeniert, sie ergibt sich von selbst. Denken denn Frauen in Europa darüber nach, welche Wirkung sie mit welcher Kleidung erzielen? Frauen glauben doch, sie wählten frei nach ihrem Geschmack, doch dieser wird von Modeströmungen in der Gesellschaft gesteuert. Auch wenn sie gegensteuern, sind sie nicht unabhängig. Während im Jemen die Frauen durch Verhüllung interessant wirken, läuft der Trend in der westlichen Welt zu immer größerer Freizügigkeit, denn die Sinne stumpfen ab und bedürfen neuer schockierender Reize.

Wie Karima sagt, ist die traditionelle Mode der Verschleierung kaum 200 Jahre alt. Begonnen haben die Frauen des türkischen Statthalters in Sana'a während der zweiten osmanischen Herrschaft. Die jemenitischen Frauen der Oberschicht pflegten Kontakt mit diesen hochstehenden Haremsdamen und wollten ebenso schick sein wie diese. Später verschleierten sich auch die Frauen unterer Schichten, denn damit wollten sie vorgeben, etwas Besseres zu sein. Als alle verschleiert gingen, entstand ein gesellschaftlicher Zwang, dem sich die einzelne nun nicht mehr entziehen kann. Es stimmt jedoch nicht, daß der Koran, der ja der Maßstab für alle Fragen des Lebens ist, die Verschleierung fordert. Dort heißt es lediglich in Sure 24: »Frauen sollten ihre Augen niederschlagen, sich vor Unkeuschem bewahren, ihre Zierde nicht entblößen und ihren Busen mit Tüchern verhüllen.«

So wie damals, zu Beginn der Verschleierungsmode, sind es wieder die wohlhabenden Familien, bei denen sich die Tradition lockert. Sie sind mächtig und einflußreich genug, um ihren Töchtern mehr Freiheiten zu gestatten.

Fast möchte ich es bedauern, wenn zukünftig der Schleier wegfällt, denn etwas Eigenes und Typisches verschwindet. Ich bin nicht hier, um zu urteilen, und meine Meinung ist unwichtig, aber ich habe meine Freude an der Vielfalt der Schleier. Mein Blick schärft sich allmählich, und ich erkenne, daß trotz der Verhüllung jede Frau anders gekleidet ist. Im Jemen trägt man entweder den *baldu*, einen Mantel bis zu den Schuhen, oder den *scharschaff*, einen weiten Umhang. Das Gesicht verbergen die Frauen von Sana'a mit einem Tuch um Mund und Nase, das den Oberkörper mit verhüllt. Ein zweites großes Tuch wird fest um Stirn und Kopf gebunden. So bleibt nur ein Schlitz für die Augen frei. Die meisten Frauen verhängen die Augen jedoch mit dünnem Stoff, durch den sie zwar hindurchsehen, aber von außen unsichtbar sind. Wer besonders korrekt sein will, streift noch Handschuhe über. Karima sagt, es sei nicht so schlimm, denn diese Vermummung tragen die Frauen ja nur kurzzeitig. Größtenteils spielt sich das Leben einer Frau im Haus ab.

Trotz oder gerade wegen der Beschränkung auf die Farbe Schwarz entstand eine Fülle an Mustern. Schwarz in Schwarz gewebt sind sie schier unerschöpflich. Da gibt es Streifen oder Wellenlinien, Treppenmuster und Girlanden, Tupfen, Ringe und Kreise, andere Stoffe überraschen mit Rosen und Tierfiguren, die je nach Lichteinfall changieren. Es war mir ein kurzweiliges Spiel, immer neue Formen zu entdecken. Kein *scharschaff* gleicht dem anderen. Manchmal ist der Stoff mit Bordüren schwarz eingefaßt, dann wieder mit schwarzen Spitzen verziert, auf anderen sind glitzernde Steinchen, Blättchen oder Perlen genäht, silberne und goldene Fäden glänzen im Stoff, wieder andere wagen gar, ihn mit farbigen Kanten zu schmücken.

Ich begann, mir die Unterschiede einzuprägen, und später konnte ich meine Freundinnen und Bekannten trotz des *schar-*

schaff auf der Straße erkennen. Die Männer finden an geringfügigen Details heraus, wer sich hinter der Verhüllung verbirgt, und je nach Qualität des Stoffes ordnen sie die Trägerin einer bestimmten Bevölkerungsschicht zu. Die Bewegungen zeigen ihnen, ob es eine junge oder alte Frau ist, der Faltenwurf verrät, ob sie schlank oder füllig ist. Obwohl sie die Kunst des »Hinter-den-Schleier-Schauens« vollendet beherrschen, bleibt ein Spielraum für die Phantasie, ein Rest von Ungewißheit und eine Spur Geheimnis.

Frauennachmittag

ملتقى النساء بعد الظهر

Said Solomon to Sheba
And kissed her Arab eyes,
There's not a man or woman
Born under the skies
Dare match in learning with us two,
And all day long we have found
There's not a thing but love can make
The world a narrow pound.

William Butler Yeats

Das Tor wird von einem Mädchen geöffnet. Es reicht mir die Hand. »*Ahlan wa sahlan!* Ich bin Samira. Komm!« Das Kind führt mich durch den gepflasterten Hof zum Haus. Es ist kein traditionelles Turmhaus, sondern ein zweistöckiges, modernes Gebäude, die Außenmauern mit Quadern verblendet, abwechselnd grauer Tuff und rötliches Gestein. Die Vorderseite schmückt ein Säulengang, wo sich Winden und Wein emporranken.

An der Tür steht Habiba. Sie umarmt und küßt mich auf beide Wangen. »*Ahlan wa sahlan!*« sagt sie herzlich.

Eine köstliche Begrüßungsformel, die in ihrer vollen Länge bedeutet: »Möge deine Familie gedeihen, mögen deine Wege eben und deine Weidegründe weit sein.«

Ich habe Habiba seit der Begegnung auf der Frauenkonferenz nicht mehr gesehen und besuche sie zum ersten Mal in ihrem Heim. Sie trägt ein kobaltblaues Kleid mit großzügiger Perlen- und Goldstickerei am Oberteil. Die wie Kupfer schimmernden

Haare fallen in weichen Wellen über Schultern und Rücken. Kein männliches Auge, außer dem des Ehemannes, darf diese Pracht erblicken. Denn es heißt, weibliche Haare sprühen Feuer und rauben den Männern den Verstand. Sehr traditionelle Frauen bedecken ihr Haar sogar, wenn sie unter sich sind. Auch ich trage auf der Straße stets ein Kopftuch. Von ausländischen Frauen, falls sie keine Muslima sind, wird dies zwar nicht verlangt, aber mit Wohlwollen bedacht. Manchmal, wenn die Autoabgase gar zu stickig sind, der Wind Staubfahnen durch die Gassen wirbelt oder der Abfall üble Gase verströmt, wickle ich mir ein zweites Tuch um Mund und Nase. Dann nicken mir entgegenkommende Frauen anerkennend zu und loben mich: »So ist es richtig!« Die Männer aber blicken irritiert, als sei ich ein Faschingsscherz am unrechten Platz. Sie erkennen auf einen Blick die Ausländerin hinter der Vermummung und verstehen nicht, warum ich das tue.

Habiba führt mich in den *mafratsch* und verschwindet sofort, um Tee zu holen. Ich schaue mich im Gästezimmer um. In arabischen Häusern ist es immer der schönste Raum. An den Wänden lehnen Sitzpolster, die mit wertvollen Teppichen bedeckt sind. Das einzige Möbel steht an der Schmalseite: ein Schränkchen mit Fernseher, der in kaum einem Sana'aer Haushalt fehlt. In traditionellen Familien ist der *mafratsch* dem Hausherren und seinen Gästen vorbehalten. Doch in Habibas Haus mischen sich westliche Einflüsse mit der Tradition. Es gibt keinen getrennten Männer- und Frauenbereich, da Habiba nur mit ihrem Mann und den Kindern zusammenlebt. Es fehlen die vielen Verwandten, wie es sonst üblich ist.

Habiba schenkt Tee ein – aromatisch mit Kardamom und Ingwer gewürzt – und setzt sich mir gegenüber auf ein Kissen. Wir können ungestört plaudern. Die Kinder kommen neugierig herein, begrüßen mich scheu und gehen wieder. Ab und zu klingen ihre Stimmen und ihr Lachen aus dem Garten herauf.

Habiba hatte mich von Anfang an ins Herz geschlossen, aber es dauerte lange, bis sie sich mir anvertraute. Erst viele Wochen später erzählte sie mir ihre dramatische Geschichte: Sie war 16 Jahre alt, als sie an einen Cousin verheiratet wurde. Diese Heiraten sind im Jemen die bevorzugte Wahl, wobei an erster Stelle der Sohn des Onkels väterlicherseits steht. Bei dieser als ideal geltenden Verbindung bleiben Tochter und Brautpreis im engsten Familienverband, denn jemenitische Väter sind ihren Töchtern meist mit inniger Zärtlichkeit zugeneigt und geben sie nur ungern in weitverwandte oder gar fremde Familien.

Habiba kannte ihren Cousin nur aus Kindertagen. Sobald Mädchen zwölf Jahre zählen, endet für sie die Kindheit. Kein Mann sieht sie mehr, außer Vater und Brüder. Habiba bedauerte keineswegs das Ende ihrer Kindheit. Die Verheißung auf etwas Neues, Großartiges bestimmte ihre Gefühle. Das richtige Leben würde beginnen. Voller Ungeduld wartete sie darauf, endlich als Frau anerkannt zu sein. Es sei ihr vorgekommen, als steige sie auf einer Treppe zum Licht, und so war die Hochzeit für sie die Besiegelung ihrer Wünsche. Nie zuvor fühlte sie sich so wichtig und von allen Menschen geliebt. Ihre Erwartungen waren hochgespannt – um so härter traf sie die Enttäuschung. Sie hatte vergessen, daß sie als Kind den Cousin stets gepiesackt und verhauen hatte. Nun war es umgekehrt. Am schlimmsten aber war, daß die Frauen im Haus ihres Mannes – seine Mutter, die Schwestern und Tanten – ihr mit Kühle und Herablassung begegneten. Sie fühlte sich fremd und allein gelassen.

Am Beginn der Ehe wird es der jungen Frau regelmäßig gestattet, ihre Eltern zu besuchen, sogar einige Tage und Wochen bei ihrer Familie zu wohnen. Mit neuer Kraft und gutem Willen kehrte Habiba dann ins Haus ihres Mannes zurück, aber jedesmal war es schlimmer als zuvor. Eines Tages rannte sie nach einem bösen Streit verzweifelt weg, irrte allein durch die Straßen, bis sie endlich ihr Elternhaus fand. Ein unverzeihlicher Fehler!

In den Augen ihres Mannes und seiner Familie war sie nun entehrt. Zwar hätte sie das Haus verlassen dürfen, aber um Begleitung bitten müssen. Doch es gab ja dort keinen, der ihr geholfen hätte. Nachdem ihr Groll verflogen war, wollte sie zurückkehren, denn sie war bereits schwanger. Der Mann aber trennte sich von ihr, wegen erwiesener Unmoral. Ein halbes Jahr nach der strahlenden Hochzeit war sie geschieden. Habiba war noch jung, nicht einmal 17 Jahre alt. Die Eltern ließen sich die Enttäuschung über die gescheiterte Ehe der Tochter nicht anmerken und nahmen sie liebevoll wieder auf. Dann kam Rada zur Welt, und Habiba wurde mehr und mehr von Angst gepeinigt, der ehemalige Mann könnte ihr das Kind wegnehmen; denn vor dem Gesetz gehören die Nachkommen dem Mann. Nur solange Kinder gestillt werden, darf die Mutter sie behalten. Habiba hatte Glück, ihr Vater sorgte dafür, daß das Kind in seiner Familie blieb.

Die Jahre vergingen. Habiba beendete die zuvor abgebrochene Schule und nahm Englischstunden, einfach um etwas zu tun. Ihre Hoffnungen auf eine neue Ehe schwanden. Sie wurde älter. Von Jahr zu Jahr verringerten sich ihre Chancen. Bei den verständnisvollen Eltern hatte sie es gut. Die Schwestern und Freundinnen nahmen Anteil an ihrem Schicksal, trösteten sie und heiterten sie auf. Aber sie hatte das Gefühl, ihr Leben verfehlt zu haben.

Dann passierte es, das Wunder! Allah hatte für sie das ganz große Glück aufbewahrt. Eines Tages meldete sich ein Heiratskandidat, ein ungewöhnlicher Mann mit einem außergewöhnlichen Wunsch: Er suchte eine Frau, mit der er sich unterhalten könne, ein Ansinnen, das von Männern im Jemen sonst nicht geäußert wird. Seine Bedingung war, daß er vor Abschluß des Vertrages mit der zukünftigen Braut sprechen dürfe – einen ganzen langen Nachmittag.

Nach alter Sitte erblickt der Bräutigam zum ersten Mal seine

Frau in der Hochzeitsnacht, wenn er den Brautschleier entfernt. Heute wird das nicht mehr ganz so streng eingehalten. Fast alle Männer können vorher ihre Zukünftige sehen. Sie hebt für wenige Minuten ihr Gesichtstuch, und er kann einen kurzen Blick auf sie erhaschen. Keiner hat da Lust auf ein Gespräch. Den meisten verschlägt es die Sprache.

Habiba war inzwischen 24 Jahre alt, traditionell erzogen und streng gläubig. Schließlich stimmten sie und die Eltern dem unüblichen Begehren zu, weil der Kandidat und seine Familie als wohlangesehen galten.

Und Omar kam. Habiba war schrecklich aufgeregt. Zuvor zermarterte sie sich den Kopf, worüber er reden und was er fragen würde. Es hieß, er wolle nur eine kluge Frau heiraten. Wie war sie jetzt froh, die Schule abgeschlossen und Englisch gelernt zu haben, aber würden ihre Kenntnisse seinen Ansprüchen genügen? Sie dachte nicht darüber nach, ob sie ihn wohl lieben könnte. Das würde sich finden. Sie wußte, er war 15 Jahre älter als sie, und sie stellte sich einen ernsten Herrn vor, mit streng gerunzelter Stirn.

Als sie Omar sah, machte ihr Herz einen hohen Sprung – und ihr neues Leben begann. Omar war keineswegs alt und graubärtig, sondern ein drahtiger, mittelgroßer Mann mit pechschwarzen Haaren, Augen und Schnurrbart. Er lachte gern, war charmant und aufmerksam. Habiba liebte ihn auf den ersten Blick.

Omar lebt jetzt in Einehe mit ihr. Er ist, wie sie, geschieden und brachte drei Kinder mit in die neue Ehe. Rada, die neunjährige Tochter Habibas, muß bei den Großeltern bleiben. Ihr geschiedener Mann hat es so angeordnet. Falls seinem Willen zuwidergehandelt würde, drohte er, die Tochter der Mutter ganz wegzunehmen. Habiba sieht ihr Kind einmal in der Woche, wenn sie ihre Eltern besucht. In den Schulferien darf Rada einige Tage bei Habiba und Omar wohnen und mit den Kindern Samira, Arwa und Ali spielen.

Erfahren habe ich diese Geschichte erst viel später, aber daß Habiba ihren Mann sehr liebt und er ihr innig zugetan ist und sie weit mehr an seinem Leben teilnehmen läßt als im Jemen üblich, wurde mir bald deutlich.

Am ersten Tag unserer Freundschaft will Habiba mich zu ihrem Frauentreff mitnehmen. Die Frauen von Sana'a besuchen sich gern, manche sitzen jeden Nachmittag zusammen. Es ist Aufgabe der Männer, die Frauen zu ihren Treffs zu fahren und wieder abzuholen. Habiba aber meint, wir könnten zu Fuß gehen, es sei nicht weit. »Warte einen Moment«, sagt sie. »Ich bin gleich fertig.«

Nach wenigen Minuten blicke ich auf und zucke unwillkürlich zusammen. In der Tür steht eine schwarze Gestalt. Vielleicht ist es eine Nachbarin, denke ich und bleibe sitzen.

»*Yalla! Yalla!* Los geht's«, höre ich die fröhliche Stimme von Habiba. Die Verwandlung in so kurzer Zeit verblüfft mich. Habiba zieht mich an der Hand in ihr Schlafzimmer. Es ist nach westlichem Standard mit hellen Möbeln eingerichtet. Ehe ich mich's versehe, greift Habiba nach einer Flasche und besprüht mich mit atembetäubenden Duftwolken. Sie lacht über mein entsetztes Gesicht. Ich verwende nämlich nie Parfüm, im Jemen aber werden Geruchsstoffe im Übermaß verströmt.

Es ist für mich ungewohnt, mit einer Verschleierten durch die Stadt zu gehen. Habiba hat wieder meine Hand ergriffen; als ungleiches Paar bieten wir gewiß einen seltsamen Anblick.

Omar wäre froh, wenn seine Frau kein Gesichtstuch trüge. Schon bei ihrer ersten Begegnung hatte er sie gefragt, ob sie den Mut dazu aufbrächte. Omar meint, der Schleier sei ein Symbol für die Unterdrückung der Frauen. Er sehnt sich nach einem modernen Jemen.

Herzlich werden wir willkommen geheißen und in einen mit rotgemusterten Teppichen ausgelegten Raum geführt. Entlang der Wände sitzen Frauen. Ich bin geblendet. Die Gewänder schillern und schimmern, funkeln und glühen in grellen Farben. Verschwenderisch glänzt Schmuck in großzügigen Décolletés, blinkt Gold an Ohren und Händen.

Ich trage meine schönste Bluse, farblich passend zu Hose und Kopftuch, aber nun fühle ich mich wie Aschenputtel, das gerade mit dem Erbsenzählen fertig geworden ist. Verlegen stolpere ich von einer Schönen zur anderen. Meine Hand wird ergriffen und ein Kuß auf den Handrücken gehaucht, dann wird mir der fremde Handrücken vor den Mund gedrückt. Endlich habe ich die Runde gemacht. Überwältigt von Parfümdüften lasse ich mich erleichtert auf den mir zugewiesenen Platz sinken. Nach einer Sekunde der Stille bricht ein Sturm von Fragen über mich herein. Wie bin ich stolz, alles verstehen und beantworten zu können. Aber meine Antwort wird kaum abgewartet, schon hagelt es die nächsten Fragen. Betretenes Schweigen, als ich gestehen muß, keine Kinder zu haben. Nach kurzem Zögern wagt eine zu fragen: »Kannst du keine bekommen?« Daß ich gar keine will, wäre so unnatürlich, daß keine der Frauen dies verstehen würde. Ich passe mich ein wenig an und antworte, ich hätte mein Leben bisher mit Lernen, Studieren, Reisen und Schreiben verbracht. So aber Allah will, werde er mir gewiß Kinder schenken, *inschaallah!*

Die Frauen wenden sich wieder ihren Gesprächen zu. Ich habe den Eindruck, als kinderlose Frau an Ansehen und Würde verloren zu haben. Weil ich nun nicht mehr im Mittelpunkt der Aufmerksamkeit stehe, habe ich Muße, die Frauen zu betrachten. Sie sind nicht alle so blendend schön, wie es mir beim Eintritt in den Raum vorgekommen war. Nur zwei junge Frauen mit schmalem Antlitz sind wirkliche Schönheiten. Die älteren Frauen haben breite, gutmütige Gesichter. Eine sehr alte Frau fällt mir auf. Weiße Haare lugen unter dem Kopftuch hervor. Ihre Augen stehen weit auseinander und leuchten seltsam hellgrau.

Unter all den prachtvoll gekleideten und geschmückten Frauen ragt Habiba mit ihrer anmutigen Erscheinung heraus. Sie ist schön, aber vor allem strahlt sie innige Wärme aus. In ihrem kobaltblauen Kleid wirkt sie inmitten der anderen wie eine Himmelskönigin.

Nachdem meine Augen sich an die vielerlei Farben gewöhnt haben, merke ich auf einmal, daß ich rein gar nichts von dem Geplapper ringsum verstehe. Ich konzentriere mich auf das Gespräch meiner Sitznachbarinnen, kann aber keine bekannten Wörter herausfiltern.

Habiba klärt mich auf: »Das ist der Al Bayda-Dialekt. Wir stammen alle von dort, aus dem Süden.«

Al Bayda? Mir fällt ein, daß mir ein *qabili* gesagt hat, dort solle es noch Dromedare geben. Ich erzähle den Frauen von meinem Plan, mit einem Kamel durch den Jemen zu ziehen.

»*Aiwa! Djamel* gibt es dort genug.« Alle reden durcheinander. Wenn sie sich mir zuwenden, benutzen sie den Sana'aer Dialekt.

»Habiba, da kannst du am besten helfen«, sagt die Alte mit den hellgrauen Augen. »Dein Onkel Qasim kennt sich doch aus mit Kamelen.«

Die Frauen wundern sich nicht über meinen Plan. Wahrscheinlich ist einer Ausländerin ohne Kinder alles zuzutrauen.

Ein qualmendes Weihrauchgefäß wird hereingetragen und von einer Frau zur anderen weitergereicht. Eine jede räuchert sich gründlich ein. Sie binden die Tücher ab, hängen ihre langen Haare in den Rauch und lassen Weihrauch in ihre Gewänder strömen.

Weihrauch ist nicht allein ein Duftspender, ihm werden allerlei Heilkräfte zugeschrieben, und von altersher wird er bei magischen Praktiken und religiösen Ritualen verwendet. Diese Frauentreffs könnten ein Überbleibsel vorislamischer Rituale sein, ohne daß es den heutigen Teilnehmerinnen bewußt ist. Früher, als rituelle Frauenversammlungen noch Sitte waren, hockten sich die Frauen im Kreis um einen Kultgegenstand und weihten die jungen Frauen in die Mysterien ihrer Weiblichkeit ein, vertrauten sich verborgene Wahrheiten an, tanzten und sangen, lachten und jauchzten, bis alle erleichtert und gestärkt wieder zu ihren Familien gehen konnten. Zu meiner Vermutung paßt, daß einige Frauen ihre Fußsohlen noch heutzutage mit Henna färben. Henna wurde in alten Zeiten für Magie und Opferrituale verwendet. Die rote Farbe symbolisierte, daß die Lebenskraft den Göttern geweiht wird. Geblieben ist bis heute der Glaube, daß Henna vor Unheil schützt und das Böse bannt.

Als die Reihe an mir ist, mich einzuräuchern, beginne ich zaghaft mit den Haaren. Ich werde mit neugierigen und prüfenden Augen genau beobachtet. Entschlossen halte ich das heiße, qualmende Ding unter die Bluse, wie ich es bei meiner Nachbarin Taqia gelernt habe. Die Frauen nicken anerkennend.

Tee wird serviert und *bun*, ein würziger Kaffee aus Hirse, Ingwer und anderen scharfen Gewürzen, dazu Kuchen, Gebäck und Süßigkeiten. Ich empfinde es als angenehm, am Boden zu hocken und mit den Fingern von der roten Zuckermasse zu naschen. Ähnlich einem Picknick, bei dem man auch ungezwungen auf der Erde sitzt, herrscht eine frohe Stimmung.

Die Frauen tauschen Nachrichten aus, wechseln die Plätze, um mit einer anderen ins Gespräch zu kommen, hin und wieder verschafft sich eine Frau Gehör und spricht laut einen Monolog. Alle lauschen, von keiner wird sie unterbrochen. Ausdrucksvolle Gebärden der Hände begleiten diese theatralischen Ansprachen im leider mir unverständlichen Dialekt. Es klingt, als würde ein dramatisches Vorkommnis geschildert. Ich wundere mich nur, daß ein beiläufiges Nicken der Zuhörerinnen die einzige Reaktion ist. Habiba erklärt mir, es handle sich um lange zurückliegende Vorfälle, allen bekannt und schon Hunderte Male vorgetragen.

Die Frauen zeigen ihre Einkäufe: Schmuck, Parfüm, Tücher,

Schleier. Der neueste Schick sind Handschuhe mit Pelzbesatz. Sana'a hat wegen der Gebirgslage ein kühles Klima; Handschuhe mit Pelz scheinen mir dennoch unangebracht. Aber Mode ist Mode, auch im Jemen.

Während die größeren Kinder draußen spielen, sind die Babys mit im Raum. Ständig werden sie herumgereicht, abgeküßt und geknuddelt. Erstaunt beobachte ich, daß ihre zarten Körperchen reichlich fest und derb angepackt werden. Doch die Kleinen fühlen sich im engen Kontakt mit den vielen weiblichen Körpern sichtlich wohl.

Schließlich verschwindet eine Frau nach der anderen. Die Verabschiedung ist ohne Zeremonie, ein kurzer Gruß. Sie werfen ihre schwarzen Tücher über, und alle Farben und aller Glanz sind ausgelöscht. Draußen warten die Männer und fahren die Frauen wieder in ihre Häuser.

Eine Woche später überrascht mich Habiba mit dem Angebot einer Kameltour. Sie habe mit ihrem Onkel Qasim gesprochen. Schnell ist alles vereinbart. Fünf Wochen, die Hälfte meiner Sprachstudien, sind absolviert, ein günstiger Moment für die Unterbrechung. Qasim ist gerade in Sana'a. Er wird mich nach Al Bayda mitnehmen und zu den *bedu* bringen, bei denen ich den Umgang mit Dromedaren lernen will.

Lehrling bei den Beduinen

متدرب عند البدو

So bewegt sich die Karawane notwendig in einer Richtung, die sie beherrscht; sie gleicht einem Steine, der einen unsichtbaren Hang hinabrollt.

Antoine de Saint-Exupéry »Botschaft der Wüste«

Qasim treffe ich im Haus von Habiba. Ein beeindruckender Mann. So habe ich mir immer einen Wüstenscheich vorgestellt. Im Gegensatz zu den meisten Jemeniten, die klein und hager sind, ist Qasim ungewöhnlich groß, mit breitem Brustkorb und einem runden Gesicht, das ein schwarzer Vollbart ziert. Die *djambija* steckt in einer mit Karneolen und Silber geschmückten Scheide und lenkt den Blick auf den mächtigen Bauch. Wie staune ich, daß ein Mann mit diesem imponierenden Körper die Stimme eines Jünglings hat, der unter Stimmbruch leidet.

Qasim ist in Eile, denn er will bei Tageslicht in Al Bayda ankommen. Wir müssen aber vorher noch das Gepäck aus meiner Wohnung holen, und Habiba wollte ihrem Onkel den kleinen Umweg erklären. Vorsichtshalber probiere ich vor der Abfahrt, ob er meine Aussprache der Begriffe für rechts, links, geradeaus versteht. Alles bestens. Es kann losgehen. Wir steigen in seinen Landrover. Habiba und die Kinder winken zum Abschied. Bei der ersten Querstraße sage ich: »*Jesar!*« Doch Qasim biegt nach rechts ein. Ich bin verblüfft. Ah, vielleicht war es eine Einbahnstraße? Bei der nächsten Kreuzung rufe ich wieder, diesmal schon etwas lauter: »*Jesar! Jesar!*« Qasim fährt geradeaus! Er lächelt belustigt, zeigt zwar in die von mir genannte Richtung, als sei es ein Spiel für kindische Ausländer, aber er fährt, wohin er will – und immer weiter aus Sana'a hinaus! Schlagartig wird mir klar, daß Habiba vergessen hat, ihm vom Abstecher zu meinem Haus zu erzählen. Für ein paar Sekunden sind alle arabischen Wörter in meinem Gedächtnis wie ausgelöscht. Ich kann nur stottern: »Oh! Nein!« Dann sprudelt es wie von selbst in flüssigem Arabisch aus mir heraus: »*Mafisch schenat! Kul schenatli fi al bäiti. Augaf! Lif!* Das Gepäck fehlt! Mein ganzes Gepäck ist in meinem Haus. Stopp! Wenden!«

Qasim versteht, stoppt, wendet und fährt zurück; nun befolgt er meine Richtungsangaben. Dankbar denke ich an meine Lehrerin Karima. Als hätte sie es geahnt, hat sie mich in der letzten Unterrichtsstunde gerade diese Wörter gelehrt.

Die Fahrt dauert fünf Stunden. Wir unterhalten uns angeregt über seine und meine Familie. Ein fast endloses Thema, weil es verschiedene Wörter für die Verwandten der Vater- und der Mutterseite gibt. Man kann die Namen aufzählen, das Alter, den Beruf und wie viele Kinder sie haben und dann weiter über diese reden. Qasim versteht meine Sana'aer Aussprache. Hocharabisch habe er in der Koranschule gelernt, sagt er, außerdem könne er lesen und schreiben. Auf ein paar englische Sätze ist er besonders stolz.

Qasim ist ein guter und vor allem rasanter Fahrer. Das arabische Wort für Autofahrer heißt *sauwag,* was in meinen Ohren lustig klingt. Wir überholen zahlreiche Pick-ups. Manche sind voller Ziegen, in anderen drängen sich Schafe, und mitunter hocken Menschen auf den Seitenwänden, klammern sich dort, gebeutelt vom Fahrtwind, in luftiger Höhe fest, während Tiere den Lastraum füllen.

Es scheint Kürbisernte zu sein. An den Straßenrändern sind die grünen und gelben fußballgroßen Früchte zu dekorativen

Pyramiden kunstvoll gestapelt. In einer Ortschaft ist gerade Markttag. Mit dem Wagen drängen wir uns an Menschen und Waren vorbei, blitzartige Eindrücke, bunte Bilder, lebhafte Szenen. Immer wieder die ausdrucksstarken Gesichter der Männer und die Augen der Kinder.

Wir überqueren den 2775 Meter hohen Yislah-Paß. In steilen Serpentinen geht es nach Süden in die Hochebene von Ma'bar. Ich bewundere Qasims Gespür beim Überholen in unübersichtlichen Kurven. Er scheint genau zu wissen, daß kein Fahrzeug entgegenkommt. Mir bleibt ein vager Zweifel. In besonders kritischen Kurven schaue ich ihn skeptisch von der Seite an – wenn jetzt ein Auto entgegenkäme …

Es war ausgemacht, daß ich mit Qasim in sein Dorf fahre und erst am nächsten Morgen zum Treffpunkt mit den beiden Beduinen, bei denen ich den Umgang mit Dromedaren lernen will. Im Gepäck habe ich einen großen Beutel mit Bonbons und Süßigkeiten für Qasims neun Kinder.

Die Nacht bricht schon herein, als Qasim von der Straße in eine Steinlandschaft ohne Weg oder Piste abbiegt. Ich überlege noch, ob es sinnvoller sei zu fragen, wie viele Kilometer oder wie viele Stunden es bis zum Dorf sind, da sehe ich in der Ferne einen Lichtschein. Wir fahren scharf darauf zu und halten bei einem Lagerfeuer mit zwei wild aussehenden Gestalten. Wahrscheinlich will er diese Leute begrüßen, denke ich, denn Jemeniten fahren selten an jemandem vorbei, ohne ihn nach Namen, Woher und Wohin zu fragen. Qasim aber sagt zu mir: »Steig aus! Wir sind da!«

Erst jetzt begreife ich, daß diese zwei Wüstenkrieger mit ihren Kalaschnikows über der Schulter »meine« *bedu* sind. Es trifft mich wie ein Schlag. Will er mich hier bei diesen wildfremden Männern aussetzen? Ich hatte mich auf die Begegnung mit den *bedu* gefreut, aber jetzt habe ich Angst. Es ist Nacht. Kalter Wind pfeift. Verloren stehe ich neben dem Landrover und wäre am liebsten in seine warme Geborgenheit zurückgeklettert. Daß ein Auto Sicherheit bedeuten kann, ist ein ganz neues Gefühl in meinem Leben. Im Dunkeln sehe ich schemenhaft zwei Ungetüme am Boden liegen. Mit ihrem Buckel und den langen Hälsen wirken sie wie Wesen aus vergangenen Zeiten – es sind »meine« Dromedare. Verzweifelt frage ich mich, wie um alles in der Welt ich der irrsinnigen Idee verfallen bin, mit diesen furchteinflößenden Tieren allein durch den Jemen wandern zu wollen. Nie und nimmer werde ich diese riesenhaften Ungeheuer beherrschen können. Ich sehe nur einen Ausweg: Ich muß den verrückten Plan ganz schnell vergessen.

Qasim ist vorausgegangen, sitzt schon am Feuer und ruft, ob ich Tee oder Kaffee wolle. Meine zukünftigen Begleiter heißen Salem und Ali. Der eine reicht mir einen Blechnapf mit Tee, süß und heiß. Der andere stellt eine Schüssel mit zerkochten Kartoffeln und Tomatenstücken in die Mitte. Wir hocken uns um dieses Gefäß und tunken Brot in den Kartoffelbrei. Das Essen ist gut gewürzt und schmeckt mir hervorragend.

Still und friedlich ist der Abend. Nachtinsekten zirpen, und das Holz knistert im Feuer. Hell schimmert der Sternenhimmel. Meine Ängste sind verflogen, und Sana'a ist weit weg. Hier ist das Leben, das zu mir paßt. Auch die zwei Dromedare scheinen nicht unfreundlich zu sein. Sie wenden mir den Kopf zu, als ich sie am Hals kraule.

Ich sage Qasim, daß ich gleich bleiben will. Er hat das wohl selber schon längst so beschlossen. Er schläft im Auto und ich neben dem Feuer auf meiner Matte unter freiem Nachthimmel. Ich sehe das Kreuz des Südens, höre noch, wie die Kamele rülpsen und wiederkäuen, dann schlafe ich schon fest.

Mit dem ersten Morgenlicht um 5 Uhr wache ich auf. Ali hockt am Feuer und bläst in die Glut. Bald ist der Tee fertig. Ich zeige beiden *bedu* die Lebensmittel und frage, ob der Vorrat bis zum nächsten Laden reicht. Salem antwortet, daß es unterwegs keinen Kaufladen gibt und wir deshalb noch mehr Zucker und Reis dazukaufen müssen. Salems Aussprache kann ich gut verstehen, aber Alis Sprache donnert in meinen Ohren hart wie Kanonenschüsse. Deshalb erschrecke ich, daß es gerade Salem ist, der in den Landrover steigt, um mit Qasim zum Einkaufen zu fahren.

Ich bin allein mit Ali. Verlegen hocke ich neben ihm am Feuer und schlürfe Tee. Nicht so schlimm, tröste ich mich, wir können uns ja mit Zeichen verständigen.

Plötzlich stellt Ali mir eine Frage. Ratlos blicke ich ihn an. Was könnte er meinen? Es scheint wichtig zu sein. Er wiederholt die Frage, lauter und immer lauter. Glaubt er, die Lautstärke könne einen Funken in meinem Hirn zünden? Ja, wenn er Arabisch sprechen würde! Aber mit seinem *bedu*-Dialekt bin ich hoffnungslos überfordert. Auf einmal filtert mein Ohr ein bekanntes Wort heraus »*ibn*«. In meinem Kopf klickt es, und die abstrusen Laute fügen sich zu verständlichen Wörtern zusammen. Ali will wissen, ob ich Kinder habe. Eine simple, schon hundert Mal gehörte und beantwortete Frage, die Frage der Fragen, die immer zu Anfang einer Bekanntschaft gestellt wird. Nur die gutturale Betonung der Vokale hatte mir einen unverständlichen Dialekt vorgetäuscht.

Er spricht Arabisch! Ich verstehe ihn! Vor Freude springe ich auf und rufe enthusiastisch: »Ja! Ja!« Dann fällt mir ein, daß das die falsche Antwort auf seine Frage ist. Ich setze mich wieder und sage: »Nein! Kinder habe ich keine, leider!« Aber die Freude ist zu groß und mein Redestrom nicht zu bremsen. Er muß sich meine Familienverhältnisse anhören. Ich überschütte ihn mit Informationen über meine Eltern, Geschwister, Neffen und Nichten, Onkel und Tanten.

Endlich gebietet Ali mir Einhalt, es sei an der Zeit, die Kamele zu beladen. Unweit unseres Lagers laben sie sich an Akazien. Ali weiß, daß ich den Umgang mit den Tieren lernen will, und zeigt mir, wie das Halfter umgelegt, der Sattel befestigt und die Lasten aufgeschnürt werden. Das eine Dromedar trägt Proviant und Ausrüstung, das andere ist mein Reittier. Doch ich will mich erst warmlaufen.

Der Morgen ist kühl. Ein scharfer Wind weht. Wir wandern Täler entlang, die von schroffen Bergen aus Granit umgeben sind. Das Gestein ist von der Sonne geschwärzt, der sogenannte Wüstenlack. Dürr und unfruchtbar ist die Landschaft. Hin und wieder überrascht mich ein gepflügtes Feld mitten im Geröll. Diese Felder, mit Mühe dem steinigen Boden abgerungen, sind winzig, kaum fünf Meter breit und höchstens 50 Meter lang. Die ausgesäte Hirse hat gekeimt und die ersten grünen Blätter zum Licht geschoben. Es mangelt an Wasser. Nirgendwo ein Bach oder eine Quelle. Rettung für die zarten Pflanzen kann nur durch Regen oder Tau kommen.

Die Kühle des frühen Morgens wird bald zur kurzen Erinnerung. Die Sonne steht inzwischen steil am Himmel und sendet sengende Strahlen. Wie ein heißer Fön bläst der stete Wind. Außer im Gesicht und an den Händen habe ich keine unbedeckte Haut. Wer glaubt, sich bei Hitze ausziehen zu müssen, irrt. Im Gegenteil – schützende Kleidung schafft ein eigenes Klima und bewahrt den Körper vor Überhitzung von außen.

Ali und ich wechseln uns ab mit der Führung der Dromedare. Das Halfter des Lastkamels ist an der Schwanzwurzel des anderen befestigt, so kann eine Person beide Tiere führen. Bei Engpässen kommt mir das vordere Tier so nahe, daß sich sein Maul direkt über meinem Kopf befindet. Wenn es jetzt zubeißen würde, bliebe von meinem Kopf nichts übrig. Ich habe viel über Kamele gelesen und weiß, wie gefährlich sie sein können. Mit ihren gewaltigen Kiefern zermalmen sie nicht nur Äste und Zweige, sondern bei einem einzigen Biß zersplittern die Knochen eines Menschen. Besonders ihre Tritte, die tödlich sein können, sind gefürchtet. Ali berichtet von so einem Unglück: Drei Männer saßen an einem Lagerfeuer, als ein wütendes Dromedar über sie herfiel und alle drei tötete. Sie waren furchtbar zugerichtet, kaum noch zu erkennen. Am gefährlichsten sind die Kamelhengste, betont Ali.

»Sollte ich dann für meine Wanderung nicht eher ein Weibchen auswählen?« frage ich beklommen.

»Nein, die Hengste sind ausdauernder und können mehr tragen.« Stolz blickt er auf seine zwei Tiere.

Weil die Landschaft karg ist, freue ich mich über jede Blume, jeden Busch, jeden Baum. Fast alle Gewächse tragen Dornen. Im extremen Wüstenklima leisten sich Pflanzen nur dann Blätter, wenn es ausreichend Feuchtigkeit gibt. Trockenzeiten überdauern sie auf Sparflamme – dank der Dornen, denn diese verdunsten kaum Wasser, ermöglichen aber geringe Photosynthese. Die reicht gerade, um die Pflanzen am Leben zu halten.

Tiere sind Raritäten in dieser lebensfeindlichen Umwelt. Ich sehe den grauschwarzen Raubwürger, den sangesfreudigen Bülbül und den Wiedehopf, der hier *hud hud* heißt. Es war der *hud hud*, der König Salomon erstmals Kunde von der wunderschönen Königin von Saba brachte.

An das heiße Klima bestens angepaßt sind Reptilien. Man muß schon geübte Augen haben, um ein Chamäleon zu entdecken, das die dunkle Farbe der Steine angenommen hat. Dagegen leuchten die kobaltblauen Agamen schon von weitem. Ali nennt sie *wahari*. Es sind die Echsenmännchen, die mit ihrer bunten Tracht den graubraunen Weibchen imponieren und den Rivalen Angst einjagen wollen. Je wärmer die Sonne, um so mehr glühen die Farben des *wahari*. Ist es sehr erregt, glimmt seine Schwanzwurzel kupferrot. Ein einzigartiges Schauspiel, wenn zwei Kobaltechsen von einem halben Meter Länge sich drohend gegenüberstehen und ihre Köpfe ruckartig auf und nieder zucken. Die Beine sind durchgedrückt und stemmen den Körper hoch, der Schwanz ist gleich einer Standarte gebogen. Das Blau wird noch blauer, das Rot röter, dann wird für Echsenaugen offenbar, wer Sieger und wer Verlierer ist. Das Duell wird unblutig entschieden. Dem Unterlegenen ist klar, jetzt rettet ihn nur noch die Flucht, und schon hetzt er davon. Der Sieger hinterher. Zwei Kobaltblitze jagen über die schwarzen Felsen. Der Schwächere wird aus dem Territorium vertrieben, bis zum nächsten Mal.

Auf Menschen treffen wir vorerst nicht. Ali wählt keinen für mich sichtbaren Weg. Er folgt einer Karte, die sich in seinem Gedächtnis gebildet hat. Er schreitet durch ein Tal, erklimmt einen Berg, marschiert auf dem Gebirgskamm entlang und steigt ins nächste Wadi hinab. Nach drei Stunden Wanderung machen wir eine halbstündige Rast, damit die Kamele fressen können. Fasziniert schaue ich zu, wie sie die stacheligen Gewächse mit zarten Lippen greifen. Ali weiß von jeder Pflanze den Namen. Er unterscheidet Arten, die für mich gleich aussehen, bis er mich auf feine Details hinweist.

Mittags rasten wir unter einem Akazienbaum, nehmen dem Lastkamel das Gepäck vom Rücken und binden jedem Tier die Vorderbeine zusammen. So können sie ihre Nahrung suchen, ohne sich weit zu entfernen. Ali zeigt mir die Knoten und läßt es mich beim zweiten Dromedar selbst machen. Da er neben mir steht, fühle ich mich vor einem Tritt des Kamels einigermaßen sicher.

Ich sammle trockenes Holz, das reichlich am Boden liegt, und Ali hat mit dürren Gräsern im Nu ein Feuer entzündet. Er kocht Tee, dazu füllt er den Kessel zur Hälfte mit Wasser, zur anderen mit Zucker, fügt eine Handvoll Teeblätter hinzu und läßt das Ganze kurz brodeln. Trotz der Süße ist der Tee genießbar, wenn er heiß getrunken wird.

Plötzlich erscheint aus dem Nirgendwo ein etwa zehnjähriger Junge. Er hütet Ziegen im nächsten Tal und bittet uns um

Wasser. Wenig später kommt er mit seinem jüngeren Bruder und der Ziegenherde über den Bergkamm gezogen. Während der Rast sitzen wir mit den Kindern im Schatten unter der Akazie. Die zwei verhalten sich wie Erwachsene und werden von Ali auch so behandelt. Sie bringen Feuerholz mit und Brot, stolz sprechen sie die eingeübten Floskeln zur Begrüßung und spielen ihre Rolle als Gastgeber perfekt. Großzügig erlauben sie uns, in ihrem Gebiet zu rasten. Ich bin beeindruckt von der Selbstsicherheit der Kinder. Kaum ein Erwachsener hätte würdevoller auftreten können als diese Knaben.

Als Ali die Kamele holt, bleibe ich beim Gepäck. Nun verlieren die beiden ihr vornehmes Betragen. Fordernd fragt der Zehnjährige: »Was zahlst du Ali?« Vor Verblüffung antworte ich nicht. Sein Bruder glaubt, ich hätte nicht verstanden, und kräht: »Wieviel zahlst du für die Reise? Wieviel Geld? Wieviel Geld?«

Nie hätte ich erwartet, hier in der Einsamkeit über Geld befragt zu werden. Auf meiner Reise sollte ich aber noch oft mit der Geldfrage konfrontiert werden. Im Jemen wollen die Menschen immer wissen, wieviel etwas kostet. Die Frage gilt nicht als unschicklich, im Gegenteil, so überzeugen sie sich vom Wert eines Gegenstandes und zugleich von dem des Besitzers. Dieses Wissen ist wichtig, um sich selbst und den anderen einzuordnen. So interessierte meine Begleiter der Preis meiner gesamten Ausrüstung vom Zelt bis zu den Schuhen. Immer fragten sie fordernd, als würde ihnen die Auskunft zustehen. Ich aber hatte Hemmungen zu antworten, denn der Geldwert meiner Ausrüstung stand in keinem Verhältnis zu ihren Einkünften. In ihren Augen wäre ich übermäßig reich gewesen. Deshalb behauptete ich stets, dieses oder jenes sei mir von Angehörigen und Freunden geschenkt worden, und bei Geschenken dürfe man nicht nach dem Preis fragen, setzte ich vorsichtshalber noch hinzu.

Die Jungen aber drängen auf Antwort. Vage erwidere ich: »Ich zahle nicht für eine Reise, sondern nur ein geringes Lehrgeld, damit Ali mich als Kamelführer ausbildet.« Die Jungen grinsen. Sie glauben mir kein Wort.

Ali bringt die Tiere, und ich steige auf das Reitkamel, während es am Boden kniet. Der Holzsattel ist mit Decken gepolstert, und ich sitze oben wie auf einem Thron. Ali ermahnt mich: »Halte dich gut fest!« Zuerst stellt das Dromedar seine Vorderbeine auf – ich schleudere nach hinten. Dann folgen ruckartig die Hinterbeine – ich werde nach vorn geworfen. Zum Glück falle ich nicht hinunter, und das Kamel setzt sich in Gang und schaukelt mich unentwegt hin und her.

Die Jungen winken zum Abschied: »*Ma'a-salama!*«

Der Blick von oben ist phantastisch, und nach einer Weile habe ich mich an das Schaukeln gewöhnt. Wir ziehen durch eine enge Schlucht. Der tiefe Einschnitt ist malerisch. Rotbraune Felsen ragen bizarr in die Höhe, und an Vorsprüngen krallen sich kahle Wüstenbüsche fest, die Korallenstöcken ähneln. Eine weltabgeschiedene Landschaft, deren Einsamkeit durch die flötenden Rufe der Wüstensteinschmätzer noch betont wird.

Am Lagerplatz für die Nacht erwartet uns Salem mit einem Sack voller Nahrungsmittel.

»Wie nennt ihr diesen Platz?« frage ich.

»Er hat keinen Namen.«

»Wie habt ihr dann den Treffpunkt bestimmt, wenn der Ort keinen Namen hat?«

»Er braucht keinen Namen. Wir wissen, daß er hier ist.«

Die *bedu* nehmen die Landschaft anders wahr als ich. Für sie ist sie vertraut wie eine Wohnung. Kleinste Veränderungen entdecken sie sofort, sei es ein geknickter Ast oder ein umgedrehter Stein. Sie haben zwar Namen für Berggipfel und Täler, aber Treffpunkte bezeichnen sie mittels früherer Ereignisse: dort, wo wir die Ziege geschlachtet haben, als wir den Sohn deines Onkels trafen. Oder: der Platz, wo uns das Mädchen mit dem roten

Kleid zu trinken gab. Jahrelang werden diese Vorkommnisse mit Orten verknüpft, als sei es erst gestern gewesen, und an Kinder und Kindeskinder weitergegeben, bis diese die alten Markierungen durch Selbsterlebtes ersetzen.

Unser erster gemeinsamer Lagerplatz liegt auf einer von Bäumen beschatteten Terrasse, die sich an einen Bergrücken lehnt. Meine Begleiter haben Sinn für idyllische Plätze, stelle ich erfreut fest. Salem knetet Mehl mit Wasser zu Teig. Zuvor hat er faustgroße Steine ins Feuer gelegt. Jetzt nimmt er die glühenden Steine einen nach dem anderen heraus und umschließt sie jeweils mit Teig, so daß Kugeln mit dem heißen Stein in der Mitte entstehen. Diese Teigkugeln werden ins Feuer gelegt und mit Asche bedeckt, bis sie schön braun gebacken sind. *Chubs burr* wird dieses köstliche Brot genannt, das innen und außen eine Kruste hat und das wir morgens und abends essen. Das Brot tunken wir in einen Salat aus Tomaten und Öl. Später, als die Tomaten aufgebraucht sind, was besonders Ali betrübt, stippen wir das Brot in Sesamöl. Mittags wechseln wir zwischen zwei Gerichten. Erstes Rezept: zu Brei zerkochte Kartoffeln und Zwiebeln. Zweites Rezept: Reis, Kartoffeln und Zwiebeln zusammen gekocht, was eßbarer ist, als ich vermutet hatte. Dazu gibt es dreimal am Tag überzuckerten Tee und würzigen *bun,* den Hirsekaffee.

Wir beteiligen uns zu dritt an der Essenszubereitung. Salem und ich schnippeln die Zutaten, während Ali würzt und abschmeckt. Zweimal versuche ich, durch ein von mir kreiertes Gericht Abwechslung in den Essensplan zu bringen. Ich koche meine Leibspeise: Nudeln mit Tomatensoße – und muß alles allein essen. Dann versuche ich es mit in Öl gedünstetem Reis und gebratenen Zwiebeln. Meine Begleiter rühren das Essen nicht an und stillen ihren Hunger mit Brot. Von da an begnüge ich mich mit Gemüseschnippeln und lasse sie nach ihrem Gusto kochen, und von Tag zu Tag schmeckt es mir besser.

Wohin will die Frau mit den zwei Kamelen?

In dieses Weltall geboren, nicht wissend warum
Und woher, wie Wasser, willenlos fließend.
Und aus ihm heraus, als Wind in der Wüste,
Weiß ich nicht, wohin es mich ziellos weht.

Omar Chajjam, gest. 1123

Ali ist sehr mager. Sein Körper scheint nur aus Sehnen, Knochen und Haut zu bestehen, dennoch hat er ungewöhnlich viel Kraft. Mit zäher Ausdauer bewältigt er jede Anstrengung. Sein hageres Gesicht ziert ein Kinnbart. Die Augen liegen tief und nahe beieinander. Obwohl sie einen gewitzten Ausdruck haben, ist Ali ohne Arg. Bescheiden läßt er andere Menschen nicht seine Überlegenheit spüren. Er ist der heimliche Führer unserer Gruppe, doch ich hatte zuerst Salem dafür gehalten.

Salem hat nicht den für Beduinen typisch sehnigen Körper, er ist eher muskulös gebaut. Salem wirkt entschlußkräftig, in Wirklichkeit aber ist er zögerlich und beugt sich lieber den Entscheidungen anderer, kann dann jedoch kaum seinen Ärger und die schlechte Laune verbergen. Schnell erfaßt er eine Situation und weiß genau, was zu tun ist, wartet aber ab, wie die anderen sich verhalten. Salem hat Schreiben und Lesen gelernt, während Ali Analphabet ist. Ich unterhalte mich mehr mit Salem. Er spricht Hocharabisch mit mir, erklärt neue Wörter, beantwortet meine Fragen und spielt oft die sprachliche Brücke zwischen mir und Ali, den ich nach wie vor schwer verstehe.

Beide tragen die *futah,* den knielangen Rock. Salem scheint Wert auf Äußerliches zu legen, seine Kleidung ist aus gutem Stoff mit leuchtenden Farben und Silberglanzfäden. Ali bevorzugt erdfarbene Töne. Gurte voller Patronen sind um ihre Hüften geschlungen, auch die *djambija* fehlt nicht und die unvermeidliche Kalaschnikow. Sie tragen die Waffen so selbstverständlich, als wären sie ein Teil der Kleidung. Die Waffe scheint weniger ein Tötungsinstrument als ein Symbol der Wehrhaftigkeit zu sein.

Ich frage Salem, ob er schon einmal getötet habe.

»Natürlich!« antwortet er prompt.

Das hatte ich nicht erwartet. Dann fällt mir ein: wahrscheinlich im letzten Krieg zwischen Nord- und Südjemen.

»Nein! Im Krieg war ich nicht. Ich bin zu Hause geblieben.«

»Wann hast du denn getötet?«

»Ach, erst letzte Woche.«

Mir stockt der Atem. Was denn passiert sei, will ich wissen und erwarte die dramatische Geschichte einer Blutfehde zu hören.

»Gar nichts ist passiert. Ich habe einfach so getötet.«

Das will mir nicht in den Kopf. Ein Mann wie Salem tötet nicht einfach so. »Wen hast du letzte Woche getötet?« frage ich nun direkt.

»Ein Huhn.«

»Ein Huhn?« Ich glaube mich verhört zu haben.

»Sicher, ein Huhn. Warum denn nicht? Manchmal töte ich auch Ziegen oder Schafe.«

Nun verstehe ich. Doch um ganz sicher zu gehen und da ich das Wort für »schießen« nicht kenne, zeige ich auf sein Gewehr und frage: »Hast du mit dem *bunduk* auch Menschen getötet?«

»Nein! Niemals!«

Der Gewehrlauf von Alis Kalaschnikow ist mit einem roten Band umwickelt, wie es die Mädchen in ihre Zöpfe flechten.

Abends am Lagerfeuer wickelt er das Band ab, streicht es liebevoll zwischen den Fingern glatt und bindet es sorgsam von neuem um den Lauf. Sein Gesicht hat dabei einen zärtlichen Ausdruck. Er lächelt leicht verlegen, als er meinen Blick bemerkt.

Niemals gehen die *bedu* ohne Gewehr irgendwohin. Sitzen sie am Lagerfeuer, legen sie es dicht neben sich. Am ersten Abend dachte ich, Ali wolle ein Tier schießen, als er das Gewehr nahm und sagte, er komme gleich wieder. Neugierig schaute ich hinter den Felsen, zog meinen Kopf aber schleunigst zurück, als ich ihn dort hocken sah.

Kein einziges Mal schießen die beiden während unserer Wanderung. Sie lassen jeden Hasen davonrennen, und auch die perlhuhnähnlichen Vögel geraten nicht ins Visier.

Eines Nachts, in einsamer Gebirgslandschaft, vernimmt Ali Motorengeräusch. Augenblicklich verwandeln sich die beiden *bedu* in Krieger. Salem schleicht geduckt hinter einen Felsvorsprung. Mit der Waffe im Anschlag starrt er in die Dunkelheit. Das Geräusch verebbt, meine Begleiter hocken sich wieder ans Feuer und setzen ihr Gespräch laut und unbekümmert fort. Gefahr scheint nicht von einem Feind zu drohen, der sich lautlos anschleicht, sondern von denen, die geräuschvoll mit Fahrzeugen heranbrausen.

Inzwischen habe ich begriffen, wie bedeutsam die Waffen für die Männer sind, daher bin ich höchst erstaunt, als Salem mir seine Kalaschnikow schon am dritten Tag in die Hand drückt, um die Knoten zwischen den Beinen der Dromedare zu lösen. Von da an gibt er sie mir öfters, wenn er die Hände frei haben will, und ich deute diese Geste als Auszeichnung. Sie nennen mich *bint al bedu,* Beduinenmädchen. Wollen sie mir eine Freude machen, bieten sie mir den Tee aus ihrem Blechnapf an. Ich verbrenne mir zwar die Lippen am heißen Gefäß, lächle aber dankbar.

Immer sind es Ali und ich, die morgens als erste aufstehen, die Tiere losbinden, sie zum Fressen führen, Feuer machen und Tee kochen. Salem steht erst auf, wenn er sich am Feuer wärmen kann. Jeden Morgen ist er starr vor Kälte und kaum fähig, sich zu bewegen, denn seine dünne Decke schützt ihn kaum vor der Nachtkälte.

Wir tunken das selbstgebackene Brot in Sesamöl und schlürfen heißen Tee, dann treibe ich mit Ali die Kamele zurück, die auf der Suche nach Nahrung weggelaufen sind. Zu dritt satteln und beladen wir sie, Ali singt dazu Suren aus dem Koran. Vormittags führe ich die Tiere. Die Männer gehen hinter mir und schwatzen. Irrtümlich glaubte ich, wegen der Härte ihres Lebens seien Beduinen schweigsame Menschen. Weit gefehlt!

Mittags rasten wir im Schatten eines Baumes. Die Kamele werden in die Knie gezwungen, und das Gepäck wird abgeladen. Wir teilen uns die immer gleichen Arbeiten: Holzsammeln, Feuermachen und Kochen. Mit fällt auf, daß Salem und Ali mit Wasser nicht sparen. Großzügig verschwenden sie es zum Reinigen des Geschirrs, spülen jedes Gefäß dreimal mit frischem Wasser aus. Viel Wasser ist auch für die Gebetswaschungen nötig. Zum Trinken und Kochen verbrauchen wir dagegen sehr viel weniger Flüssigkeit.

Am Nachmittag setze ich mich auf das Reitkamel, lasse mich hin und her wiegen und genieße die Landschaft. Weiter ziehen wir quer durch das sepiabraune Gebirge, folgen trockenen Wadis, steigen Berghänge hinauf und wieder hinunter in die nächste Schlucht. Bevor es dunkel wird, suchen wir irgendwo zwischen Geröll und Steinen einen Lagerplatz. Mein Zelt baue ich nicht auf, weil ich den Sternenhimmel über mir genießen will. Ich lege mich etwas abseits von meinen Begleitern, was ihnen gar nicht gefällt. Am liebsten wäre ihnen, ich würde in ihrer Mitte sein, damit sie mich beschützen können.

Mit den Gebetszeiten halten es Salem und Ali großzügig, denn Reisenden ist erlaubt, von der Norm abzuweichen. Sind alle Arbeiten getan, knien sie nieder. Respektvoll schweige ich dann und bemühe mich, keine störenden Geräusche zu machen. Für sie aber ist das Gebet zu Allah eine natürliche Handlung, die in den Alltag integriert wird. Während der eine betet, redet der andere manchmal in voller Lautstärke weiter.

Der Jemen war das erste Land, das im Jahr 628 den neuen Glauben übernahm. Die Große Moschee in Sana'a wurde zu Lebzeiten des Propheten Mohammed gebaut und ist der Überlieferung nach an der Stelle errichtet, wo sich sein Kamel niederließ. Der Prophet war von der Religiosität der Jemeniten stark beeindruckt. Er soll gesagt haben: »Jemenitisch ist der Glaube, und aus dem Jemen kommt die Weisheit.« Aber aus dem Jemen kamen auch die Krieger, die wie ein Feuersturm das Abendland erobern wollten und die grüne Fahne des Propheten in Spanien flattern ließen. Seit über 1300 Jahren ist der Jemen ein islamisches Land, und die Gesetze Allahs bestimmen Handeln, Denken und Fühlen aller Menschen und auch den Tagesablauf des einzelnen.

Das Gebirge liegt jetzt hinter uns. Wir wandern durch eine fruchtbare Ebene. Der Boden ist in Parzellen geteilt und wird reichlich bewässert. Nicht wie früher, durch Zugtiere und Menschenkraft, wird das Wasser aus der Erde geholt, sondern mit Hilfe von Dieselpumpen. Überall dröhnt das Lärmen dieser Maschinen. Noch gibt es genügend Wasser, doch der Grundwasserspiegel sinkt durch das ständige Abpumpen, und die Böden werden allmählich sauer, da beim Verdunsten Salz zurückbleibt. Die Menschen aber sind froh über die Wasserfülle, und das Land ergrünt. Trotz der Dieselpumpen ist die Arbeit mühsam genug: Parzellen müssen geglättet, Erddämme angehäufelt, Bewässerungskanäle gegraben werden, danach wird gesät, gepflanzt, gejätet und geerntet. Gerste, Hirse, Zwiebeln und anderes Gemüse wachsen hier.

In diesem Gebiet sind es die Männer, die auf den Feldern arbeiten. Immer entwickelt sich ein kurzer Wortwechsel. Die Leute sind höflich und zurückhaltend. Sie stellen die üblichen Fragen nach Woher und Wohin, nach dem Namen – und natürlich, wie viele Kinder ich habe.

In den Dörfern werden die alten Lehmbauten nicht mehr bewohnt und verfallen allmählich. Die vielen neuen Gebäude sind unförmige Würfel aus Betonquadern, meist unverputzt. Für meine Augen sehen sie häßlich aus. Das Gefühl für Proportion und Ästhetik scheint mit der Verwendung des modernen Baustoffes Beton abhanden gekommen zu sein. Ich frage Salem nach seiner Meinung. Er ist stolz auf die neue Bauweise, denn für ihn ist sie Zeugnis eines modernen Jemen. Ich zeige auf ein noch erhaltenes Lehmhaus und frage, ob dies nicht doch schöner sei?

Er gibt keine Antwort, aber er hat verstanden. Als wir wenig später an einer bis auf die Grundmauern zerfallenen Lehmruine vorbeikommen, ruft er laut: »Schau! Da ist ein schönes altes Haus für dich! Ist es dir auch alt genug?«

Ich lache als erste, und die zwei stimmen fröhlich ein. Jemeniten lieben Scherz, Spaß und Witz, sie lachen gern und haben Humor. Ihre Sympathie gewinnt man durch aufrichtige Heiterkeit; sie spüren, ob sie von Herzen kommt.

Die Frauen sind hier unverschleiert. Vor ihren Häusern grüßen und winken sie uns zu. Ihre Kleider haben kräftige Farben – trotz der Buntheit ein harmonisches Bild. Junge Frauen folgen uns weit über ihr Dorf hinaus. Sie sind keß und herausfordernd, doch sobald ich Fragen stelle, drehen sie schüchtern den Kopf weg und ziehen einen Zipfel des Tuches vor ihr Gesicht. Hinter meinem Rücken prusten sie vor Lachen, quietschen und trillern. Noch lange stehen sie auf einer Anhöhe und blicken uns nach

– lachende und winkende Mädchen in Grün, Türkis, Rot und Gelb vor dem Hintergrund des klaren Himmelblaus.

Der farbenfrohe Anblick prägt sich meinem Gedächtnis unauslöschlich ein, klar und deutlich wie eine Fotografie, vielleicht gerade deshalb, weil ich nicht fotografieren darf. Denn die islamische Religion verbietet das Abbilden von Personen. Allerdings machen die Männer für sich meist eine Ausnahme und lassen sich gern knipsen. Die Frauen aber befürchten, daß sie ihre Ehre verlieren, wenn fremde Menschen ihre Gesichter sehen. Auch verschleierte Frauen dürfen nicht abgelichtet werden. Und so habe ich die vielen hübschen Frauen in ihren farbenprächtigen Gewändern nur in meiner Erinnerung gespeichert, und ihre Schönheit kann ich nur mit Worten malen.

Der Rhythmus des Wanderns entspricht mir. Ich möchte immer so weiterziehen. Jeder Tag ein Aufbruch ins Unbekannte. Ich sitze auf dem ersten Dromedar, hinten ist das Lasttier angebunden. Vorn schreiten die beiden Männer und teilen die Mühen des Unterwegsseins mit mir. Gewiegt vom Paßgang des Tieres, komme ich mir vor wie eine Königin auf dem Thron. Was habe ich für ein Glück, daß ich das erleben darf! Meine Träume werden Wirklichkeit. Dankbarkeit durchströmt mich. Mitten in diesem Glücksgefühl kreuzt ein Hirte mit seinen Ziegen unseren Weg. Er ist ein hochgewachsener, weißhaariger Mann. Sinnend schaut er uns entgegen. Wir grüßen beim Vorbeiziehen, und er fragt: »Wohin will diese Ausländerin mit zwei Kamelen und zwei Beduinen?«

Salem antwortet: »Noch ziemlich weit, nach As Sawma'ah.«

In mir löst die einfache Frage des Hirten eine Gedankenlawine aus, die mein Glücksgefühl mit einem Schlag hinwegfegt. Ich sehe mich mit den Augen des Hirten. Er muß denken, daß diese Fremde, die ihm unermeßlich reich erscheint, vor lauter Langeweile und Überfluß nichts Besseres mit ihrem Geld und ihrer

Zeit anzufangen weiß, als in ein fernes Land zu reisen und dort ohne Sinn und Zweck von einem Ort zum anderen zu ziehen. In meiner Verwirrung frage ich Salem nach seiner Meinung. Er entgegnet: »Der Alte hat gefragt: Wohin will die Ausländerin? Darauf habe ich geantwortet, und er war zufrieden. Er wollte nicht wissen, warum.«

»Wenn er nun gefragt hätte, warum, was hättest du geantwortet?«

»Ich hätte gesagt, diese Frau schreibt ein Buch über unser Land. Das Buch ist wichtig. Die Leute im Ausland sollen erfahren, wie wir leben, damit sie uns besser verstehen können.«

Vom Nomadenleben in die Stadt

عودة من حياة البدو الى المدينة

Er wird schon merken, daß er die wahren Reichtümer hier in der Wüste besessen hatte: den Sand, die Nacht, die Stille, die Heimat von Wind und Sternen.

Antoine de Saint-Exupéry
»Wind, Sand und Sterne«

»Das Kamel mag dich!« sagt Ali, als er merkt, wie schwer mir der Abschied fällt. Er zeigt auf mein Reittier und dann auf mich, damit ich ihn auch wirklich verstehe, und wiederholt mit lauter Stimme: »*Al djamel jehebisch!*«

So beweist er mir seine Anerkennung. Ich bin gerührt und schlucke die Tränen hinunter, aber sie steigen mir wieder in die Augen.

Ich werde zurückkommen, ein Kamel kaufen und dann mit meinem eigenen Tier allein durch den Jemen wandern – aber ist das auch sicher? Im Moment ist der Abschiedsschmerz stärker als die Hoffnung auf die Zukunft.

Das »wilde Wesen« in mir ist durch das freie Nomadenleben von seinen Ketten befreit worden. Kaum hat sich aber seine urtümliche Kraft entfaltet, wird es seiner Energie schon wieder beraubt.

Qasim bringt mich zum Sammeltaxi, mit dem ich von Al Bayda nach Sana'a zurückfahre. Mit seiner hohen Jünglingsstimme ruft er mir nach: »Ich werde für dich ein wunderbares braunes Kamel finden, *djamel bunni! Bunni!*«

In Sana'a geht es mir schlecht. Das ist nicht das erste Mal so. Immer stürze ich am Ende einer Reise in tiefe Verzweiflung. Bei meinen früheren Expeditionen erlitt ich den Absturz zu Hause und konnte meine schlechte Stimmung auf Deutschland schieben, auf die Kälte, die hektischen Menschen, den Überfluß, eben auf alles, was anders war als in dem Land, aus dem ich gerade kam. Nun überfällt mich auch in Sana'a die mir bekannte Verdüsterung. Ich fühle mich krank und verkrieche mich im Zimmer.

Viele meiner Mitbewohner haben ihren Sprachkurs beendet und sind in ihre Heimat zurückgekehrt. In das fast leere Haus strömt eine Delegation amerikanischer Professoren. Die Amerikaner sind fröhlich, und das ganze Haus widerhallt von dröhnendem Englisch. Im Garten, meinem stillen Zufluchtsort, werden Teepartys gefeiert. Die Leute sind wirklich nett, aber mir mißfällt ihre Kritik am Jemen. Sie beschweren sich über mangelhafte Organisation. »Na ja, diese Araber, so sind sie halt«, sagt einer. Dabei gibt man sich mit den amerikanischen Gästen unendliche Mühe, erfüllt ihnen jeden Wunsch, fährt sie zu den schönsten Orten im Land und sorgt mit großzügiger Gastfreundschaft für ihr Wohlergehen. Sie aber zeigen sich schockiert über den Dreck. Ich staune: »Dreck? Wo?« Sie meinen den Abfall auf den Straßen, die herumflatternden Plastiktüten. In Sana'a stehen an allen Ecken Abfallcontainer, auch an der Straße zu unserem Haus. Sie werden regelmäßig nachts geleert, aber tagsüber gibt es mehr Müll, als die Blechtonnen fassen können, und vieles liegt daneben und stinkt tatsächlich zum Himmel.

Ich frage die Amerikaner, was ihnen im Jemen bisher gefallen hat, und bekomme zu hören: Na ja, es sei eben ein sehr rückständiges Land, aber die Terrassen bei Ta'izz, die sind sehenswert, aber sonst…

Karima staunt über meine neu gewonnenen Sprachkenntnisse. Durch die Gespräche am Lagerfeuer mit Salem und Ali habe ich viel dazugelernt und den Kurs vor mir überflügelt. Zuerst paßte ich in keine Klasse, weil ich zuwenig Arabisch konnte, jetzt weiß ich auf einmal zuviel. Ich bin nicht unglücklich darüber, bei Karima wieder Einzelunterricht zu bekommen.

Eine Woche nach meiner Rückkehr besuche ich meine schöne Freundin Habiba, die mich mit warmer Herzlichkeit empfängt. Endlich kann ich von meinen Erlebnissen erzählen und vom Katzenjammer nach der Rückkehr. Habiba hört aufmerksam zu, dann erfahre ich, wie es ihr inzwischen ergangen ist und was die Kinder machen. Allmählich vergesse ich meine Betrübnis.

Habiba hat eine Überraschung. Sie macht es spannend. Es sei ein Geschenk für uns beide, aber sie wisse nicht, ob es mir gefallen werde. Habiba schlägt mir vor, bei ihr im Haus zu wohnen. Ich hätte mein eigenes Zimmer, könne ungestört lernen und, wann immer ich wolle, am Familienleben teilnehmen. Ihren Mann habe sie schon gefragt, er sei einverstanden. Habibas Geschenk ist verlockend, war es doch mein Wunsch, das Leben in einer arabischen Familie kennenzulernen. Gern nehme ich ihr Angebot an.

Habiba lächelt. »Jetzt gehörst du zu meiner Familie.« Sie klatscht in die Hände: »*Yalla! Yalla!* Wir müssen gehen. Meine Eltern warten auf uns. Ich habe versprochen, dich heute mitzubringen.«

Samira und Arwa, sieben und acht Jahre alt, sind wie kleine Prinzessinnen herausgeputzt mit goldenen Ohrringen, goldenen Armbändern, goldenen Ketten. Schon die Babys werden mit Gold geschmückt. Der zehnjährige Ali wirkt dagegen schlicht gekleidet in seinem weißen Gewand und der *djambija.* Früher erhielten die Jungen den Krummdolch erst mit 14 Jahren, als Zeichen ihrer Mannbarkeit. In diesem Alter galten sie im Jemen als Erwachsene und konnten heiraten.

Omar fährt uns in die Altstadt zum Haus seiner Schwiegereltern. Habibas Mutter Amata öffnet uns die Tür. Sie ist klein und zierlich, wie die meisten Jemenitinnen. Aus ihrem Gesicht strahlt warmherzige Güte, und ich fühle mich gleich bei ihr wohl.

Im Haus steigen wir die vielen Stufen einer Wendeltreppe hinauf, die so eng ist, daß wir hintereinander gehen müssen. Die Stufen sind mal höher, mal niedriger und von Menschen vieler Generationen abgetreten. Es ist düster. Nur spärliches Licht fällt durch das Alabaster in den runden Fensterluken. Oben werden wir in den *mafratsch* geführt und sind schlagartig von Helligkeit umgeben. Von drei Seiten flutet Licht durch die Fenster. Ich werde Habibas Schwestern, der Schwägerin und dem Bruder vorgestellt. Djamila, die jüngste und noch unverheiratete Schwester, kenne ich vom Frauennachmittag; sie serviert uns Getränke und Süßigkeiten. Als der Vater ins Zimmer tritt, ist die Familie vollständig versammelt. Abdul Asis ist eine beeindruckende Erscheinung, ungewöhnlich groß und kräftig mit ausdrucksstarkem Gesicht und einer volltönenden Stimme. Er setzt sich neben Habiba, und ich spüre gleich die innige Verbundenheit von Vater und Tochter. Er stellt Fragen, hört ihr aufmerksam zu, und Stolz spiegelt sich in seinem Gesicht. Zärtlich legt er seine Hand auf die ihre. Während im öffentlichen Leben Männer und Frauen getrennt sind, waltet innerhalb der Familie Nähe und Vertrautheit.

Habibas Vater hatte viele Jahre für eine englische Erdölfirma gearbeitet. Nun hat der Sohn seine Stelle übernommen. Später führt mich Abdul Asis durchs Haus. Die unteren Stockwerke dienen als Speicher und Vorratslager. Früher war dort der Stall für Ziegen und Hühner. Es folgen Stockwerke, die den Frauen vorbehalten sind, ein weiteres bewohnt der Sohn mit seiner Familie, und eines ist für Gäste reserviert. Alle Zimmer sind sparsam eingerichtet. Nischen, Sockel und Simse ersetzen die Möbel. Farbige Teppiche, Polster und Kissen akzentuieren das Weiß der Wände. Die Sitzpolster sind zugleich Schlafmatratzen, denn in den Räumen wird tagsüber gewohnt und nachts geschlafen.

Wir steigen bis zum Dach hinauf. Unvermittelt enden oben die Mauern und zeigen so an, daß der Bau weitergehen, das Haus irgendwann weiterwachsen könnte. »Ein fertiges Haus darf es nicht geben«, erklärt Abdul Asis, »denn uns ist nicht erlaubt, etwas Endgültiges zu schaffen. Nur Allahs Werke sind vollendet. Um Allah nicht zu lästern, wird jedes Kunstwerk absichtlich mit kleinen Fehlern versehen.«

Ich beuge mich über die Brüstung des Flachdaches und staune einmal mehr über die Harmonie dieser Stadt. In tausendundeiner Nuance schimmern die Ziegel der Wohntürme in der Sonne. Weiß leuchten Friese und Simse, Zierfenster und Bögen. Die reiche Fassadendekoration spielt mit den Strukturen des Hauses, betont und verbirgt zugleich Fenster und Mauerdurchbrüche. Vielleicht gerade deshalb, weil die Menschen nichts Vollendetes schaffen wollten, ist ihnen ein einzigartiges Werk gelungen.

Abdul Asis aber sieht hinter die Fassaden. Viele Häuser in der Altstadt stehen leer und verfallen allmählich, erzählt er. Die Bewohner ziehen in neue Stadtviertel mit Wohnungen nach westlichem Standard. Wasseranschluß, Kanalisation, Bäder und moderne Küchen werden gewünscht und vor allem eine Zufahrt für Autos. »Meine Kinder drängen mich, ein neues Haus zu bauen, aber ich hänge an dem alten. Deshalb habe ich eine Wasserleitung einbauen lassen, um den Frauen wenigstens ihre Arbeit zu erleichtern. Aber das Material war falsch, oder es ist nicht richtig abgedichtet worden. Nun sickert Abwasser durch die Fundamente, weicht sie auf, und ich weiß nicht, was ich dagegen tun kann.«

»Die Altstadt ist von der Unesco zum Kulturerbe der Menschheit erklärt worden, da gibt es doch sicher Geld für Sanierungsarbeiten?« sage ich.

Abdul Asis lacht. »Da kann ich lange warten. Mit dem Geld werden nur öffentliche Gebäude restauriert – Paläste, Karawansereien und so. Wir, die Bevölkerung, bekommen keinen einzigen Rial.«

Ob ich wisse, wie es kam, daß Sana'a an diesem Platz erbaut wurde, fragt er. Ich schüttle den Kopf, und Abdul Asis beginnt bei Adam und Eva, den ersten Menschen. »Deren Sohn Kain hatte in grauer Vorzeit hier sein Haus errichtet. Aber dann erschlug er seinen Bruder Abel, und Allah bestrafte ihn und alle Menschen, die der Sünde verfallen waren, mit der Sintflut. So versank auch das frühe Sana'a in den Wassermassen. Als es wieder trocken auf Erden war, kam Sem, der älteste Sohn Noahs, auf die Idee, Sana'a ein zweites Mal zu gründen. Eigentlich wollte er sich nur irgendwo ein Haus bauen. Gerade hatte er ausgeholt, um den ersten Baum zu fällen, da flog ein Vogel vorüber mit einem Zweig im Schnabel. Sem sah sofort: Das war kein gewöhnlicher Vogel, der Nistmaterial sammelte, sondern ein göttliches Zeichen. Er folgte dem Vogel, bis dieser den Zweig am Fuß des Berges Nuqum fallen ließ. Dort baute Sem nun sein Haus. Der Vogel mit dem grünen Zweig bewährte sich als Fruchtbarkeitssymbol, die Felder um das Haus brachten üppige Ernten, und Sems Familie wuchs. Bald entstand eine Stadt, die später Sana'a, die Befestigte, genannt wurde.«

»Wo bleibt ihr denn? Kommt! Wir wollen in den Garten!« ruft Habiba. Im Garten steht ein alter Feigenbaum. Sein Stamm ist silbergrau und hat die Struktur geflochtener Taue. Die knorrigen Äste stützen ein üppiges Blätterdach. Winzige Feigen, kaum dicker als mein Daumen, hängen an den Zweigen. Sie sind dunkelviolett und süß. Alle pflücken Früchte und stecken mir die besten zu. Die Kinder ziehen mich in ihre Mitte und zeigen mir Spiele, die ich aus meiner Kindheit kenne, wie »Häschen in der Grube« oder »Der verlorene Topf«. Ich frage mich, wie es kommt, daß Kinder verschiedener Kulturen dieselben Spiele kennen? Vielleicht gibt es Grundstrukturen, die bei allen Völkern vorkommen? Nur eines ist anders als in meiner Kindheit. Die Mütter stören die Kinder nicht beim Spiel. Obwohl die Mädchen ihre besten Kleider tragen, höre ich niemals Ermahnungen. Keine Mutter ruft: »Mach dich nicht schmutzig!« »Setz dich nicht auf den Boden!«

Kinder werden anders behandelt als bei uns. Bis zum sechsten Lebensjahr haben Jungen und Mädchen völlige Narrenfreiheit. Die Eltern schimpfen nicht, lächeln höchstens amüsiert über kuriose Einfälle ihrer Jüngsten. Zwar gibt es auch Eltern mit schwachen Nerven, die meisten aber erlauben ihren Kleinkindern alles. »Sie wissen nicht, was sie tun, denn Allah hat ihnen noch keinen Verstand geschenkt«, ist die vorherrschende Meinung.

Von Kindern ab sechs verlangt man jedoch mehr als bei uns. Von Jahr zu Jahr erhöhen sich die Anforderungen. Je nach Familiensituation sind sie verantwortlich für jüngere Geschwister, helfen dem Vater bei der Arbeit oder der Mutter im Haushalt. Schließlich erhalten sie ihre eigenen Aufgaben. Belohnt werden die Kinder durch Anerkennung ihrer Leistung. Mit jeder neuen Pflicht rücken sie ein wenig höher in der Familienhierarchie.

»Kommt, wir tanzen!« ruft Rada, die temperamentvolle Tochter Habibas. Sogleich stellen sich die Mädchen in eine Reihe und bewegen sich mit Trippelschritten vor und zurück. Belustigt schauen die Mütter zu, klatschen den Rhythmus und summen die Melodie. Großmutter Amata nimmt eine Schüssel und trommelt mit ihren kleinen, festen Händen einen wilden Wirbel, von dem sich die Jungen aufgefordert fühlen. Ali stützt die Hände in die Hüften, hüpft und dreht sich, hockt sich nieder und springt wieder auf. Das lockt die anderen Jungen an. Sie bilden einen Kreis, nehmen ihre *djambijas* in die Hand und schwingen die Dolche über ihren Köpfen. Geschmeidig gehen sie in die Knie und springen hoch wie kleine Raubkatzen. Es ist der Al Bara-Tanz, der von Männern bei Hochzeitsfeiern getanzt wird.

Rada will einen ägyptischen Tanz vorführen. Sie bindet sich ein Tuch unterhalb der Hüften fest und verwandelt sich in eine Haremstänzerin. Die Zuschauer klatschen, klopfen und summen eine Melodie, und Rada dreht sich graziös, gleitet und schwebt über den Boden, schwingt ihre Hüften, die durch das tief gebundene Tuch betont sind. Ihr Gesicht glüht vor Eifer, und ihre schwarzen Augen sprühen Feuer. Die dunklen Locken haben sich aus dem Band gelöst und fliegen bei jeder Drehung. Obwohl Rada erst neun Jahre alt ist, regt ihr Tanz die erotische Phantasie an und läßt schon jetzt viel von ihrer Sinnlichkeit ahnen.

Qat-Runde

جلسات القات

O Schar edler Sada, aufrichtiger Freunde,
Wenn ihr für das vertrauliche Beisammensein ein
Tor der Begegnung zu öffnen begehrt,
So ist der Qat für die Seele eine Wohltat,
Mit Sanftmut verschönt der Qat unseren Geist.

Yahya Saraf ad Din, 1473–1557

Der Fingernagel schnippt gegen das grüne Blatt. Stumpf muß es klingen, dann ist das Blatt frisch. Die Männer zupfen sorgsam Blätter von den Zweigen und stecken sie in den Mund. Sie kauen, schlucken die zerkaute Blattmasse aber nicht hinunter, sondern sammeln sie in der Backe. Diese schwillt an wie bei einem entzündeten Weisheitszahn. Eigentlich müßte der dicke Kloß im Mund die Männer beim Sprechen behindern, aber ganz im Gegenteil plaudern sie munter und angeregt miteinander.

Als Frau habe ich die Möglichkeit, in die Welt der Frauen aufgenommen zu werden, und als Ausländerin zugleich den Vorteil, auch in die Männerwelt Einblick zu bekommen. Omar, der Mann meiner Freundin Habiba, nimmt mich zum Qat-Kauf mit. Die Pflanzen werden auf speziellen Märkten verkauft, auf denen sich keine jemenitische Frau sehen läßt. Wenn sie bei ihren Frauentreffs Qat kauen wollen, bitten sie die Männer, ihnen welchen mitzubringen. Habiba, ihre Schwestern und Freundinnen kauen nie. Das schicke sich nicht für eine Frau, meinen sie. Der Qat-Verkauf findet in Sana'a jeden Tag zwischen 11 und 15 Uhr statt. Enge Holzverschläge reihen sich aneinander. In den Holzkäfigen hocken die Verkäufer inmitten ihrer grünen Ware. Omar läßt sich beim ersten ein paar Bündel reichen, schnippt mit dem Finger gegen die Blätter, geht weiter, ohne nach dem Preis zu fragen. Er prüft noch bei vier anderen die Qualität, geht zum zweiten zurück, bezahlt den verlangten Preis und klemmt sich sein mit Plastik umwickeltes Bündel unter den Arm.

Warum er nicht gehandelt habe, frage ich. Der Preis habe gestimmt, antwortet er. Beim Qat wird selten gefeilscht. Wichtig sind Qualität und Frische; wenn sie den Ansprüchen des Käufers entsprechen, ist der Handelsspielraum gering. Omar hat umgerechnet 80 Mark gezahlt. Ob das nicht viel zu teuer sei? »Ich kaue ja nur einmal die Woche«, sagt er. »Da leiste ich mir eben vorzüglichen Qat. Außerdem erkennen meine Freunde, wieviel er wert ist. Mit billigem Qat wäre ich bald schlecht angesehen.«

Qat ist teuer, weil er jeden Tag frisch geerntet wird. Die Blätter stammen von einem bis zu vier Meter hohen immergrünen Strauch. Allein die jungen Triebe werden abgeschnitten. Neu treibt die Pflanze aber nur, wenn sie bewässert wird. Es dauert vier Jahre, bis der aus Stecklingen gezogene Strauch zum ersten Mal abgeerntet werden kann, und nur drei bis vier Mal im Jahr kann er geschnitten werden. Es sind deshalb große Anbauflächen notwendig, um frischen Qat täglich liefern zu können. Die Transportwege sind weit, auch dies erhöht den Verkaufspreis. Außerdem muß der Transport zum Markt schnell erfolgen, damit die Wirkstoffe erhalten bleiben. Zwischen Ernte und Verbrauch darf nicht mehr als ein Tag liegen. Um die Blätter vorm Verwelken zu schützen, packt man sie in angefeuchtete Jutesäcke, umhüllt sie mit Plastik oder steckt sie in Bananenstaudenrinde. Der beste Qat gedeiht auf Terrassen im Gebirge in Höhen bei 2500 Metern.

Omar hat mich zu einer Qat-Runde bei seinem Freund Abdul Hafiz mitgenommen. Abdul Hafiz ist, wie Omar, Professor an der Universität und lädt jeden Freitag Freunde in seinen *maf-ratsch* zum Qat-Kauen ein. Das Amphetamin der Pflanze wirkt anregend wie Kaffee oder Tee, je nach Qualität der Blätter schwächer oder stärker aufputschend und bei zu hoher Dosis manchmal auch berauschend und die Sinne benebelnd. Dann werden die Augen glasig, und die Sprache wird schwer und schleppend. Es heißt, Qat-Genuß mache nicht süchtig. Menschen jedoch, die regelmäßig kauen, sind psychisch abhängig und wollen auf die euphorisierende Wirkung nicht verzichten. Der Qat-Kauer hat das Empfinden, sein Denken sei kristallklar, längst Vergessenes wird erinnert, und Ideen überschwemmen sein Gehirn. Scheinbar leicht und spielerisch läßt sich jedes Problem lösen, jedes Projekt verwirklichen. Mit Qat schwebt man durch Raum und Zeit.

Zögernd stecke ich ein paar Blättchen in den Mund, die Omar extra für mich ausgesucht und vom Zweig gezupft hat. Sie schmecken unangenehm bitter. Ich kaue, aber es ist mir unmöglich, die Masse in der Backe zu sammeln. Sicher, wenn ich ein wenig üben würde… Aber dazu habe ich keine Lust. Mir gelingt es nicht, dem Qat einen Genuß abzugewinnen. Niemand drängt mich weiterzukauen, und so widme ich mich ungestört meiner Lieblingsbeschäftigung, dem Beobachten.

Wir befinden uns im obersten Zimmer des Hauses. Weiße Vorhänge verhüllen die Fenster, und die halbmondförmigen Oberlichter sind mit farbigem Glas ausgelegt, jedes mit einem anderen Ornament. Weiches Licht fließt herein, von bunten Reflexen verspielt gebrochen. Kostbare Stuckornamente betonen den Deckenabschluß. Die Einrichtung ist karg. Auf Simsen und in Nischen stehen nur wenige dekorative Gegenstände: schlanke Karaffen, Kerzenhalter und Glasgefäße. Bequem hocken die Männer auf weichen Teppichen am Boden und stützen die Arme auf Kissen. Eine Wasserpfeife aus Messing mit gewundenem

Schlauch macht die Runde. Inmitten des Zimmers wächst der Haufen weggeworfener Zweige, an denen noch jede Menge Blätter hängen, die wahrscheinlich zu hart zum Kauen sind. Jeder Gast bringt sein Qat-Bündel selbst mit. Nur bei besonderen Anlässen, wie Hochzeiten, besorgt der Hausherr den Qat. Ich beobachte aber, daß Abdul Hafiz, der Gastgeber, hin und wieder einen Zweig mit ausgesucht frischen Blättern einem Freund zuwirft, dem er damit eine Freude machen und ihn vor den anderen auszeichnen will.

»Warum willst du ein Buch über den Jemen schreiben?« richtet Abdul Hafiz die Frage an mich. Aus meiner Beobachterpose gerate ich plötzlich in den Mittelpunkt der Aufmerksamkeit. Alle schauen mich an und warten auf meine Antwort. »Ich möchte den Leser auf eine Reise mitnehmen, die er selbst nicht machen kann, und ihm eine fremde Kultur nahebringen«, antworte ich.

»Was ist das Thema deines Buches?« will Saleh wissen.

»Oh, das ist nicht einfach zu sagen. Ich bin noch ganz am Anfang. Jedenfalls möchte ich über den Jemen ohne westliche Vorurteile schreiben, einfach so, wie das Leben hier wirklich ist.«

»Aber worüber schreibst du genau? Was ist dein Hauptthema?« fragt einer aus der Runde.

»Die Frauen«, antworte ich spontan.

Die Antwort ruft allgemeines Interesse hervor. Ich selbst habe mir diese Frage noch gar nicht gestellt, aber als ich antworte, ist mir klar, daß es stimmt. Es sind die Frauen im Jemen, auf die sich mein Blick richtet. Wie bei einem Brennspiegel konzentrieren sich bei ihnen Gegensätze und Widersprüche. Sie sind sowohl eifrige Bewahrerinnen der Tradition als auch mutige Verfechterinnen einer neuen Rolle in der Öffentlichkeit. Die Frauen im Jemen repräsentieren Vergangenheit, Gegenwart und Zukunft.

Ich lenke das Gespräch auf ein anderes Thema, über das ich

Sana'a in der Abenddämmerung

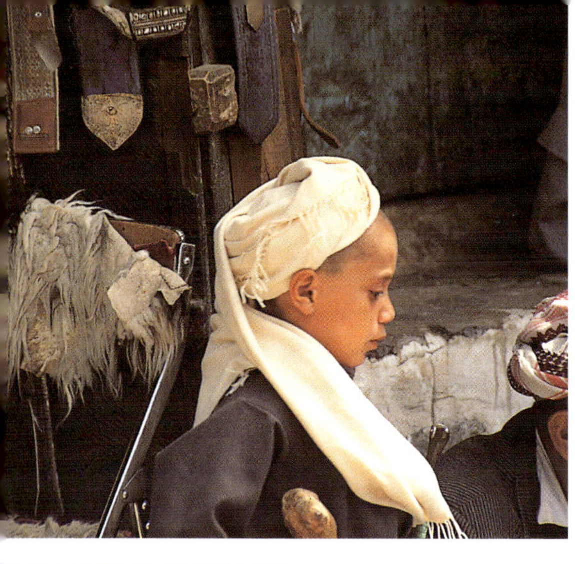

Auf dem Weg in Sana'a

Vor der Abhar-Moschee

Der Suq – Treffpunkt für jung und alt

Garküche in Sana'a

Linke Seite: Wohnhaus der Sprachschüler in Sana'a

Morgens auf dem Suq – Hülsenfrüchte in Hülle und Fülle

Linke Seite: Fladenverkäuferin

Malika vor der Hausterrasse

viel nachdenke: »Der Jemen war bis vor wenigen Jahrzehnten von Einflüssen abgeschnitten, alles blieb gleich, nichts änderte sich. Heute aber entwickelt sich der Jemen mit atemberaubender Geschwindigkeit. Ist das nicht gefährlich?«

»Gefährlich?« kommt das Echo von den Männern. Niemand versteht, was ich meine. Schließlich entgegnet Abdul Hafiz: »Wir haben viel aufzuholen, es kann gar nicht schnell genug gehen.«

»Aber die alten Lebensformen verschwinden, werden von Technik und Fortschritt verdrängt«, gebe ich zu bedenken.

»Na und?« ergreift Omar das Wort. »Was verschwindet, war nicht wert, bewahrt zu werden. Wir können nicht ewig rückständig bleiben. Die Welt verändert sich.«

Abdul Hafiz bestätigt: »Omar hat recht. Nur was uns schadet und in der Entwicklung hemmt, wird vom Neuen abgelöst, und der Islam schützt uns dabei, nichts Schädliches aus dem Ausland zu übernehmen, denn unser Leben wird nicht durch Gesetze der Menschen bestimmt, sondern durch das Gesetz Allahs. Wir müssen uns keine Sorgen machen, ob sich unser Land zu schnell oder zu langsam entwickelt. Es geschieht so, wie Allah es für uns bestimmt.«

Ich bin beeindruckt von dieser Mischung aus Fortschrittsgläubigkeit und Vertrauen auf Gottes Fügung.

»Nun gut, für euch ist die neue Zeit kein Problem, aber wie ist es für die Alten, die das Leben zu Imams Zeiten gewöhnt waren?«

Alle schweigen und denken nach, vielleicht jeder an die eigenen Eltern. Abdul Hafiz zuckt schließlich die Schultern und sagt: »Für die Alten muß es schwer sein. Sie können den Wandel nicht begreifen. Zuerst haben sie sich gegen den Fortschritt gestemmt, jetzt sind sie ruhig geworden und sagen nichts mehr.«

Es klopft und ein Mann tritt herein, im Arm trägt er das *oud*, ein der Laute ähnliches Musikinstrument, bei dem der Klangkörper fast halbkugelförmig gewölbt ist. Muchzen, so heißt der junge Mann, begrüßt die Anwesenden mit Handschlag, nimmt Platz und beantwortet Fragen nach seinem Wohlergehen und dem seiner Familie. Dann greift er behutsam nach dem *oud*, wie nach einem zerbrechlichen Wesen. Er nimmt es in den Arm und drückt es sanft an seinen Körper, spielerisch gleiten die Finger über die Saiten. Sie zupfen einen ersten Ton. Er verhallt in der Stille. Muchzen hat einen Ausdruck im Gesicht, als sei er weit entfernt. Wie absichtslos entlockt er dem *oud* neue Töne. Schneller berühren die Finger die Saiten, und das Instrument antwortet mit hellem Schrei, gleich einem Falken. Bevor der schrille Ton ganz verebbt, greifen die Finger wieder zu, schlagen den Rhythmus. Eine Melodie nimmt Form an, steigt höher und höher – und fällt zur Erde, schlägt auf, mit einem metallisch klirrenden Ton. Und wieder erhebt sich die Melodie, steigt und fliegt dem Himmel entgegen – und stürzt ab, in rasendem Taumel. Steigen und Fallen in schier endlosen Variationen, schneller und langsamer, weicher und härter, zögernder und unerbittlicher. Das ist keine Musik, das ist Leben, denke ich und fühle, wie die Klänge von mir Besitz ergreifen. Sie wachsen, breiten sich aus, dringen in meinen Kopf ein, benützen meinen Körper als Resonanz und lassen mein Herz wie eine Glocke schwingen. Die Töne ziehen mich mit ihrer Monotonie in einen Strudel, drehen mich höher und tiefer, schneller und schriller. Ein Kreisen und Drehen wie in einem Rad, das aus der Ewigkeit kommt und sich weiter in Ewigkeiten dreht. Dann schleicht sich unmerklich ein sanfter Ton ein, ein femininer Rhythmus, warm entfaltet sich eine neue Melodie, und die Anspannung löst sich in einem Lied. Muchzens Stimme mischt sich mit dem Instrument. Und so, wie sie begann, wie zufällig, endet die Musik.

Als würden wir erst jetzt wieder wagen zu atmen, hört man in der Dunkelheit tiefe Atemzüge, dann sagt jemand: »O Allah!«, und alle murmeln: »O Allah!«

Inzwischen ist es Nacht geworden. Jemand hat die weißen

Vorhänge hochgeschlagen, und wir sitzen mitten im nächtlichen Panorama von Sana'a. Die Stadt hat nur schwache Straßenbeleuchtung, um so farbenprächtiger leuchten die bunten Oberlichter, glimmen die Alabasterscheiben in warmem Gelb, und geheimnisvoll schimmern die kalkweißen Verzierungen an den Fassaden in der Dunkelheit. Eine Stadt im Märchenglanz.

Mit dem Kamel durch Sana'a

Als ich am Morgen meine Tür öffnete, stand ein Mädchen von vollendeter Schönheit vor mir, angetan mit aller Pracht, die eine junge Frau nur tragen kann, und auch ihr Gesicht war entsprechend geschminkt.

Freya Stark »Die Südtore Arabiens«

Die Menschenmenge schiebt sich durch die Straßen, staut sich auf den Plätzen und drängt sich hinter den Absperrungen. Von oben schaue ich hinab in die braunen Gesichter, junge und alte. Gesichter von Männern, keine einzige Frau ist darunter. Ich hocke auf einem Dromedar und bin herausgeputzt wie eine Beduinen-Prinzessin. Habiba hat mir das Kostüm geliehen. Ich trage schwarze jemenitische Frauenhosen: oben weit, an der Wade eng und mit Stickereien verziert. Darüber ein Kleid mit rotschwarzem Muster. Das Gewand fließt um meinen Körper bis zu den Knöcheln. Die Haare sind von einem schwarzen Tuch verdeckt, an dem Habiba ein glitzerndes Diadem befestigt hat. Meine Augen hat sie mit Khol dunkel umrandet und meine Lippen rot geschminkt. Im Spiegel sah ich ein fremdes Wesen.

Ich bin ausgewählt worden, auf dem Kamel durch Sana'a zu reiten. Seit im Jahr 1990 der Süd- und der Nordjemen sich vereinigt haben, wird der Tag der Nationalen Einheit mit einem prächtigen Festzug gefeiert. Geschmückte Wagen und Militärkapellen ziehen vorbei. Männer tanzen durch die Straßen, ihre *djambijas* schwingen sie hoch über den Köpfen und lassen die Sonnenstrahlen in den blanken Klingen aufblitzen. Kamele dürfen natürlich nicht fehlen. Zwanzig Tiere mußten von Al Bayda auf Lastwagen nach Sana'a gebracht werden – eine Aufgabe für Qasim, den Onkel von Habiba. Noch schwieriger war, die Beduinen zu überreden, mit ihren Tieren in die Hauptstadt zu kommen. Nur weil Qasim hohes Ansehen genießt, konnte es ihm gelingen.

Kapellen schmettern Marschmusik, Polizeisirenen heulen, Frauen auf den Dächern trillern mit den Zungen, die Leute jubeln. Mein Kamel schreitet scheinbar unbeeindruckt vom Lärm voran, und ich bin bestrebt, mich der Ruhe und dem Gleichmut meines Tieres anzupassen. Wir ziehen an der Tribüne vorbei, wo der Präsident, die Minister und die Honoratioren sitzen. Ich bin mir des einzigartigen Augenblicks bewußt. Weder Hans Helfritz noch Freya Stark oder einem anderen meiner Vorgänger war es vergönnt, im Angesicht der Staatsmacht des Landes auf einem Kamel durch die Hauptstadt zu reiten. Ich schaue stolz drein und bin in Gedanken schon bei meinem nächsten Abenteuer, dem größten, das ich mir je ausgedacht habe: allein mit dem Dromedar durch den Jemen zu wandern. Qasim hat versprochen, mir beim Kauf eines Kamels zu helfen.

Am nächsten Morgen verlassen wir Sana'a. Diesmal sitzen hinten im Landrover zwei *bedu,* die auch beim Festzug mit dabei waren. Unterwegs bekommen sie Hunger, und ich lade alle zum Essen ein. Ich kenne die Garküchen im Jemen und weiß, was mich erwartet, dennoch ist es immer von neuem schrecklich. Gefaßt schreite ich auf den Eingang zu, der wie ein Loch zur Hölle anmutet. Es ist düster, die Wände des höhlenartigen Raumes sind nicht zu erkennen. Nur schemenhaft nehme ich Menschen wahr. In unfaßbarer Dichte hocken sie an langen Tischen. Aber nicht die Dunkelheit und nicht die Enge sind vorherrschend, sondern der grauenhafte Krach. Es ist, als tobe ein Orkan, ich muß mich dem Sturmgebraus entgegenwerfen, um in den Raum zu gelangen. Innen sucht man vergeblich das ruhige Auge des Taifuns, der Höllenlärm ist überall. Ohne Qasim wäre ich wieder nach draußen geflüchtet. Doch er findet im Gedränge Platz für uns vier. Wir sitzen noch nicht, da fragt man uns bereits, was wir essen wollen. Und schon knallt der Kellner die Schüsseln auf den Tisch.

Im Jemen essen die Leute mit fliegender Hast. Das ist sicher die tiefverwurzelte Gewohnheit eines Nomadenvolkes, dessen Lebensrhythmus von wandernden Tierherden bestimmt wurde. Es fehlte die Muße, das Essen in Ruhe zu genießen.

In dieser Garküche gibt es wenig Auswahl, die meisten essen Fleisch mit Reis. Ich will *fuhl,* das ist dicker Brei aus roten Bohnen. Aber *fuhl* haben sie nicht. Ich frage nach *salta,* einem Eintopf aus Bockshornklee. Das Gericht kommt in einer glühenden Tonschüssel, aus der Feuerfunken spritzen.

Die Männer entgelten mir die Einladung schlecht. Ich wußte, daß *bedu* schwatzhaft sind, aber mit dem, was nun passiert, hätte ich nie gerechnet. Überall im Land gibt es Straßenkontrollen, um die staatliche Macht zu repräsentieren. Angeblich wird nach unerlaubtem Waffenbesitz gefahndet. Bei der nächsten Straßensperre plaudern die *bedu* unbefangen mit dem Posten und – ich traue meinen Ohren nicht – berichten ihm von meinem Plan. Qasim sitzt starr und steif am Lenkrad. Ich flüstere ihm zu, er solle sagen, ich sei eine Touristin und würde in der Stadt meine Reisegruppe treffen. Qasim schüttelt den Kopf: »Zu spät!«

Ein Vorgesetzter wird gerufen. Er sagt, ich müsse zurück nach Sana'a, da das Gebiet um Al Bayda nicht sicher sei. Ein Soldat setzt sich in unseren Wagen und dirigiert uns zur Polizeistation. Dort verschwindet er mit Qasim im Gebäude. Wir warten. Ich schaue zum Autofenster hinaus, aber es gibt nichts zu sehen, und jetzt schweigen auch die *bedu*.

Endlich kommt Qasim zurück. Er knurrt: »*Musch muschkilla*.« Entgegen seiner Behauptung spüre ich sofort – nichts ist in Ordnung! Er will mich nur beschwichtigen. Doch Fragen haben jetzt keinen Sinn. Zwei Tage später wird Qasim mir alles erzählen. Erst einmal bringt er mich zu Verwandten nach Al Bayda, wo er mich mitsamt meinem Gepäck ablädt und davonbraust. Übermorgen will er wiederkommen. »*Inschaallah!*« ruft er mir noch zu.

Im Haus sind zwei junge Frauen, Nasiha und Kabina. Zwar hat Qasim ihnen schnell etwas gesagt, aber sie staunen mich an, als sei ich vom Himmel gefallen. Ich erzähle ihnen, woher ich komme und warum ich hier bin. Wie gut, daß ich ihre Sprache gelernt habe, denke ich. In dieser Situation nicht sprechen zu können, nur hilflos zu grienen und mit dem Kopf zu wackeln, wäre zu verdrießlich und für alle belastend. Bei den Frauentreffs hatte ich genügend Gelegenheit, mich an die Aussprache in Al Bayda zu gewöhnen, vor allem Habibas Mutter war eine unermüdliche Lehrmeisterin. Aber die beiden Frauen reagieren nicht. Ich halte einen Monolog, und sie starren mich unbeirrt an.

Auf einmal sagt Nasiha zu Kabina: »Ich glaube, die spricht Arabisch.«

Ich lache belustigt. »Natürlich spreche ich Arabisch! Merkt ihr das erst jetzt?«

Der Bann ist gebrochen. Die Frauen sind froh, mich wie ein menschliches Wesen behandeln zu können. Sofort holen sie Tee und Süßigkeiten und fragen mich aus.

Nasiha und Kabina sind sehr jung, eigentlich noch Mädchen. Ihre zarten Gesichter werden von farbigen Tüchern anmutig umrahmt. Beide sind seit zwei Jahren verheiratet und haben fast gleichaltrige Babys. Bei Kabina sehe ich, daß sich der Bauch schon wieder rundet. Ihr Gesicht erinnert an das einer Madonna. Sie ist auffallend bleich. Auch wenn sie lächelt, blicken ihre Augen freudlos, als würde sie von einem tiefen Kummer niedergedrückt. Obwohl zierlich, geht sie schleppend mit müden Schritten. Deshalb ist es die lebhafte Nasiha, die immer wieder aufspringt, mir Tee eingießt und das Abendbrot bereitet. Zu dritt essen wir Rührei mit Tomaten aus der Pfanne, jede stippt ihr Brot hinein. Dann bekommen die Babys ihr Fläschchen.

»Warum stillt ihr nicht?« frage ich.

»Allah hat uns leider keine Milch gegeben.«

Bisher sind keine anderen Familienmitglieder aufgetaucht, und ich wundere mich, warum die beiden ganz allein in dem Haus leben.

»Unsere Männer arbeiten an der Küste in Mukalla. Sie können nur selten heimkommen«, antwortet Nasiha. »Allein sind wir aber deswegen nicht. Ringsum wohnen doch unsere Verwandten. Komm mit aufs Dach! Da zeige ich dir alles.«

Nasiha greift meine Hand, zieht mich durch das dunkle Haus und eine holprige Treppe hinauf. Nasiha ist kleiner als ich, aber ihr Griff ist fest und zwingend. Ich muß durch eine Luke kriechen – dann stehen wir oben auf dem Dach an der frischen Luft und im roten Licht der untergehenden Sonne. Stolz lächelt die junge Frau. »Ist das nicht wunderbar?« Nasiha hat diesen effektvollen Moment genau abgepaßt. Schnell wird es dunkel. Wir gehen ins Haus zurück, und die Frauen zeigen mir ein Zimmer, wo ich schlafen kann.

Um vier Uhr in der Früh weckt mich der Muezzin mit dröhnenden Allah-Rufen – für Nasiha und Kabina jeden Morgen das Signal zum Aufstehen. Nachdem sie gebetet haben, hantieren sie in der Küche. Zum Frühstück gibt es braune Bohnen mit Ei und Tomaten, ein Essen nach meinem Geschmack.

Eine Nachbarin kommt zum Schwatz. Sie beschwert sich über ihren Mann und den Schwiegervater. Wir hocken in einem kahlen Raum auf dünnen Matten. Die Fenster sind winzig und zu hoch, um rausschauen zu können, außerdem sind sie mit Gardinen verhängt. Deshalb liegt der Raum stets im Halbdunkel. Der Fernseher darf nicht fehlen, und an der Wand hängt eine Kalaschnikow.

Die Nachbarin hat drei weinerliche Kinder, die mit ihrer Heulerei die Kleinen von Kabina und Nasiha anstecken. Endlich geht die Nachbarin, und das Mittagessen muß zubereitet werden. Die Küche ist der dunkelste und engste Raum im ganzen Haus. Das ist typisch für Küchen in traditionellen Häusern. Licht fällt nur durch die Tür und ein winziges Luftloch weit oben in der Wand. Es gibt keinen Tisch, keine Arbeitsfläche, kein Regal. Die Vorräte hängen in Beuteln und Tüten an der Wand oder werden in Körben und Kartons auf dem Boden gestapelt.

Da ich darauf bestehe, ihr ein wenig beim Kochen zu helfen, drückt mir Nasiha schließlich ein riesiges Hackmesser in die Hand. Ich hocke am Boden und schnipple auf einem dicken Holzbrett Tomaten, Kartoffeln und Zwiebeln zu kleinen Stükken. Zum Kochen benutzt Nasiha einen Gasherd mit zwei Flammen. Sie setzt einen großen Topf mit Reis auf. Im zweiten Topf dünstet das Gemüse. Den Regler dreht sie bis zum Anschlag auf höchste Flamme. Es dampft und brodelt. Gespenstisch flackern die Flammen in der Dunkelheit. Der harte Kontrast zwischen Hell und Dunkel und die satten Farben ihres erdfarbenen Gewandes mit dem goldenen Muster erinnern mich an ein Gemälde von Rembrandt.

Am Nachmittag des nächsten Tages kommt Qasim, der inzwischen nicht untätig gewesen ist. Da er sich mit unserem Anliegen bei der Polizei nicht durchsetzen konnte, telefonierte er mit Omar in Sana'a. Omar wiederum rief den Minister für Kultur und Information an. Dieser gab Order an die Behörden in Al Bayda, damit sie meine Reise genehmigen. Qasim streicht seinen schwarzen Vollbart, und seine Augen glänzen stolz. »Alles in Ordnung! Los geht's!« ruft er fröhlich.

Auf steiler Piste lenkt Qasim den Landrover in die schwarzbraunen Berge. Je weiter wir fahren, um so weniger kann ich mir vorstellen, daß in dieser Einöde Menschen leben. Wir überqueren einen weiteren Bergkamm, und endlich erblicke ich von oben ein Dorf. Es liegt eingebettet in einer Senke, umgeben von steilen Felswänden. Schon bei diesem ersten Blick auf Salama fühle ich mich mit diesem Dorf verbunden. Die flachen Häuser sind aus Stein gebaut, dem gleichen Material wie die Berge. Bei diesem Anblick stelle ich mir den harten Überlebenskampf gegen eine unerbittliche Natur vor. Die Menschen in Salama müssen ihre Existenz der Umwelt abringen, jeden Tag aufs neue. Für mich ist dieses Dorf mitten in den Bergen eine Oase des Lebens. Wenn ich mich irgendwo dauerhaft niederlassen wollte, dann an einem Ort wie diesem, wo das Leben mit sich selbst im Einklang ist.

Acht Familien mit insgesamt 70 Menschen haben sich in Salama angesiedelt. Für die Frauen ist das Leben in dem entlegenen Gebirgsdorf gewiß schwer, aber sie sind nicht, wie in den Städten üblich, in dunklen Häusern von der Umwelt abgetrennt. Hier arbeiten sie auf kleinen Feldern, hüten Ziegen und sitzen in Mußestunden zum Plaudern an der Sonne.

Die Frauen wollen nicht glauben, daß es mir bei ihnen gefällt. Qasims Frau Walid schüttelt verwundert den Kopf. »Bei uns gibt es doch überhaupt nichts«, sagt sie. »Nicht einmal einen Kaufladen.«

Walid hat neun Kinder geboren und ist wieder schwanger. Sie sieht immer noch jung aus. Ihr Alter kennt sie nicht. Sie sagt, es sei nicht wichtig zu wissen, wie alt man ist. Ihre hochgewachsene Gestalt ist in dunkelrote Tücher gehüllt. Ich bin beeindruckt von der fremdartigen Schönheit ihres Gesichtes. Es ist ein herbes Gesicht, sehr schmal, mit tiefliegenden, schwarzen Augen, einem breit geschwungenen Mund und hohen Backenknochen. Walid hat alle ihre Kinder hier im Haus geboren. Auch das zehnte wird sie ohne medizinische Hilfe zur Welt bringen. Nur wenn Komplikationen auftreten, würde ihr Mann sie ins entfernte Krankenhaus fahren.

Ich hocke mit Walid und anderen Frauen des Dorfes auf Steinen vor dem Haus. Die Morgenluft im Gebirge ist kühl, aber in der Sonne wird es schon angenehm warm. Mehr als die Sonne wärmt mich die Freundlichkeit der Frauen. Ich bemühe mich, mir die vielen fremden Namen einzuprägen und auch welches Kind zu welcher Mutter gehört.

Nur die Jungen von Salama erhalten Schulbildung. Jeden Morgen muß Qasim oder ein anderer Vater die Jungen zum nächsten Ort fahren, 30 Kilometer weit, und wieder abholen. Einheitliche Schulkleidung ist Vorschrift. Mit weißem Hemd und langer, dunkler Hose kommen sie aus den einfachen Steinhäusern und steigen, sich ihrer wichtigen Rolle bewußt, in den Wagen. Sie repräsentieren die Zukunft des Jemen. Sobald sie erwachsen sind, möchten sie das Dorf verlassen. Am liebsten würden sie in der Hauptstadt leben. Nur Amir, der älteste Sohn von Qasim, antwortet fest und bestimmt, er bleibe zu Hause in Salama.

Die Mädchen lernen weder lesen noch schreiben. Sie hüten die Ziegen oder helfen der Mutter auf dem Feld und in der Küche. Die Väter auf dem Land weigern sich, ihren Töchtern den Schulbesuch zu erlauben, mit der Begründung, es gebe keine Mädchenschulen, und mit den Jungen zusammen dürften sie nicht unterrichtet werden.

Al Wasim

الوسيم

Es läßt sich nicht verkennen, daß das Kamel wahrhaft überraschende Fähigkeiten besitzt, einen Menschen ohne Unterlaß in unglaublicher Weise zu ärgern ... Das begreift man, nachdem man selbst vom Kamel abgeworfen, mit Füßen getreten, gebissen, in der Steppe verlassen und einen das Thier stündlich mit bewunderswerther Beharrlichkeit und Ausdauer geärgert hat.

Brehms Tierleben

Der Stein saust mit sirrendem Klang davon. Amir, der älteste Sohn Qasims, hat ihn geworfen. Gespannt blicke ich hinterher. Bei der Wegbiegung schlägt er auf – viel weiter entfernt als mein Stein. Die Kinder sind Meister im Steinewerfen, und selbst die Mädchen übertreffen mich mühelos. Sie werfen nicht nur weit, sondern auch zielgenau. Täglich üben sie das Werfen beim Ziegenhüten. Sondert sich ein Tier von der Herde ab, wird es durch einen Steinwurf bestraft.

Seit fünf Tagen bin ich in Salama, aber mir wird die Zeit nicht lang. Ich ziehe mit den Mädchen und ihren Ziegen umher, gehe mit den Frauen auf die Felder, helfe Walid beim Gemüseputzen und erkunde allein das zerklüftete Gebirge.

Ab und zu frage ich Qasim, ob er denn noch an mein Kamel denke. Natürlich hat er es nicht vergessen. Täglich ist er unterwegs, ein geeignetes Tier aufzuspüren. Eines habe er schon ausgewählt, berichtet er, aber jetzt wolle sein Besitzer es nicht mehr verkaufen. Die Leute hängen sehr an ihren Tieren, sehen in ihnen so etwas wie Familienmitglieder. Gern würde ich Qasim bei der Suche begleiten, verspreche ich mir doch reizvolle Eindrücke und wichtige Erfahrungen. Aber er weist meine Bitte mit vollendeter Höflichkeit ab: »Wenn du darauf bestehst, kannst du mitkommen, denn niemals würde ich dir einen Wunsch abschlagen, aber es ist besser, wenn ich das allein mache.«

Eines Tages übe ich mich wieder im Steinewerfen, denn mein Ehrgeiz ist vom Können der Kinder angestachelt. Weit hole ich aus, drehe mich um meine eigene Achse wie ein Diskuswerfer – doch bevor der Stein zur Erde fällt, qietschen Bremsen neben mir, und der Kies spritzt zur Seite. Qasim kurbelt das Fenster seines Landrovers herunter und ruft: »Schau mal! Dort kommt dein Kamel.«

Ich folge mit dem Blick seiner ausgestreckten Hand, und am Bergkamm, scharf abgehoben gegen den blauen Himmel, erkenne ich zwei kleine Figuren – ein Mann mit einem Kamel. Zweifelnd blicke ich Qasim an.

»Ja, glaube es nur. Ich habe es heute für dich gekauft.«

Freude und Skepsis widerstreiten in mir. Bisher war es nur eine fixe Idee gewesen, die sich jetzt in greifbare Wirklichkeit verwandelt: Ich – Besitzerin eines Dromedars! Alle Bedenken und Ängste, die ich tapfer beiseite geschoben hatte, melden sich plötzlich zu Wort. Wird das Kamel mir gehorchen? Werde ich mit diesem riesigen Tier umgehen können? Habe ich mir nicht zuviel vorgenommen?

Der Mann führt das Tier den Berghang herunter, geradewegs auf uns zu. Während sie näher kommen, verstummen die ängstlichen Stimmen in mir, und eine große Freude überfällt mich. Ich habe ein Kamel! Mein eigenes Kamel! Es gehört mir – mir ganz allein!

Ich nehme es am Halfter und gebe den Befehl zum Niederknien. Die Laute habe ich von Ali bei meiner ersten Reise gelernt. Das Dromedar folgt sofort, knickt zuerst die Vorderbeine, dann die Hinterbeine ein. Ich streiche über seinen Höcker, er ist fest und stramm. Die Farbe des Felles ist wie sonnenbeschienener Sand. Sein Gesicht hat einen milden und duldsamen Ausdruck, denn der Kopf ist weniger lang und eckig als üblich, wirkt eher weich und friedfertig. Ein Dromedar wie für mich geschaffen. Alle Bedenken und alle Besorgnis sind wie weggewischt, das Abenteuer kann beginnen.

»Wie heißt er?«

»Gib ihm einen neuen Namen. Er gehört jetzt dir.«

»Al Wasim!« sage ich spontan.

Ich mußte nicht überlegen, der Name war einfach da. Mein Tier ist so wunderbar, da gibt es nur einen Namen, der paßt: Al Wasim, der Schöne.

Bevor ich mich an die Durchquerung des wüstentrockenen Audhali-Gebirges von West nach Ost wage, will ich bei einer mehrtägigen Wanderung rings um Salama erproben, wie es mit Al Wasim und mir klappt. Dieses Vorgehen hatte ich mit Qasim abgesprochen. Als ich aber losziehen will, erschrickt er. Sein freundliches, rundes Gesicht schrumpft zusammen und wird grau. Bestürzt widerspricht er: »Nein, das geht ganz und gar nicht! Auf gar keinen Fall über Nacht, und du mußt immer in Sichtweite des Dorfes bleiben.«

»Was ist denn los, Qasim? Bei meiner Reise werde ich monatelang unterwegs sein und immer draußen übernachten.«

»Das kannst du später tun, aber jetzt versprich mir, am Abend wieder hier zu sein.«

Er springt in seinen Wagen und braust davon, bevor ich etwas entgegnen kann. Qasims Worte irritieren mich. Was mag dahinter stecken? Von Walid erfahre ich, daß er einen Hammel geschlachtet und sie angewiesen hat, ein Festessen vorzubereiten. Soll das für mich sein? Er weiß doch, daß ich kein Fleisch esse.

Ich sattle meinen Schönen, belade ihn mit der Ausrüstung, Wasser und Verpflegung. Keiner der Männer oder der großen Jungen ist da, um mich zu beraten, aber meine Lehrzeit bei den *bedu* war nicht vergebens, meine Knoten halten. Wie ich es bei Ali gehört habe, murmle ich bei der Arbeit ununterbrochen eine Art Singsang. Bei Ali waren es Koranverse, bei mir sind es Phantasiewörter. Einem Kamel wird es wohl weniger auf den Inhalt als auf den Klang ankommen. Tatsächlich – ohne sich zu empören – läßt Al Wasim sich beladen, und als ich ihm den Befehl zum Aufstehen gebe, erhebt er sich folgsam. Ich atme auf, nehme das Seil in die Hand und gehe los. Das Seil strafft sich. Ich schaue mich um. Der Schöne stemmt seine Beine starrsinnig gegen den Boden. Seine bockige Miene signalisiert: Zieh nur, ich rühr mich nicht von der Stelle! Da meine Kraft machtlos ist gegen den Starrsinn eines Kamels, suche ich mir einen Stecken. Ein dünner Zweig nur, ich wippe ihn leicht durch die Luft, und schon setzt sich mein Al Wasim bereitwillig in Bewegung.

Ich wähle zuerst die Nordrichtung, um später von Westen im Viertelkreis zum Dorf zurückzukehren. Bei der nächsten Biegung des Pfades gerät Salama aus unserem Blickfeld. Abrupt verharrt mein Kamel. Damit hatte ich gerechnet, denn Kamele sind nicht dumm. Al Wasim fühlt sich in Salama geschützt, weil er mit den Gerüchen und Geräuschen eines Dorfes vertraut ist. Mich aber kennt er nicht, ich rieche anders als die Beduinen, und der Klang meiner Stimme ist ihm ungewohnt. Es könnte gefährlich sein, einer fremden Person zu folgen, und Al Wasim ist ein vorsichtiges Tier. Er reißt das Maul auf und zeigt mir seine gelben Eckzähne. Ich tue so, als sei ich davon unbeeindruckt, und wippe freundlich mit meinem Stöckchen. Brüllend verkündet der Schöne seinen Unwillen. Er gurgelt und kollert und fletscht wild die Zähne. Jeder Schimmer von Sanftmut ist aus seinen jetzt wutentbrannten Augen gewichen. Doch er hat einen Fehler gemacht, der ihm nun keine Wahl läßt: Weil er am Anfang mit mir gegangen ist, muß er auch weiter folgen.

Al Wasim fügt sich zwar in sein neues Schicksal, dennoch ist seine Bereitschaft zum Widerstand ungebrochen. Beim Gehen verkürzt er den Abstand, bis sein Maul über meinem Kopf hängt, dann rasselt und rattert er mit den Zähnen.

»Ah, schöner Al Wasim, du kannst mich nicht einschüchtern. Vertraue mir – zu zweit sind wir ein unschlagbares Team.«

In einem einsamen Tal rasten wir unter Akazienbäumen. Ich lasse mein Dromedar niederknien, nehme ihm die Last und den Sattel ab, und Al Wasim stillt seinen Hunger an den Akazien. Mit dem Rücken lehne ich am knorrigen Stamm des Baumes und schaue meinem Tier beim Fressen zu. Unerschrocken würgt es Zweige hinunter, die rundum mit acht Zentimeter langen Dornen bewehrt sind. Diese Dornen sind hart und scharf, sie durchdringen ohne weiteres die dicken Sohlen meiner Schuhe. Ich beobachte das Schauspiel genau: Mit seinen starken Zähnen zerbricht und knackt Al Wasim zwar die Äste, die Dornen aber zerkaut er nicht. Gefährlich lang und spitz rutschen sie den Rachen hinunter. Einziger Schutz ist der schäumende Speichel, der die dornige Nahrung umhüllt.

Nicht zuletzt wegen seiner Genügsamkeit habe ich mir ein Kamel als Reisebegleiter gewählt. Ein paar dürre Wüstenpflanzen werden sich überall finden lassen. Auch Wasser braucht ein Kamel nicht täglich. In heißem Klima kann es fünf bis zehn Tage ohne Wasser überleben, bei saftiger Nahrung sogar noch länger. Sein Höcker ist ein Fettspeicher, beim Abbau des Fettes entsteht nicht nur Energie, sondern auch Wasser. Ein Tier, das lange dursten mußte, nimmt ungeheure Mengen Flüssigkeit auf. In wenigen Minuten säuft es 100 Liter. Kamele können unglaubliche Lasten schleppen. Es mußte sogar ein Gesetz erlassen werden, sie nicht mit mehr als 250 kg zu beladen, weil dies offensichtlich immer wieder geschah.

Al Wasim wird es bei mir gefallen. Das Gepäck ist leicht, und ich werde das Marschtempo so bestimmen, daß er sich unterwegs ausruhen und immer genügend fressen kann. Deswegen habe ich mir kein Zeitlimit gesetzt und auch kein exaktes Ziel. Alles hängt davon ab, wie gut Al Wasim und ich miteinander auskommen. Wenn sich mein Lasttier während der Probewoche bewährt, durchqueren wir das wüstenartige Hochgebirge bis ins Wadi Jischbum. Ich schätze, daß wir für diese Strecke mehr als zwei Monate benötigen. Möglicherweise wandern wir dann weiter, vielleicht geradeswegs über den Jol ins Wadi Hadramaut zu meinem Traumziel Shibam. Noch liegt Shibam aber in ungewisser Ferne. Meine Gedanken beschäftigen sich mehr damit, ob Al Wasim mir wirklich gehorchen wird.

Ich dehne die Pause aus, denn es ist ein köstliches Gefühl, im Schatten unter einer Akazie zu sitzen. Kein Mensch weit und breit. Nur die Stille, durch die der Wind säuselt.

Trotz der langen Mittagsrast ist Al Wasim wütend, als ich ihn wieder beladen will. Er röhrt und gurgelt und bleckt die Zähne. Das ist seine Art zu murren, weil er anderer Meinung ist als ich, aber auch ein Zeichen, daß er bereits beginnt, mich als seinen Führer zu akzeptieren. Die Beziehung zwischen Mensch und Kamel ist stets geprägt vom Widerstreit, wer das Sagen hat. Das Kamel glaubt immer, die Entscheidung stünde ihm zu, und am Menschen liegt es, dem Kamel die wahren Kräfteverhältnisse zu vermitteln.

Es fällt mir schwer, zum Dorf zurückzukehren. Mir würde es gefallen, diesen ersten glücklichen Tag mit meinem Schönen am Lagerfeuer ausklingen zu lassen und unterm Sternenhimmel einzuschlafen. Doch ich will nicht unhöflich sein und meine Gastgeber im Dorf durch mein Wegbleiben ängstigen. Stolz führe ich Al Wasim den Abhang hinab auf Salama zu. Die erste Probe haben er und ich bestanden. Für Beduinen, die mit Kamelen wie selbstverständlich aufwachsen, mag es nichts Besonderes sein, für mich aber ist es eine außerordentliche Erfahrung, gleich am ersten Tag das heikle Tier durch ein unwegsames Gebiet geführt und zurückgefunden zu haben – ein Triumph! Noch ahne ich nichts von der Überraschung, die mein Gastgeber für mich bereithält.

Im Versammlungsraum sitzen zwei Beduinen, Zayd und Salem. Ich freue mich, Salem wiederzusehen, der mich bei meiner ersten Kamelreise begleitet hat. Mich wundert nur, warum er nach Salama gekommen ist. Salem äußert, er wolle mich auch auf meiner neuen Reise begleiten. Ich muß ihn enttäuschen: »Tut mir leid, Salem, du hast den Weg umsonst gemacht, diesmal gehe ich allein.«

Der Versammlungsraum füllt sich jetzt mit den männlichen Bewohnern des Dorfes. Das gekochte Hammelfleisch wird auf riesigen Reisschalen serviert. Ich erhalte eine Schüssel mit Gemüse, einfach, aber köstlich. Walid hat kräftig mit Kardamom, Ingwer und Knoblauch gewürzt, gerade richtig für meinen Geschmack. Ich lausche den Gesprächen der Männer und verstehe, daß sie sich über meine Reise unterhalten. Zayd und Salem erhalten Ratschläge und Informationen, wo die Wasserstellen sind und wo sich Beduinenlager befinden. Es scheint abgemacht, daß die beiden mit mir gehen, nur – mit mir hat darüber niemand gesprochen.

Ich will an meinem Plan festhalten und mich nicht einschüchtern lassen. Sobald der Moment geeignet ist, beschwere ich mich bei Qasim, weil er zwei Beduinen zu meiner Begleitung engagiert hat, ohne mich vorher zu fragen. Er versteht den Grund meines Ärgers nicht und versucht mir zu erklären, warum ich nicht allein gehen könne. Er trage die Verantwortung, weil er mein Gastgeber sei. Würde mir unterwegs etwas passieren, hätte er seine Ehre für immer verloren, das sei schlimmer als der Tod. Nicht nur er müßte büßen, alle Bewohner von Salama wären von der Schande gezeichnet.

Ich glaube ihm aufs Wort, denn ich kenne den ungeschriebenen Ehrenkodex der Araber. Als ich in den Jemen reiste, war ich willens, den Regeln dieses Landes zu folgen. Niemals wollte ich etwas gegen den Willen der Einheimischen durchsetzen. Erst jetzt begreife ich, was es heißt, Gast im Jemen zu sein: Man hält die Ehre seines Gastgebers in der Hand, und das zwingt einen, sich dessen Entscheidungen zu unterwerfen. Wer das Land betritt, ist Gast und hat damit seine Freiheit und Unabhängigkeit verloren, denn wem immer er begegnet, wird sich als Gastgeber fühlen und entscheiden, was gut und richtig für den Fremden ist. Ich erkenne, daß ich keine Wahl habe. Sogar der Ausweg, das Kamel zurückzugeben und auf die Reise ganz zu verzichten, ist mir versperrt. Qasim würde sich am Scheitern meines Planes schuldig fühlen – auch dies eine Verletzung seiner Ehre. Mit sorgenvoller Miene wartet er, wie ich mich verhalten werde. Sein gutmütiges Lächeln ist erloschen, das Gesicht wirkt starr und ängstlich.

»Wie wäre es, wenn ich nur einen Begleiter mitnehme?« versuche ich einen Kompromiß. Mein Vorschlag wird abgelehnt. Die Beduinen fürchten sich, allein in fremdes Stammesgebiet zu gehen. Nur ein Teil des Gebirges gehört ihrem Stamm, den anderen Teil besitzen die Shabwa-Beduinen, und die seien die schlimmsten und gefährlichsten *bedu* überhaupt, wird immer wieder betont.

Ein Trinknapf für alle

مشرب للكل

Zufrieden mit dem günstigen Beginn unserer Reise zogen wir leichten Schrittes dahin. Die Kamele setzten ihre schwieligen Fußsohlen geräuschlos auf Sand oder Felsen auf. Nur die Lasten ächzten, die Seile streckten sich und knarrten.

Daniel van der Meulen
»Hadramaut das Wunderland«

Al Wasim läßt mürrisch die Unterlippe hängen. Wir haben ihn schwerer beladen, als ich ihm versprochen hatte. Da Zayd und Salem mitkommen, mußte ich auf dem *suq* noch kiloweise Zucker, Reis und Mehl kaufen. Qasim spricht über unseren Häuptern wohlklingende Segenssprüche. Allah möge seine Hände schützend über uns ausbreiten.

Unsere Gruppe zieht aus dem Dorf hinaus. Ich voran mit Al Wasim, dahinter, munter schwatzend, die beiden *bedu.* Am Grat werfe ich noch einen Blick zurück auf Salama, die Oase des Lebens in karger Bergwelt.

Mit Kompaß und Karte habe ich am Abend zuvor die Richtung gepeilt. Die so errechnete Marschrichtungszahl stimmt stets mit der Route überein, die Zayd vorgibt. Er kennt die Wegführung bis zur Grenze der Shabwa-Region. Salem dagegen hat sich nie weiter als vier Tagesreisen von seinem Haus entfernt. Große Wanderungen können Beduinen im Jemen nicht unternehmen. Sie leben jahrelang am gleichen Ort in Zelten oder niedrigen Steinhäusern. Finden die Herden keine Nahrung mehr, suchen sie sich ein neues Standquartier. Das Stammesgebiet gänzlich zu verlassen ist dagegen nicht möglich. Es würde zu tödlichen Konflikten mit den Nachbarn führen, denn alles Land ist unter den verschiedenen Stämmen aufgeteilt.

»Woran erkenne ich, ob jemand ein Beduine ist?« hatte ich Qasim gefragt.

»Das ist ganz einfach: Die *bedu* besitzen Kamele, Ziegen oder Schafe.«

»In Salama gibt es beides, Herden und Äcker. Bist du nun Bauer oder Beduine?«

»Ich bin *qabili,* Stammesangehöriger, und in meinem Stamm gibt es Bauern und Viehhalter.«

Wir wandern durch eine atemberaubende Landschaft, geprägt von tiefen Einschnitten, Quertälern und Schluchten. Es ist eine Gebirgswüste mit düsteren Farben von Braunrot bis Schwarzbraun. Von der Sonne wird das dunkle Gestein wie ein Backofen aufgeheizt. Der stürmische Wind, der in Böen über die Berge braust, bringt zwar frische Luft, gerbt aber die Haut und trocknet sie aus, die Lippen werden rissig, Nase und Augen entzünden sich.

Es gibt keine Wege und keinen Pfad. Wie der Zackenkamm eines Riesensauriers erscheint mir dieses wilde Bergland. Der Marsch ist kräftezehrend, hinauf zu hohen Pässen mit jäh abfallenden Steilwänden, wieder hinunter in enge Täler und wieder hinauf. Wir folgen einer gedachten Linie, die das Gebirge von West nach Ost quert.

Einen ungewöhnlichen Anblick bietet das Wadi Karim, das bisher breiteste Tal. Grün windet es sich durch die Steinwüste. Üppige Baumkronen versprechen kühlen Schatten. Von einem der Berggipfel blicke ich wie aus einer Flugzeugkanzel hinab in das tief eingefräste Tal. Schwindelerregend beginnt der Abstieg. Jetzt wird sich zeigen, was mein Schöner kann.

Al Wasim ist zwar im Gebirge aufgewachsen, er ist stämmig und kurzbeiniger als die Verwandten der Wüste, dennoch liegt sein Schwerpunkt ungünstig hoch, und sein staksiger Gang eignet sich nicht besonders zum Bergsteigen. Statt nach den besten Stellen zum Aufsetzen seiner Schwielenfüße Ausschau zu halten, blickt er hoch in den Himmel, wohl im Vertrauen auf Allah. Steine fangen an zu rollen. Al Wasim strauchelt, fängt sich, rutscht beim nächsten Schritt schon wieder. Im Bemühen, den gefährlichen Abstieg hinter sich zu bringen, wird er immer schneller. Ich muß seine Geschwindigkeit bremsen, halte das Seil kurz und drücke mit der anderen Hand gegen seinen Hals. Dabei muß ich selbst aufpassen, nicht abzustürzen. Zayd stimmt einen monotonen Singsang an. Die Koranverse sollen Mut machen und Allahs Hilfe auf uns lenken.

Unten angekommen belohnt das Wadi für die Anstrengung. Mimosen und Akazien formen ein grünes Dach. Hohe Gräser, Büsche und Sträucher sprießen zwischen den Kieseln. Und – es gibt Wasser! Vom letzten Regen hat es sich in Steinbecken gesammelt. Sogar kleine Fische schwimmen darin herum und Kaulquappen. Grün schillernde Frösche hocken am Ufer. Libellen schwirren über die Wasserflächen. Echsen liegen auf Steinen und sonnen sich, und Vögel zwitschern im Geäst.

Schnell entzündet Zayd ein Feuer, und bald gibt es Tee. Der Marsch war anstrengend, und wir lechzen nach dem Getränk. Auf dem *suq* habe ich mir den typischen Blechnapf der Beduinen gekauft, denn diesmal will ich mich nicht mit einem Plastikbecher blamieren.

Ich bin überrascht, als Salem Tee in meinen Napf gießt und daraus trinkt. Das gefällt mir überhaupt nicht, will ich ihn doch lieber selber einweihen.

»Warum nimmst du denn nicht deinen Trinknapf?«

»Ich habe keinen.«

»Warum nicht?«

Salem zuckt die Achseln. Auch Zayd hat kein Trinkgefäß. Damit habe ich nicht gerechnet. Bei meiner ersten Reise hatten die *bedu* ihr eigenes Geschirr dabei. Außerdem hatte ich gefragt, ob noch etwas fehlt, bevor ich die zusätzlichen Nahrungsmittel kaufte.

Zu dritt einen Blechnapf! Nicht nur, daß es unbequem ist, ein Trinkgefäß miteinander zu teilen, Salem hat auch noch eine fiebrige Erkältung, er hustet und schnieft. Ärger steigt in mir hoch – es fällt mir schwer, mich zu beherrschen. Aber ich denke an die schlimmen Erfahrungen, die vor mir andere Reisende machen mußten.

Viele Expeditionen endeten in bösem Streit, denn Beduinen mögen es nicht, wenn man sie kritisiert oder ihren Anordnungen nicht folgt. Da sie ihre Lebensweise für die einzig richtige halten, schauen sie auf alle anderen Menschen mit arrogantem Selbstbewußtsein herab, erst recht auf die Fremden, die in ihren Augen weit unter ihnen stehen. Die meisten europäischen Forscher und Entdecker aber waren es gewohnt, Einheimische als Diener zu behandeln – Beduinen gegenüber ein sträflicher Fehler. Niemals lassen sich *bedu* dazu herab, einem anderen zu dienen. Denn sie sind die Herren des Landes, und als freie und stolze Menschen tun sie nur unaufgefordert etwas für andere. Zwar umsorgen mich meine Begleiter aufmerksam, bitte ich sie aber um einen Gefallen, dann stellen sie sich stur. Ich bat Zayd um einen Wanderstab. Er tat, als hätte er nichts gehört. Erst Tage später, lange genug, um meine Bitte eventuell vergessen zu haben, schlug er einen geeigneten Ast ab, entfernte sorgfältig alle Stacheln und schenkte ihn mir wie eine kostbare Gabe. Während unserer Wanderung treffen meine Beschützer alle notwendigen Entscheidungen. Wer diese Führungsrolle der Beduinen nicht respektiert und sich mit ihnen streitet, dem spielen sie böse Streiche. Für mich kommt ein Machtkampf überhaupt nicht in Frage. Mein Grundsatz ist, mich ihnen anzupassen, weil ich nur so von ihnen lernen kann.

Salem und Zayd haben sofort gespürt, daß ich wegen der fehlenden Trinkgefäße ärgerlich bin. Sie beobachten mich scharf. Die Spannung knistert. Jetzt darf ich keinen Fehler machen und schlucke meinen Ärger hinunter. Ich weiß, für Beduinen ist es normal, alle Dinge miteinander zu teilen. Würde ich ihnen Vorwürfe machen, weil sie ihre Trinknäpfe vergessen haben, verlöre ich ihre Sympathie und damit auch ihre Offenheit und Kameradschaft. Deshalb trinken wir nun alle aus dem gleichen Gefäß, und ich tue so, als würde es mir gar nichts ausmachen. Es darf mich auch nicht stören, wenn Gäste kommen und ihnen mein Napf gereicht wird. Und da es unser gemeinsames Gefäß ist, verwenden es die Männer auch für ihre Gebetswaschungen.

Aus dem Nichts erscheinen vier Männer und drei Knaben an unserem Lagerplatz. Sie haben den Lichtschein unseres Feuers gesehen. Da wir auf ihrem Gebiet rasten, fühlen sie sich als Gastgeber und bewirten uns. Sie bringen Töpfe und Schüsseln mit verschiedenen Getränken: gesäuerte Ziegenmilch mit Mehl verquirlt und *bun*, den würzigen Hirsekaffee. Eine Schale mit *asiid* wird in die Mitte gestellt, und jeder greift mit den Fingern in die klebrige Masse. *Asiid* ist gekochter, halbfester Hirsebrei mit Sesamöl. Eine einfache Wasserpfeife, die *madaa*, macht die Runde.

Die Gespräche handeln von drei entlaufenen Kamelen, die von unseren Gastgebern seit zwei Tagen gesucht werden. Einer nach dem anderen ergreift das Wort, schildert die Vorzüge und Eigenheiten der vermißten Tiere, wo und wann er sie zuletzt gesehen hat und was er unternehmen will, um sie wiederzufinden. Während einer redet, schweigen die anderen andächtig. Mir fällt es schwer, den harschen Dialekt dieser Leute zu verstehen. Da ich aber weiß, worum es sich handelt, und alles mehrfach wiederholt wird, kann ich den Gesprächen folgen, auch hilft Salem mir hin und wieder mit knappen Erklärungen.

Als es aber nach drei Stunden immer noch keinen Themenwechsel gibt, läßt meine Konzentration nach. Ich entspanne mich und genieße einfach die traumhafte Stimmung. Es ist tiefe Nacht. Der klare Sternenhimmel spannt sich über uns, und ein Nachtvogel schwebt auf weichen Schwingen vorbei. Das Holz knistert in der Glut, und die Flammen werfen einen warmen Schein auf die Gesichter der Männer. Ihre Stimmen nehme ich nur noch als fernes Gemurmel wahr. Was für ein Glück, daß ich mit ihnen am Feuer sitzen kann, als sei dies selbstverständlich.

Ich merke auf, als der Jüngste, ein zwölfjähriger Knabe, das Wort ergreift. Nach der Betonung zu urteilen, schildert er eine dramatische Begebenheit. Ich höre zwar viele bekannte Wörter heraus, kann mir aber den Inhalt trotzdem nicht zusammenreimen. Worüber mag er reden? Es muß etwas Ungewöhnliches passiert sein. Die Rede ist in drei Teile gegliedert wie ein Musikstück. Das Präludium ist vollendet in Adagio gesetzt. Der Junge spielt mit den Wörtern, lauscht ihnen nach, langsam formt sich eine Melodie. Das Thema ist gefunden, nun wird es im Mittelteil variiert. Tragische Töne klingen an, sie fallen in beklemmende Düsternis. Bevor die Verzweiflung erdrückend wirkt, tritt eine neue Idee ins Spiel. Die Stimme belebt sich, die Spannung steigt. Schneller und härter setzt der Junge die Akzente, bis er im phantastischen Bogen ins Fortissimo vorstößt. Weich schwingt die Melodie aus.

Ich bin beeindruckt. Das zwölfjährige Kind hat eine klassisch aufgebaute Rede vorgetragen, die in meinen Ohren wie Musik klang. Aber was hat der Junge gesagt? Es muß etwas Lebenswichtiges sein. Alle schweigen tief betroffen, will mir scheinen.

»Es gibt Probleme«, antwortet Salem knapp auf meine Frage.

»Welche Probleme?«

»Schwerwiegende Probleme!«

Ah, vielleicht ein Streit zwischen den Stämmen? Da ich das Wort für Streit nicht kenne, frage ich: »Gibt es Krieg?«

»Nein! Viel Schlimmer!«

»Was kann schlimmer sein als Krieg?«

»Drei Kamele sind entlaufen!«

Noch immer war es das Thema des Abends. Fünf Stunden haben sie darüber gesprochen, denn Kamele gehören zu den wichtigsten Dingen im Leben dieser Menschen. Wenn drei Tiere abhanden kommen, ist dies ein ungeheurer Verlust, über den man nicht lange genug miteinander reden kann. Das mildert den Schmerz.

Satansbraten

الشيطان الرجيم

Und das Leben hat nicht dazu gedient, ihn reifen zu lassen. Die Zeit verrann wie das Häufchen Sand und ließ ihn verderben.

Antoine de Saint-Exupéry
»Botschaft der Wüste«

Jeden Morgen wache ich um fünf Uhr auf. Die Sterne verblassen, und ein fahler Schimmer erhellt den Horizont. Morgendämmerung – Zeit des Zwielichts. Es ist, als würde die Natur den Atem anhalten. Nicht mehr Nacht und noch nicht Tag, alles ist unentschieden – aber die Erde dreht sich weiter und wendet ihre Nachthälfte der Sonne zu. Mit dem Licht kommen die Farben, und die Landschaft gewinnt Konturen. Vögel zwitschern und Insekten zirpen. Es wird hell und warm.

Mein erster Gedanke und meine erste Handlung sind Al Wasim gewidmet. Ich bin es, die ihn versorgt. Wenn er am Abend abgeladen ist, darf er bis in die Nacht hinein fressen. Dann gehe ich ihn suchen. Trifft der Schein meiner Taschenlampe seine Augen, glühen sie im Widerschein. Ich führe ihn dicht neben mein Lager, lasse ihn niederknien und binde beide Vorderbeine zusammen. Wache ich in der Nacht auf, höre ich ihn rülpsen und das Mahlen seiner Zähne. Manchmal aber liegen Hals und Kopf im Schlaf flach auf dem Boden. Löse ich am Morgen die Knoten, sehe ich die Ungeduld in seinen Augen. Beruhigend rede ich auf ihn ein, er solle warten, bis ich ganz fertig sei. Doch er stemmt sich hoch, sobald ich ein Bein befreit habe. Es sieht komisch aus: Dreibeinig balanciert er seinen schweren Körper, während das vierte Bein abgeknickt ist. Ich beeile mich mit dem Lösen der Knoten, und zielbewußt strebt er zu den verlockenden Pflanzen hinüber. Drei Stunden hat er dann Zeit, den Magen zu füllen, bevor er wieder beladen wird.

Inzwischen hat Zayd Feuer gemacht und Tee aufgesetzt. Salem zittert derweil unter seiner abgeschabten Decke, die er ganz über den Kopf gezogen hat in der Hoffnung, die Sonne möge ihn endlich wieder erwärmen. Auch Zayds Decke ist hauchdünn. Als ich warme Decken besorgen wollte, haben sie wohl aus Bescheidenheit versichert, bestens ausgerüstet zu sein. Er sei *bedui* und an Kälte gewöhnt, sagt Zayd. Nachts wärme ihn der Gedanke an die Hitze des Tages. Die Temperatur sinkt in der Nacht auf sieben Grad, der scharfe Wind läßt sie eisig erscheinen. Tagsüber steigt das Thermometer über 30 Grad.

Zayd ist einen Kopf kleiner als ich, hat aber unglaublich viel Kraft. Den Schraubverschluß der Ölflasche dreht er so fest zu, daß weder Salem noch ich ihn wieder öffnen können. An jedem Lagerplatz erklimmt er barfuß die Bäume, und es gelingt ihm, mit meiner winzigen Campingaxt mächtige Holzscheite zu schlagen. Mit bloßer Hand faßt er ins Feuer, greift die glühenden Steine und legt sie in den Brotteig. Zayd ist nie mürrisch. Flink und geschickt nimmt er jede Arbeit in Angriff und ist anspruchslos in seinen Bedürfnissen. Ihn verbindet eine enge Freundschaft mit Salem, den er wegen dessen Bildung bewundert. Er selbst hatte nie Gelegenheit, Lesen und Schreiben zu lernen. Ist alle Arbeit getan, sitzt er gern sinnend am Feuer. Dann schimmert in seinen Augen ein eigentümlicher Glanz. Nie sah ich schwärzere Augen als die seinen. Sie sind von unergründlicher Tiefe. Wenn Zayd aber spürt, daß ich ihn ansehe, verschwindet das Geheimnisvolle sofort, dann glänzen seine Augen wie ein Spiegel und geben nichts von ihm preis.

Ich könnte mir keine besseren Begleiter als Salem und Zayd wünschen. Sie sind freundlich und aufmerksam, zeigen mir durch viele kleine Gesten, daß sie mich mögen und anerkennen. Die Mühsal des Unterwegsseins wird gemildert, da sie sich auf drei Personen verteilt. Jeder greift zu, und Kameradschaft verbindet uns. Dennoch sehne ich mich danach, allein zu sein. Es hilft mir nicht, daß ich auf Berge steige und Seitentäler erkunde. Das Wissen, daß Zayd und Salem am Lagerplatz auf mich warten, zwingt mich, früher umzukehren, und das verdirbt mir den Genuß am Herumstreifen. In der Natur möchte ich ungestört sein. Jeder andere Mensch ist zuviel. Nur wenn ich allein bin, kann ich eintauchen in die Landschaft, mit ihr verschmelzen und ein Teil des Ganzen sein.

Wäre ich ohne Begleiter, würde ich diese einsame Bergwelt allmählich erkunden, lange Tage am selben Ort bleiben, Tiere entdecken und beobachten. Wir aber marschieren in fliegender Eile, bewältigen 25 Kilometer am Tag trotz der steilen Auf- und Abstiege im unwegsamen Gebirge. Wiederholt erkläre ich, daß ich nicht so schnell vorankommen will, der Weg sei das Wichtigste für mich, je langsamer, um so besser. Sie verstehen zwar, was ich meine, können sich jedoch nicht umstellen. Zu tief sind in ihnen die Erfahrungen von Generationen verwurzelt, als es darauf ankam, Karawanen in kürzester Zeit an ihr Ziel zu bringen. Ein längerer Aufenthalt während der Reise macht sie ungeduldig und nervös. So bleibt mir nur, mich auf den eiligen Rhythmus einzustellen, denn Rasttage mit mürrischen Begleitern sind kein Gewinn für mich. Diese Gedanken hege ich nur insgeheim, die beiden können davon nichts ahnen, und im stillen tue ich ihnen Abbitte, weil ich mir die zuverlässigen Gefährten wegwünsche. Ich weiß, es gibt keine besseren. Ich werde es bedauern, wenn sie später nicht mehr da sind, und dann mit Wehmut an die Zeit mit Salem und Zayd zurückdenken.

Das Gebirge dehnt sich in immer neuen Ketten bis zum Horizont, ein aufgewühltes, braunes Meer, dessen Wellen zu Stein erstarrt sind. Der Blick von den Gipfeln ist zauberhaft, ich kann mich nicht satt sehen an dieser urgewaltigen Schöpfung der Erde. Auf den Bergen fühle ich mich frei, dem Himmel nah, während ich unten in engen Tälern in eine abgeschlossene Welt eintauchen muß.

Tagsüber begegnen wir selten Menschen, aber nachts lockt unser Feuer fast immer Leute an. Hier im Gebirge, wo es weder Zeitung, Radio noch Fernseher gibt, sind durchziehende Fremde die einzige Informationsquelle. Von Mund zu Mund gelangen Nachrichten auch in abgelegene Gebiete. So war es früher, als Karawanen durchs Land zogen, und so ist es noch heute durch Reisende wie wir.

Eines Abends ermahnt mich Zayd, diesmal nicht ohne Zelt zu schlafen, denn es werde Regen geben. Am Himmel entdecke ich keine Anzeichen eines nahenden Unwetters, dennoch folge ich seinem Rat und stelle mein Zelt auf. Kaum haben wir gegessen und unseren Tee getrunken, ziehen grauschwarze Wolken über die Bergkämme. Stürmischer Wind fegt durchs Tal. Die bedrohlichen Wolken sinken tief herab und stauen sich zu einer dunklen Masse. Der Wind stirbt, und die Vögel verstummen. Ganz still ist es, wie immer vor drohendem Unheil.

Es wäre noch genug Zeit, sich in Sicherheit zu bringen. Doch die *bedu* harren aus. Dann beginnt die Nacht, eine besonders schwarze. Kein Sternenschimmer dringt durch die Wolkendecke. Wir warten. Die Männer lassen sich von mir nicht dazu überreden, in einer Grotte am Berghang Zuflucht zu suchen. Sie behaupten, sie könnten mich nicht allein lassen und müßten mich beschützen. Mein Vorschlag, dann eben zu dritt in einen Unterschlupf zu gehen, kommt zu spät. Urgewaltig bricht das Unwetter mit Blitz und Donner über uns herein. Ich hechte in mein Zelt, denn die Wolken öffnen sich und schütten ihre Wassermassen aus. Was machen meine *bedu*? Sie hüllen sich in ihre dünnen Decken und legen sich im Regen rechts und links neben mein Zelt. Nichts kann sie bewegen, irgendwo Schutz zu suchen. Mein Zelt ist klein wie eine Hundehütte, gerade ausreichend für eine Person. Ob ich denn noch Platz hätte für ihre Waffen? Rechts begrenzt von einer Kalaschnikow und links von der anderen, dazu zwei volle Patronengürtel, fühle ich mich wie in einer Waffenkammer. Der Regen prasselt auf die dünne Zelthaut. Ich bin im Trocknen, aber Salem und Zayd triefen vor Nässe. Nur durch die Zeltwand getrennt, höre ich ihren Atem und kann doch ihre Lage nicht bessern. Der Donner, die aufschlagenden Tropfen und das Schniefen der Männer im Regen lassen an Schlaf nicht denken. Die Maschinenpistole drückt in meine rechte Hüfte; drehe ich mich um, stoße ich an die andere Waffe.

Mir fällt eine Begebenheit ein, die ich zusammen mit Qasim erlebte. Es war auf der Rückfahrt vom *suq*, wo ich Lebensmittel für meine Reise gekauft hatte. Die Sonne stand tief am Horizont und modellierte die Landschaft wie ein Relief. Plastisch war jedes Detail geformt, und das Gebirge in der Ferne sah aus wie durch ein Vergrößerungsglas. Wir fuhren durch eine Ebene mit Dörfern, Feldern, Bewässerungsgräben und dazwischen, wie von Riesenhand hingeworfen, Granitfelsen, rundköpfig und sonnengeschwärzt. Beglückt genoß ich diese Fahrt und hatte das Gefühl, keine Fremde mehr in diesem Land zu sein. Qasim zeigte mir die Ortschaft, in der die Jungen von Salama zur Schule gehen. Wenige Kilometer später stand hinter einer Kurve ein Landcruiser eigenartig schräg zur Piste. Es konnte ein Defekt am Wagen sein oder eine Falle. Doch Qasim rechnete sofort mit einem Überfall. In Sekundenschnelle hatte er seine Waffe in der Hand, mit der anderen steuerte er an dem Hindernis vorbei. Ich sah fünf Männer. Sie schrien, wir sollten anhalten. Qasim gab Gas, und wir entkamen.

»Vielleicht hatten sie nur eine Panne?« sagte ich.

Qasim schüttelte den Kopf. »Nein, der Wagen hatte die Piste gesperrt wie für einen Überfall. Und es waren fremde Leute, keine aus dieser Region.«

»Ist es wirklich so gefährlich hier?«

»Überall kann es passieren. Es geht blitzschnell. Sie haben es auf die Wagen abgesehen. Ein paar Schüsse, du bist tot, und sie fahren mit deinem Auto davon. Es dauert weniger als drei Minuten. Die Piste ist kaum befahren, es kann Stunden dauern, bis ein anderes Fahrzeug vorbeikommt. Für die Verbrecher fast kein Risiko. Niemand ist Zeuge, und niemand wird sie je finden.«

»Rechnest du also immer mit Überfällen?«

Er lachte. »Ja, was denkst du denn, warum wir nie ohne unsere Waffen unterwegs sind? Weil aber alle Waffen tragen, passiert bei uns bestimmt weniger als bei euch. Räuber überlegen es sich, einen bewaffneten Mann anzugreifen, du hast es ja gerade eben gesehen. Die werden aufgeben, weil sie wissen, daß ich jetzt jeden auf dieser Strecke warne.«

Qasims blitzschneller Griff nach der Waffe war beeindruckend gewesen. Er hatte nicht überlegen müssen, konnte reflexartig handeln, weil er stets mit gefährlichen Situationen rechnet. Im Jemen ist jeder Mann darauf eingestellt, sich zu verteidigen.

Bei uns haben die Organe des Staates wie Armee, Polizei und Justiz diese Aufgabe übernommen. Deshalb denken die meisten Menschen nicht an tödliche Gefahren, die ihnen von anderen Menschen drohen könnten. Aber Qasim hat recht: Immer und überall sind Leben und Tod, Krieg und Frieden, Freude und Leid nahe beieinander, kann plötzlich im schönsten Abendlicht von einem Moment auf den anderen das Leben ausgelöscht werden.

Dieses Erlebnis auf der Rückfahrt vom *suq* erzeugte in mir kein Angstgefühl. Ich war dankbar für den Einblick in die Wirklichkeit des Lebens, mit dem die trügerische Sicherheit vertrieben wurde. Aber dieses Wissen würde nicht dazu führen, mich zu bewaffnen. Bei meinen Reisen hatte ich gelernt, daß ich gefährliche Situationen besser ohne Waffen meistern kann. Gerade mit einer Waffe würde ich mich in Gefahr begeben, weil ich niemals kaltblütig als erste schießen könnte. Der Gegner aber würde sich durch meine Waffe provoziert fühlen. Wehrlosigkeit dagegen kann ein wirksamer Schutz sein, weil möglicherweise ein psychologischer Hemmeffekt einsetzt. Im waffenstarrenden Jemen jedenfalls fühlte ich mich ohne Waffen am sichersten.

Irgendwann hörte der Regen auf, und ich schlief doch noch ein. Am nächsten Morgen ist der Himmel grau und trüb, ebenso wie die Laune von Salem, und auch Zayd erlebe ich zum ersten Mal in mißlicher Stimmung. Nur Al Wasim hat das Gewitter gut überstanden, sein Sinnen und Trachten ist wie immer auf Nahrung gerichtet. Wenn er fressen kann, geht es ihm blendend.

Ich überlege, wie ich meine Gefährten aufheitern und für die Regennacht entschädigen könnte, und Allah schenkt mir eine treffliche Idee: »Vielleicht könnt ihr heute noch Ziegenbraten essen. Wenn wir Beduinen mit einer Herde begegnen, werde ich ein Tier kaufen.«

Mein Vorschlag kommt gut an. Zayd kennt ein Beduinenlager in der Nähe, und wir machen uns sofort auf den Weg. Vom Paß blicke ich hinab in ein trockenes Wadi. Das Kiesbett schimmert weiß. In zahlreichen Windungen schlängelt sich der Trockenfluß durchs Gebirge und erinnert mich an das Skelett einer Riesenschlange. Auf steilem Pfad steigen wir hinunter.

Zayd hat uns richtig geführt, denn am Hang gegenüber weiden Ziegen. Drei Mädchen hüten die Tiere. Ihre Kleider leuchten in der Ferne wie Blumen. Rot, Grün und Blau – ein Dreiklang der Farben eingebettet ins Dunkelbraun der Berge.

Ein junger Bursche kommt uns entgegen und umarmt meine beiden Begleiter, mir reicht er scheu die Hand. Er führt uns zum Beduinenlager, während des Weges geht er Hand in Hand mit Zayd. Drei weiße Zelte stehen auf einer Uferbank am Trockenfluß. Der junge Mann weist uns einen Platz unter einem Baum zu. Ein Patriarch, wie er in der Bibel steht, nähert sich in würdevollem Schritt, umringt von einer Schar Buben und Mädchen. Wir sitzen im Kreis auf Steinen und Baumwurzeln. Ein rußiger Teekessel wird gebracht und Tee ausgeschenkt. Aus einem der Zelte tritt eine Frau in scharlachrotem Kleid, das von einem silbernen Gürtel in der Taille gerafft wird. An ihren Armen klirren breite Silberreifen. Wie alle Beduinenfrauen ist sie unverschleiert, nur ein durchsichtiges rotes Tuch liegt locker über ihren Haaren. Die Frau ist barfuß und schreitet wie eine Königin über die kantigen Steine. In den Händen hält sie eine Schüssel mit *asiid*, dem Hirsebrei. In der Mitte des Breies befindet sich eine Mulde voll mit Sesamöl. Mit den Fingern nehmen wir von der klebrigen Masse, tunken sie in das Öl und essen mit Genuß. Es schmeckt wie ungebackener Brotteig. Schon als Kind mochte ich lieber den Teig als den fertigen Kuchen.

Zwölf Kinder habe sie schon geboren, sagt die Beduinenfrau in Rot fröhlich und mit Stolz. Von weitem hatte ich die hochgewachsene Frau für ein junges Mädchen gehalten. Am Gespräch beteiligt sie sich selbstbewußt und mit angeborener Würde. Sie zeigt keine verschämte Scheu vor den fremden Männern, wie es jemenitischen Frauen in Städten und Dörfern eigen ist. Zwar habe ich mich inzwischen an die strikte Trennung in Frauen- und Männerbereiche gewöhnt, aber das natürliche Verhalten der Beduinenfrauen ist erfrischend und wohltuend.

Zayd macht sich mit einem Burschen auf den Weg, um aus der Herde ein Tier auszuwählen, und ich stelle mich den neugierigen Fragen unserer Gastgeber. Salem müht sich, dem Patriarchen einen günstigen Preis abzuringen, doch das Oberhaupt der Familie glaubt, Allah wolle ihn mit Geld überschütten, da er eine Ausländerin in sein Lager geführt hat. Er sträubt sich entschieden, eine Ziege für den üblichen Preis herzugeben. Salem plagt sich sehr. Die Kinder folgen mit blitzenden Augen und gespitzten Ohren der Verhandlung. Später einmal werden sie genauso gewitzte Händler sein.

Zayd kommt zurück und trägt ein entzückendes Zicklein im Arm. Es muß das schönste Tier der Herde sein. Dem kleinen Böckchen wachsen gerade die Hörner, daumenlang ragen sie frech aus dem Kopf. Das Fell ist kohlrabenschwarz, und an der Stirn leuchtet ein weißer Stern. In den Augen funkelt Lebenslust. Das Böckchen wird in ein Sacktuch gewickelt und auf dem Rücken von Al Wasim festgeschnallt.

Der Abschied von der Beduinenfamilie ist wie üblich knapp und kühl. Eigenartig, man wird willkommen geheißen wie ein Freund, aber man geht wie ein Fremder. Während Ankommende freudestrahlend mit warmherzigen Umarmungen, unentwegtem Händeschütteln und großzügiger Bewirtung begrüßt werden, sagt man zum Abschied einfach *ma'a-salama* und geht auseinander. Bevor man noch den Rücken gewendet hat, kehren die Leute an ihre Alltagsarbeit zurück. Es gab sogar einige Besucher an unserem Lagerfeuer, die sich grußlos entfernten.

Die Erklärung mag in einer seit Jahrtausenden geprägten Lebensweise liegen. Bei einem Volk der Nomaden und Händler waren wiederholte Trennungen nicht zu vermeiden, und jedesmal konnte es für immer sein. Trennungsschmerz aber lähmt und schwächt wie eine Krankheit. In einer lebensfeindlichen Umwelt braucht der Mensch alle Kräfte, um sein Überleben zu sichern. Deshalb mußte die Trauer unterdrückt werden. Gefühlvolle Zeremonien wären gefährlich, da sie die Trennung ins Licht des Bewußtseins heben. Der Abschied ist leichter zu ertragen, wenn der Reisende unauffällig verschwindet, als ginge er gar nicht wirklich fort. Sieht man sich wieder, ist die Freude übergroß, und es ist, als sei man nicht getrennt gewesen.

Im Zickzack erklimmen wir den Berg hinter dem Beduinenlager. Wie immer führe ich Al Wasim. Vorne gehen Salem und

Zayd und freuen sich auf den Ziegenbraten. Der kleine Kopf des Böckchens ragt aus dem Sack. Weiter und weiter entfernen wir uns von der Herde. Sein klägliches Meckern widerhallt in den Bergen, aber niemand eilt ihm zu Hilfe. In seiner Not strampelt es eine Öffnung in die Hülle. Das ist seine Chance! Kühn springt es vom zwei Meter hohen Kamelrücken auf den Boden. Es landet auf seinen vier Beinen und verharrt bewegungslos, wohl überrascht von der plötzlichen Freiheit. Es sieht aus wie ein Teufelchen, ein frecher Satansbraten mit spitzen Hörnchen. Die Augen blitzen verwegen, das schwarze Fell ist aufgestellt, und der weiße Stern leuchtet. Das Böckchen sprüht vor Leben. Jede Faser seines Körpers wird durchpulst von unbändiger Energie und Daseinsfreude. Viel zu jung und viel zu schön, um im Kochtopf zu enden.

Zayd ist anderer Meinung. Weil das Meckern verstummte, drehen sich die Männer um und schreien entsetzt auf. Zayd besinnt sich nicht lange, aber das Tierchen ist schneller. Mutig springt es an ihm vorbei und jagt den Berg hinab. Zayd rennt hinterher. Steine rollen, Kies spritzt. Das Zicklein scheint seinem Verfolger zu entkommen. Schon nähert es sich der Herde. Es fühlt sich in Sicherheit und meckert freudig. Das ist die Gelegenheit für Zayd. Er schnellt vorwärts und packt es am Hinterlauf. Dann schwingt er sich das Tier über die Schulter, nun hat es keine Chance mehr, am Leben zu bleiben.

Bei den Shabwa-Beduinen

بين بدو الشابوا

Es waren harte Monate ununterbrochenen Reisens, in denen ich meine Gefährten bewundern und ihre Geschicklichkeit schätzen lernte ... Ich fing an, die Wüste mit den Augen der Bedu zu sehen und die Menschen nach ihren Maßstäben zu beurteilen, ... und ich fand das Leben, nach dem es mich verlangt hatte.

Wilfred Thesiger »Die Brunnen der Wüste«

Es sind 18 Steinböcke. Mit erhobenen Häuptern, die Nüstern geöffnet, scheinen sie Witterung aufzunehmen. Die mächtigen Hörner schwingen weit über den Rücken. 18 Steinböcke, eingeritzt in eine Felsplatte, irgendwo an einem Berghang. Zayd hat mich hingeführt. Die Platte ist drei Meter hoch und vier Meter breit und steht senkrecht im Gestein. Durch ihre besondere Form eignete sie sich gut als Unterlage für die Bilder. Wie alt diese sind, weiß niemand zu sagen. Vielleicht waren Menschen der Steinzeit die Schöpfer der Felsgravuren? Daß Steinzeitmenschen jagend und sammelnd durch den Jemen gezogen sind, beweisen Pfeilspitzen, Werkzeuge und Knochenfunde. Vor 8000 Jahren schon sollen diese Jägervölker aus Afrika in den Jemen eingewandert sein. Nach ihnen kamen Menschen, die Ackerbau trieben oder als Nomaden mit ihren Tierherden herumzogen.

Steinböcke waren nicht allein Jagdwild, sie hatten auch immense kultische Bedeutung. Es mögen die halbmondförmigen Hörner des Tieres gewesen sein, die ihn zum Sinnbild des Mondes prädestinierten. Der seine Gestalt wandelnde Mond konnte Fruchtbarkeit schenken oder Verderbnis bringen. Für die damaligen Menschen war es lebenswichtig, den Mondgott durch Riten gütig zu stimmen. Ein wichtiges Fest zu Ehren des Gottes war die Steinbockjagd, die Opferung der Tiere auf dem Altar, kultische Tänze und Gesänge, bei denen die Jagd dargestellt und verherrlicht wurde.

Diese Tänze und Lieder sind bis heute überliefert, und manche Hauswand ist mit Steinbockhörnern geschmückt. Sie gelten als Glücksbringer und sollen den Fortbestand der Familien sichern. Die alten Götter sind nicht tot. In leicht veränderter Gestalt herrschen sie weiter in neuen Religionen. Der Halbmond, heute zwar ein Symbol des Islam, ist das Abbild des Mondgottes Almaqah, des mächtigsten Gottes in frühen Zeiten. Nur die Steinböcke haben nicht überlebt. Ihre Fruchtbarkeit war der Potenz moderner Waffen unterlegen. In der Mitte unseres Jahrhunderts wurde der letzte Steinbock des Jemen getötet.

Wir stoßen auf einen mit flachen Steinen gepflasterten Pfad. Dieser alte Weg ist Teil der Weihrauchstraße, auf der in vorislamischer Zeit Karawanen durch Arabien zum Mittelmeer zogen. Meine Begleiter wissen, daß der Pfad direkt nach Shabwa führt, der alten Königsstadt des Reiches Hadramaut.

»Barfuß sind die Menschen damals gegangen und mit bloßem Oberkörper. Nur ein Lendentuch hatten sie um die Hüften«, sagt Salem.

Shabwa war unglaublich reich, da jede Karawane Wegzoll entrichten mußte. Die prachtvolle Stadt hatte 60 Tempel, von denen gewiß viele dem mächtigen Mondgott Almaqah geweiht waren. Bis zum Jahr 242 n. Chr. hielt der Gott seine schützende Hand über Shabwa, dann ereignete sich die Katastrophe: Krieg mit dem konkurrierenden Königreich Saba. Shabwa wurde gestürmt, geplündert und bis auf die Grundmauern zerstört. Nur wenige Einwohner konnten flüchten. Sie zogen tiefer ins Wadi Hadramaut und gründeten dort eine neue Stadt – Shibam! Die Lehmhochhäuser Shibams sollen ein getreues Abbild der Stadtarchitektur der antiken Königsstadt sein und damit ein Stück lebendige Geschichte.

Shabwa selbst wurde nie wieder aufgebaut. Auf dem Schutt und Geröll siedelten Beduinen in einfachen Behausungen. Die phantastischen Geschichten vom Glanz des alten Shabwa aber lebten fort und zogen europäische Reisende magnetisch an. Jedoch war jedem Ausländer der Zugang verwehrt. Die Region gilt noch heute als gefährlich, da die Shabwa-Beduinen äußerst fremdenfeindlich und unberechenbar sind.

Freya Stark hatte 1935 gute Chancen, als erste die sagenhafte Stadt zu sehen, denn ihre einflußreichen Freunde, Scheichs und Sultane, unterstützten sie mit Geleitbriefen und Informationen. Sie kam bis ins Wadi Amd. Nur drei Tagereisen trennten sie von Shabwa, da erkrankte sie schwer an Masern. Die Erkrankung schädigte ihr Herz, beinahe wäre sie gestorben, hätte die Royal Air Force sie nicht ausgeflogen. Nie konnte sie verwinden, daß Hans Helfritz ihren Traum verwirklichte und als erster Ausländer Shabwa sah.

Es war eine von Helfritz' spektakulärsten Taten und verlangte ihm viel Mut und Kaltblütigkeit ab. Die Bewohner der armseligen Beduinensiedlung, die auf den Resten der antiken Stadt steht, vermuteten ungeheure Schätze unter den Trümmern. Ihnen selbst gelang es nicht, sie zu heben, aber sie verdächtigten die Ungläubigen – also die Christen – sie könnten, mit Dämonen verbündet, sich der Schätze bemächtigen. Deshalb drohten sie, jeden Fremden zu töten, der sich in der Nähe sehen ließe. Helfritz wußte dies und entwarf einen waghalsigen Plan. Bei Nacht schlich er sich mit seinem Führer in die Stadt. Als die Sonne aufging, wurde er als Fremder erkannt. Ein wüster Lärm brach los. Während die Einwohner stritten – nicht ob, sondern wie sie den Eindringling töten wollten –, nahm Helfritz Fotoapparat und Filmkamera, schlich sich hinter dem Rücken der debattierenden Leute davon, um soviel wie möglich zu sehen und zu dokumentieren, immer beschützt von drei befreundeten Beduinen, die ihre Gewehre geladen und entsichert hatten. Helfritz beschreibt, daß die antike Stadt, einst auf drei Hügeln erbaut, jetzt ein Trümmerhaufen mächtiger Quadersteine war. Er entdeckte die Reste eines alten Königspalastes, dessen klotzige Mauern aus einem Haufen von Schutt und Geröll herausragten. Eingebaut in die Wände eines Ziegenstalles fand er einen Stein mit alten Inschriften. Fieberhaft filmte und fotografierte der Forscher, wissend, daß ihm nur eine kurze Frist gesetzt war. Frauen rannten schreiend aus ihren Häusern und bewarfen ihn mit Steinen. Auf den Dächern verschanzten sich Männer und feuerten aus ihren Gewehren. Gedeckt vom Leib seines Kamels flüchtete er aus der feindlichen Stadt. Seinen Begleitern gelang es, die schießwütigen Einwohner an einer Verfolgung zu hindern.

Fremde sind heute noch immer unbeliebt. Als Wegzoll werden häufig die Fahrzeuge beschlagnahmt. Ich hatte nicht vor, die alte Königsstadt zu besuchen, denn nur Archäologen könnten dem Trümmerhaufen seine Geheimnisse entreißen. Forschungen dieser Art sind bei meiner Reise nicht möglich, denn heute geht es nicht mehr darum, Kunde von historischen Stätten nach Europa zu bringen und schnell ein paar Inschriften zu kopieren, sondern wissenschaftliche Grabungen wären nötig. Mein Augenmerk ist auf die Menschen gerichtet, die heute im Jemen leben. Und mein Wunsch, Shabwa-Beduinen kennenzulernen, erfüllt sich schnell, denn mein Weg führt quer durch ihr Land.

Zayd hat die Orientierung verloren, geht mal hierhin, mal dorthin, schaut suchend und unsicher umher. Wir sind in einem ihm fremden Gebiet. Für mich sieht das Gelände nicht anders aus als die Tage zuvor. Die Natur widerspiegelt keine Grenzen, die in den Köpfen der Menschen sind.

»Kein Problem! Von jetzt ab werde ich euch führen«, sage ich. »Wir werden einfach nach dem Kompaß marschieren.«

Meine Gefährten schweigen. Sie biegen in ein Wadi ein, das nach Norden führt statt nach Osten.

»He, das ist der falsche Weg! Wir müssen dort hinauf, zum Paß!« rufe ich ihnen zu.

»Wir brauchen einen Führer aus der Gegend.«

»Warum?«

Sie gehen unbeirrt weiter. Das Bergtal ist eng und fällt steil ab. Es ist das trockene Bett eines Wildbaches, die Wände sind blankgeschliffen wie eine Röhre. Auf dem Grund liegen Geröll und Felsbrocken. Ich stelle mir vor, wie das Wasser nach Gewittern tosend und strudelnd herabstürzt. Ein Entkommen vor plötzlicher Flut gäbe es nicht.

In der Senke hat der Wildbach einen wunderbaren Platz geschaffen, eine Oase. Drei Gesteinsbecken reihen sich in Kaskaden hintereinander, und – sie sind voll Wasser! Kristallklares Wasser! Ringsum wachsen Pflanzen. Palmwedel spiegeln sich im Wasserbecken. Hohe Gräser schwingen im Wind. Mimosen, übervoll mit gelben Blütenbällchen, sind von summenden Insekten umschwärmt. Der Duft der Blüten erinnert an Frühling. Nach langer Wanderung durch ein düsteres Gebirge, über ausgeglühte Felsen mit sepiabrauner Rinde, von Sonne versengt und vom Wind gegerbt, ist dieser idyllische Ort eine Labsal für meine Sinne. Wie schön, daß wir hier übernachten werden. Einen besseren Lagerplatz kann es nicht geben.

Doch meine Begleiter wollen nicht bleiben. Stockend gestehen sie, was der Grund ist: Sie haben Angst! Als Angehörige eines anderen Stammes benötigen sie die Erlaubnis der Shabwa-Leute, sich in deren Gebiet aufhalten zu dürfen. Keine Zeit sei zu verlieren, noch vor Einbruch der Dunkelheit müßten wir jemanden aus der Region finden. Eilig streben sie weiter. Und wenig später haben sie ihren Mann. Er heißt Musuth, steht an einem Wasserloch im Bachbett und schneidet Binsen, aus denen er Seile flechten will. Sein brauner Kopf wird von einem Kranz weißer Haare geschmückt. Ein weißer Kinnbart verleiht dem breiten Gesicht einen großväterlichen Ausdruck. Listig und verschmitzt aber blitzen die hellbraunen Augen. Es sind nicht die Augen eines alten Mannes, sondern die eines gewitzten Jugendlichen. Musuth nimmt uns mit zu seinem Lager. In drei schwarzen Zelten aus Ziegenhaaren leben 16 Menschen: drei Frauen, drei Männer und zehn Kinder.

Die Zelte bieten kaum Schutz. Es sind einfache Stoffbahnen, die man über Stöcke gespannt hat. An den offenen Seiten wurden halbhohe Steinmäuerchen aufgeschichtet. Unter einem Felsdach ist der Kral für die Tiere; zwei Kinder treiben gerade die Ziegen in ihr Nachtquartier. Mein Schöner wird freigelassen und kann sich sein Futter suchen. Wir werden wie üblich mit Tee bewirtet. Musuth läßt sich von meinem Einwand, daß ich kein Fleisch esse, nicht abhalten und schlachtet zur Freude meiner Begleiter eine Ziege.

Die Schwiegertöchter backen Fladen. Beide Frauen sind schlank und sehr schön. Anders als die herben Beduinenfrauen beim Nachbarstamm sind ihre Gesichter weich. Fatima, die ältere der zwei Frauen, gefällt mir besonders. Um ihre hochgewachsene Gestalt fließt ein blaues Gewand. In der schmalen Taille trägt sie einen Silbergürtel mit Karneolsteinen. Zwar leuchten weiße Strähnen in ihrem Haar, aber das braune Gesicht ist glatt und frisch und von einer Schönheit, an der ich mich nicht satt sehen kann. Barfuß schreitet sie mit federnden Schritten über den Boden. Mit einer graziösen Bewegung ihres Armes wirft sie einen Stein nach einer Ziege. Der Stein surrt davon, wie ein Pfeil von einem Bogen geschossen.

Fatima klopft Teigkugeln zwischen den Handflächen zu Fladen und legt sie direkt in die Feuerglut. Sie entzündet trockene Palmwedel und fackelt die Fladen ab, um ihre Oberfläche zu bräunen. Fatima weiß nicht, wie alt sie ist. »Ich bin alt, sehr alt, denn ich habe acht Kinder geboren!« Dabei lacht sie jugendlich.

Die Menschen hier haben nur ihre Ziegen, von denen sie leben. Milch, Fladen und ab und zu Fleisch, das sei alles, erzählt mir Fatima. Keine Kartoffeln, kein Reis, kein Gemüse. Trotzdem sehen alle gesund und gut genährt aus. Tee, Zucker und Mehl tauschen sie gegen Ziegen und Seile ein, die der Alte aus den Binsen flicht und am Markt verkauft.

Vor 10000 Jahren, zu Beginn der Jungsteinzeit, kamen Menschen auf die Idee, statt immer nur Tiere zu jagen, diese zu zähmen und zu züchten. Eine Lebensform, die sich bis heute bewährt hat. Außer geringfügigen Details, wie Kochgeschirr aus Blech und Werkzeug aus Metall statt Stein, hat sich kaum etwas geändert. In meiner Vorstellung überlagern sich die Felszeichnungen damaliger Menschen mit den Szenen, die ich im Beduinenlager beobachte, und verschmelzen miteinander.

Drei Feuerstellen flackern in sternklarer Nacht. Langsam versinkt die Mondsichel hinter dem Berggipfel. Im Kral meckern leise die Ziegen. Die Nomadenfamilie wärmt sich am Feuer, in dessen Schein Musuth seine Seile flicht, während die anderen Männer die *madaa* rauchen und sie von einem zum anderen weiterreichen. Die Kleinsten liegen schlafend im Schoß ihrer Mütter, die größeren schmiegen sich an ihre Seite. Al Wasim, der bis spät weiden durfte, kommt von selbst ins Lager und legt sich neben mein Zelt zum Schlafen nieder. Ich bin gerührt.

Am Morgen frieren alle, bis das Feuer angezündet und heißer Tee gebrüht ist. Es dauert lange, bis die Sonnenstrahlen das enge Tal erreichen. Kinder öffnen dann den Kral und treiben die drei Herden in die Berge. Sie sind barfuß, als Wegzehrung nehmen sie Fladen und Wasser in einer Ziegenhaut mit.

Musuth geht mit uns, und wieder kommen wir an meinem Traumplatz mit den drei Wasserbecken vorbei, steigen dann zum Paß auf, wie ich es gestern vorgeschlagen hatte. Musuth spricht pausenlos. Zuerst lauschen wir gespannt, denn er berichtet vom Kampf zwischen Beduinen und Soldaten der Regierung. Er weist auf Gipfel, Pässe und Täler und schildert detailliert die wilde Schießerei, die vor zwei Jahren hier getobt hat. Musuths Augen funkeln kämpferisch, als er zeigt, wo drei Regierungssoldaten erschossen wurden.

»Und wie viele Beduinen wurden getötet?« frage ich.

»Och, nur wenige«, antwortet Musuth.

»Hast du sie gekannt?«

»Natürlich! Es waren tapfere Männer!«

Musuth trägt eine *djambija,* auf die er sehr stolz ist. Es ist ein prachtvolles altes Stück, das er von seinem Großvater geerbt hat. Die Silberscheide ist reich verziert und der Knauf aus Nashorn gearbeitet. Im Knauf stecken zwei Silbernägel als Zeichen, daß der Großvater zwei Menschen getötet hat. Mit dem blutgeweihten Dolch geht einTeil der Kraft vom Großvater auf den Enkel über.

Zwei Reiher fliegen auf, Wasser plätschert. Fließendes Wasser – ein ungewohnter Anblick im wüstentrockenen Gebirge. Bisher gab es nur stehendes Wasser in Felsbecken, Überbleibsel vom letzten Regen. Im Wadi Hatib aber rauscht und sprudelt ein Flüßchen. Al Wasim ist begeistert, er säuft das frische Naß mit Genuß.

Im Wadi brütet eine geheimnisvolle Stimmung. Schwarze Basaltsäulen formen senkrechte Wände, die in ihrer Schroffheit und Düsternis bedrohlich wirken. Es ist still. Die Reiher landen und stehen starr mit langen Hälsen. Meine Begleiter gehen voraus, um einen Rastplatz zu suchen. Da knallt ein Schuß! Schaurig widerhallt das Echo an den schwarzen Steilwänden. Dennoch bin ich keinen Augenblick erschrokken. Es war zu hören, daß nur in die Luft geschossen wurde. Mir ist sofort klar: Da will jemand auf sich aufmerksam machen und uns begrüßen. In feindseliger Absicht wäre die Kugel zur Warnung dicht neben mir eingeschlagen.

Lange ist niemand zu sehen. Dann machen mich Rufe auf einen Pfad aufmerksam, der durch die Steilwand nach oben führt. Meine Begleiter sitzen dort vertraulich mit den fremden Stammesangehörigen und begutachten das Gewehr.

Dann – eines Tages liegt das Gebirge hinter uns. Vom letzten Paß blicke ich hinaus in eine helle Ebene. Weit in der Ferne deuten sich Felder und Siedlungen an. Der Weg ist nicht zu verfehlen, und Musuth könnte umkehren. Doch Zayd und Salem geht es nicht um den Weg. Mehr denn je fühlen sie sich als Eindringlinge in fremdem Gebiet; der Alte ist gewissermaßen ihr Passierschein. Nicht nur, daß es nun schon drei Männer sind, mit denen ich durch die Gegend ziehe, ich muß auch alle drei bezahlen und habe doch gar kein Geld dafür eingeplant.

In der Ferne ragt eine Burg in den Himmel. Dort residiere der Scheich über alle Shabwa-Beduinen, sagt Musuth. Dieser Scheich sei berühmt für seine Wohltaten, die er allen Bedürftigen zuteil werden läßt. Wir sollten zu ihm gehen und ihn um Begleitschutz bitten.

Am Nachmittag erreichen wir die Burg, ein klotziger Turmbau aus Lehm. Ich wundere mich, warum meine Begleiter nicht hinaufsteigen, aber keiner von ihnen beantwortet meine Frage. Al Wasim wird zwar entladen, jedoch niemand macht Feuer wie sonst bei jeder Rast.

»Wir warten auf den Scheich«, sagen die Beduinen, als ich Tee kochen will. »Er wird jeden Moment kommen, dann trinken wir oben in der Burg unseren Tee.«

Wir warten lange. Immer wieder blicke ich hinauf zur Burg. Was mögen ihre trutzigen Lehmmauern verbergen? Die Sonne versinkt am Horizont, da endlich steigen vier schwerbewaffnete Männer den Burgberg herab. Keiner sieht aus wie ein Scheich. Sie sind etwa 20 bis 35 Jahre alt, ihre Gesichter wirken auffallend unsympathisch, die Augen sind stechend und zugleich unstet. Ihre Einladung klingt wie ein militärischer Befehl: »*Fauka baitna!*«

Meine Begleiter rühren sich nicht, obwohl wir extra hergekommen sind und so lange gewartet haben.

»Willst du die Einladung annehmen?« fragt mich Salem. Diese Wendung überrascht mich. Nie zuvor haben sie eine Entscheidung mit mir diskutiert oder sie sogar mir überlassen. Immer mußte ich mühsam erfragen, warum und weshalb dieser oder jener Entschluß gefaßt wurde, und dann taten sie verwundert, als erübrigte sich meine Frage.

»Einladen kann uns nur der Scheich«, sage ich. »Wo ist er denn?«

Der Scheich ist vor einem halben Jahr gestorben, und die vier übelgelaunten Kerle sind die Söhne. Mein Instinkt sagt mir, daß denen nicht zu trauen ist, aber mein Verstand meint, in der Burg dieser Gauner wären wir am sichersten aufgehoben. Ich zwinge mich zu einem Palaver mit Mohammed, dem ältesten der Brüder, tausche Höflichkeiten aus, und nachdem er seine Einladung in manierlicher Form wiederholt hat, nehme ich sie an. Musuth nickt mir erfreut zu, seine Augen blitzen spitzbübisch. »Gut gemacht«, lobt er mich.

Die Männer werden in einen dunklen Raum geführt, bekommen Tee und frisches Wasser. Mich nimmt Aischa in Empfang, die Frau Mohammeds. Sie reicht mir Seife und sperrt mich in ein fensterloses Verließ, wo ich mich waschen soll. Kein Haken, kein Platz zum Ablegen der Kleidung. Der Fußboden glitschig vor Nässe und Schmutz. Dazu ein stechender Geruch, denn der Raum dient auch als Abort. Ich wasche mir Gesicht und Hände und beeile mich, nach draußen zu kommen.

So mag es auf einer Raubritterburg bei uns im Mittelalter ausgesehen haben. Lautstark hantieren die Frauen der Scheichsöhne in der düsteren Küche. Aischa hockt am Boden und zerhackt mit einem riesigen Messer Fleisch und Knochen in Stücke, in ihrem Schoß schläft das Baby. Die Küche ist ein Gewölbe ohne Fenster. Als einzige Lichtquelle dient eine flackernde Petroleumlampe an der Wand.

Aischa ist jung und schön. Ihre Schönheit leuchtet, wenn sie lächelt. Sie ist größer als die anderen Frauen der Burg. Um Kopf und Schultern trägt sie ein blutrotes Tuch, und ihre schlanke Gestalt umhüllt rot-schwarzer Stoff. Sie rührt im Kochtopf, ihre dunklen Augen blicklos in die Ferne gerichtet, und wirkt wie eine im Turm eingesperrte Prinzessin.

Hafsar, die Schloßherrin, kommt in die Küche gepoltert. Ihr Gesicht ist hart und verkniffen, als müsse sich die Frau des verstorbenen Scheichs gegen alle Welt zur Wehr setzen. Das grelle Gelb ihres Kleides unterstreicht ihre üble Laune. Mit hastigen Gebärden und harschen Worten treibt sie die Schwiegertöchter zur Arbeit an. Aischa bleibt als einzige gelassen und kümmert sich nicht um die boshaften Worte der Scheichfrau. Anders reagiert Gram, deren Tochter. Trotzig wirft sie den Kopf zurück und widerspricht der Mutter. Die legt jetzt selbst Hand an beim Essenkochen und greift sich einen Stein mit einer Mulde, auf dem sie ihren Unwillen mit einem Stößel austoben kann. Sie zerquetscht und zerreibt Kreuzkümmel, Paprika und Knoblauch zu einer scharfen Soße. Die anderen Frauen kneten Teig und formen Fladen. Ihre rauhen Stimmen widerhallen von den kahlen Wänden, und schreiende Kleinkinder krabbeln mit nacktem Po über den Steinboden. Ich hocke in einer Ecke und beobachte fasziniert das Chaos im düsteren Schein der Petroleumlampe.

Aischa im roten Kleid ist der strahlende Mittelpunkt. Mit ihrem Baby im Arm steht sie neben den brodelnden Töpfen. Gekocht wird mit Gas, die Flammen immer voll aufgedreht. Zum

Abschmecken tunkt Aischa den Zeigefinger in die siedende Brühe. »Wenn man es ganz schnell macht, tut es nicht weh«, sagt sie und lächelt. Mir reicht sie auf einem Holzlöffel die Soße zum Kosten. Als Zwiebeln, Kartoffeln und Tomaten geschmort wurden, hatte es köstlich gerochen, doch das Ergebnis ist für meinen Geschmack eher enttäuschend. Es gibt Reis in riesigen Mengen, darüber türmen die Frauen gekochtes Fleisch. Das Essen tragen die Jungen zu den Männern hinaus, doch die Frauen sorgen dafür, daß ihr Anteil nicht zu klein ausfällt. Wir hocken in der Küche im Kreis. Mir hat man ein Kissen gegeben, während die Frauen mit ihren schönen Gewändern einfach auf dem schmutzigen Steinboden sitzen. Alle langen voller Appetit mit bloßen Händen in den Reis und stopfen ihn sich, zusammen mit großen Stücken Fleisch, hastig in den Mund. Ich knabbere lustlos an einem trockenen Fladen herum, den ich in ein Schälchen mit einer wäßrigen und kaum gewürzten Soße tauchen soll. Als wir mit dem Essen fertig sind, kommen Jungen mit halbvollen Schüsseln. Diese sind vom Mahl der Männer übriggeblieben. Die Frauen beginnen nun mit dem zweiten Gang.

Die Russen kommen

الروس قادمون

Ein Augenblick in der Wüste des Nichts,
Ein Augenblick, um von der Quelle des Lebens zu kosten –
Die Sonne geht unter, und die Karawane bricht auf
In die Dämmerung des Nichts.
Omar Chajjam, gest. 1123

Zwei Scheichbrüder sollen uns begleiten. Sie bestehen darauf, daß es zwei sein müssen, denn auf dem Heimweg dürfe einer nicht allein sein. Selten ist mir jemand so unerträglich gewesen wie diese beiden mit ihren lauernden Blicken. Den Rotz holen sie mit einem schauderhaften Geräusch von ganz tief aus dem Schlund und spucken ihn in die Gegend. Wie soll ich es aushalten, mit denen aus einer Schüssel zu essen, ihr Schmatzen und Schlürfen zu erdulden? Am liebsten würde ich die Reise beenden. Jetzt sind es schon vier Männer, mit denen ich durch die Gegend ziehen soll. Wie kann ich die zwei abstoßenden Kerle nur loswerden?

Schneller als gedacht ergibt sich die Gelegenheit. Sie verlangen für jeden Tag 200 Mark. Vielleicht hätte ich sie herunterhandeln können, aber ich ergreife instinktiv meine Chance, nehme Al Wasim am Halfter, peile mit dem Kompaß die Richtung und gehe meines Weges. Über die Schulter rufe ich allen vieren »*ma'a-salama!*« zu.

Nicht lange, da haben Salem und Zayd mich eingeholt. Ich hätte richtig gehandelt, sagen sie. Sie amüsieren sich über die Geldforderung, die auch ihnen unerhört hoch erscheint.

Ich befürchte, daß uns von den beiden abgewiesenen Halsabschneidern Gefahr drohen könnte. So sind die Regeln im Jemen: Entweder man heuert Beduinen als Führer an und zahlt ihnen auf diese Weise Wegzoll, oder die gleichen Leute überfallen und rauben einen aus. Ein altes Gesetz, seit Karawanen durch Arabien ziehen. Nun haben sie doppelten Grund, uns aufzulauern und sich für die Kränkung zu rächen.

Die Landschaft ist bestens geeignet für solch ein finsteres Szenarium. Frische Lava überall, als sei der Glutfluß erst kürzlich aus der Erde gequollen. Wir müssen über ein Lavafeld, das übersät ist mit kopfgroßen schwarzen Kugeln. Das unverwitterte Gestein knirscht unter den Sohlen. Schwarze Berge verstellen die Sicht. Es gibt fast keine Vegetation, die das düstere Bild aufhellen könnte. Die *bedu* teilen meine Angst vor einem Überfall. Wir eilen dahin, wollen möglichst schnell die unheimliche Gegend hinter uns lassen. Wir haben Glück, unbehelligt durchqueren wir das unsichere Land und gelangen auf besiedeltes Gebiet. Die wenigen Leute, denen wir begegnen, hegen keine feindlichen Absichten.

Die erste Stadt nach unserer Wanderung durchs Gebirge ist As Said im Wadi Jischbum. Dieses breite Wadi liegt zwischen dem Gebirgsstock im Westen und dem Jol-Plateau im Osten. Grüne Bäume wachsen im sandigen Flußbett. Selten fließt hier Wasser, das dann in Erdrinnen auf die Felder geleitet wird. Überraschend viele Ortschaften reihen sich aneinander und beeindrucken mit ihrer Lehmarchitektur. Hier entlang führte früher ein Zweig der Weihrauchstraße von der Hafenstadt Qana nach Timna, der Hauptstadt des Reiches Qataban.

Ich freue mich auf As Said, eine Stadt mit imposanten Hochhäusern aus Lehm und einem großen Markt. Wir brauchen neue Vorräte, bis auf Tee und Reis ist fast alles aufgebraucht. Mit Salem und Zayd habe ich besprochen, daß wir drei Tage in As Said rasten werden; auch mein Schöner braucht eine Ruhepause. Er fühlt sich schlecht behandelt. Während der letzten Tage fand er zwischen Lava und Sand kaum Nahrung. Grüne Bäume wachsen nur, wo bewässert wird, und da darf ich ihn nicht hinlassen. Störrisch weigert sich Al Wasim, dürre Akazienzweige zu fressen, wenn in der Ferne die saftigen Ilb-Bäume locken. Beim Beladen gurgelt er grimmiger als je zuvor, knirscht mit den Zähnen, reißt das Maul auf und faucht. Ein furchterregender Laut, der aus der Tiefe seines langen Halses kommt. Er springt auf, bevor die Lasten festgebunden sind, stößt und schlägt um sich, immer wieder versucht er durchzugehen. Es braucht die Kraft von uns dreien, ihn niederzuzwingen. Beleidigt läßt er die Unterlippe hängen und geifert grünen Schaum. Ich kann ihn verstehen. Wer wäre nicht empört, wenn er mit leerem Magen arbeiten müßte? Ich verspreche Al Wasim saftiges Grünzeug vom *suq* in As Said.

Kamele verdienen ihren schlechten Ruf nicht; zu Unrecht werden sie der Bosheit bezichtigt. Ich glaube, sie wehren sich nur gegen schlechte Behandlung und das Ausnützen ihrer Gutmütigkeit. Mir will scheinen, Al Wasim denkt, er sei eigentlich zu Besserem bestimmt als zum Lastentragen. Wenn er sich schon herabläßt und das entwürdigende Gepäck auf seinen Buckel nimmt, will er wenigstens reichlich mit Futter versorgt werden. Mein Schöner jedenfalls ist jetzt nicht mehr mit trockenen Disteln zufrieden – lieber frißt er gar nichts. Sobald ich ihn mit saftiger Nahrung verwöhnen kann, ist er das friedlichste und fügsamste Kamel.

Wir erreichen As Said am Vormittag. Da wir in einem tief gelegenen, sandigen Flußbett wandern, sind wir überrascht, als die Stadt über uns am Uferrand aufragt. Wir stehen plötzlich turmhohen Gebäuden gegenüber. Dicht an dicht drängen sie sich an einander. Die Wohntürme aus Lehm wurden von Baumeistern geschaffen, die ein tiefes Wissen um Proportionen besaßen. Trotz der wuchtigen Masse kompakter Lehmmauern zeigen die Gebäude Grazie, denn es gibt keine scharfen Kanten, keine geraden Linien. Entscheidend ist die Verjüngung der Häuser nach oben; das gibt ihnen den Anschein, als würden sie schweben. Verstärkt wird diese Wirkung durch weiße Zinnen auf den Dächern. Sie vermitteln den lehmbraunen Mauern noch mehr Leichtigkeit. Die alten Baumeister verstanden es in vollendeter Weise, ihre Gebäude in Form, Farbe und Funktion dem Land und seinem Klima anzupassen. Wie plump und ohne jedes Stilgefühl wirken dagegen die grauen Betonklötze, die heute gebaut werden.

Wir sind nicht unentdeckt geblieben. Eine Schar kreischender und johlender Kinder folgt uns. Ein Junge ruft gellend: »Russen! Die Russen kommen!« Der Chor der anderen nimmt den Ruf auf. Eine kuriose Situation: Ich voran mit meinem Al Wasim, hinten Zayd und Salem mit eingezogenen Köpfen, verfolgt von lustig krakeelenden Kindern. Nie hätte ich damit gerechnet, jemals in meinem Leben mit dem Ruf: »Die Russen kommen!« empfangen zu werden.

Die Situation ist leicht erklärbar. Das Gebiet gehörte zur Volksrepublik Südjemen, die in engem Kontakt zur Sowjetunion stand. Wenn Fremde auftauchten, waren es meist Russen. Also sind für die Kinder auch heute noch alle Ausländer Russen. Mich stört es nicht, aber Zayd und Salem sind verunsichert und wissen nicht, wohin. Die Kinderschar läßt nicht von uns ab. Hätten wir erst einen Rastplatz, würden sie nach und nach verschwinden, sobald ihre Neugier gestillt ist. Aber meine Begleiter wollen hier nicht bleiben. Ohne auf meine Rufe zu reagieren, gehen sie einfach weiter. Schon liegt die Stadt hinter uns.

»Wir müssen Lebensmittel einkaufen und brauchen ein paar Tage Rast«, erinnere ich meine Gefährten.

»*Badeen, badeen*«, murmeln sie.

»Später? Nein, wir müssen sofort zurück nach As Said!«

»Unmöglich! Die Kinder! Sie geben keine Ruhe.«

Ich finde es übertrieben, wegen der paar harmlosen Kinder, die mich mit einer Russin verwechseln, aus der Stadt zu flüchten. Uneinsichtig wandern meine Begleiter weiter in Richtung eines Tales mit befestigter Autostraße. Sie finden keinen Pfad und gehen direkt am Rand der Straße. Es ist furchtbar. Die Sonne knallt herab. Die Teerdecke strahlt die Hitze aus wie ein Backofen. Es ist Mittag vorbei, und wir hatten noch immer keine Rast. Seit dem frühen Morgen sind wir auf den Beinen. Das Schlimmste sind die riesigen Laster, die über die Schnellstraße donnern. Uns schlägt der Fahrtwind mit Wucht entgegen. Es ist laut, heiß und stinkend.

Al Wasim wird bei jedem Wagen von Panik gepackt. Er hat vor Motorenlärm eine Heidenangst, und diese Auto-Ungeheuer treiben ihn in den Wahnsinn. Ich ertrage es nicht, meinen Schönen auf dieser verkehrsreichen Straße zu quälen, und übergebe Zayd das Führseil. Abseits der Straße breitet sich unwegsame Lava mit Schluchten und Verwerfungen aus, kein Baum, kein Strauch. Ich pflücke eine krautartige Pflanze, die in großen Mengen am Straßenrand wächst, und füttere im Gehen mein armes Kamel. Seit Tagen hat es sich nicht mehr satt fressen können.

Am späten Nachmittag rasten wir endlich unter einem Dornbusch. Der Busch ist so niedrig, daß wir nur gekrümmt in seinem Schatten hocken können. Wir kochen Tee, zum Essen sind wir zu deprimiert. Auch mein Schöner findet keine Futterpflanzen.

Meine Begleiter wissen nicht weiter. Dort, wo sie sich auskannten, waren sie gute Führer, aber im fremden Gebiet haben sie kein Gefühl für die Strukturen der Landschaft. Ich bin es gewohnt, mich in unbekannten Regionen zu orientieren, und würde einen Weg durch die Lavawüste finden. Doch sie verbieten mir, von der Straße abzuweichen. Die Straße ist neutraler Bezirk, da fühlen sie sich als fremde Stammesangehörige sicher. Quer durchs Gelände wagen sie sich nicht.

Was sollen wir also tun? Ich versprechen ihnen ein gutes Trinkgeld, wenn sie zurückgehen und mich allein weitergehen lassen.

»Wir müssen bei dir bleiben«, entgegnet Salem.

Ich erkenne, nicht ich bin ihr Auftraggeber, sondern Qasim. Ihm haben sie bei ihrer Ehre versprochen, mich zu beschützen. Ich kann sie nicht von dieser Aufgabe entbinden. Was bleibt mir? Entweder die Reise beenden oder zwei Führer aus der Region zusätzlich anheuern. Aber mein Geld reicht nicht aus, vier Menschen zu bezahlen und zu beköstigen, und ich will auch nicht mit soviel Begleitung unterwegs sein. Zayd und Salem verstehen das und sind einverstanden zurückzukehren, sobald sie sich überzeugen können, daß ich in »gute Hände« komme. In der nächsten großen Ortschaft, in Ataq, hätten wir die Chance, Führer zu finden, meinen sie.

Nach Ataq aber müssen wir auf der Straße gehen, denn ich kann die *bedu* nicht dazu überreden, einen Pfad querfeldein zu wählen. Als Erklärung erzählen sie mir Gruselgeschichten von ermordeten Beduinen, die sich auf fremdes Stammesgebiet wagten.

Die Marter entlang der Autostraße an diesem Tag dauert fünf Stunden und am nächsten Tag noch einmal acht Stunden, dann sind wir endlich da. Nie werde ich diese Strecke vergessen.

Viel Spass mit Nasser

كل الرفاه والسعادة مع ناصر

Die Zeit ist ein Fluß aus allem, was geschieht, ja, ein wilder Strom. Denn im selben Augenblick, wo jedes Ding, das er mit sich führt, zum Vorschein kommt, ist es auch schon vorbeigetrieben, und schon treibt ein anderes vorüber, und schon kommt das nächste.

Marc Aurel »Selbstbetrachtung«

Ein Wunder ist geschehen. Wie ein Geschenk des Himmels taucht Nasser auf. Er ist mein neuer Führer. Welch ein Glück für mich, denn er ist einverstanden, allein mit mir zu gehen. Mit seinem heiteren Wesen gewinnt Nasser sofort meine Sympathie. Er ist mitteilsam und lacht gern. Nasser hat Lesen und Schreiben gelernt, und er ist welterfahren. Bis Thailand ist er schon gereist.

Der Scheich von Ataq hat mir Nasser vermittelt. Ataq ist der Verwaltungsort der Provinz Shabwa und liegt im Wadi Jischbum, wo sich das Tal in die Wüste Ramlat as Sabatayn öffnet. Ataq hat kein einheitliches Ortsbild, es ist ein Konglomerat aus alten Lehmhäusern und vielen gesichtslosen Neubauten. Der Ort wächst zu schnell. Motor der Entwicklung sind die Ölvorkommen in der Region.

Ich gönne Al Wasim eine dreitägige Ruhepause und kaufe neue Vorräte auf dem *suq*. Nasser begleitet mich beim Einkauf und weicht nicht mehr von meiner Seite. Er scheint fast jeden zu kennen. Stolz präsentiert er mich seinen Freunden und Bekannten, und ich muß unzählige Gläser zuckersüßen Tee trinken. Verblüfft bemerke ich während der Gespräche mit den Menschen in Ataq, daß ich bei der Gebirgsdurchquerung eine unsichtbare Grenze überschritten habe: die vom Nordjemen zur ehemaligen Volksrepublik Südjemen. Hauptthema der Gespräche hier im Süden ist der Groll gegen die Regierung in Sana'a. Südjemeniten, denen ich begegne, stehen dem Norden feindselig gegenüber und möchten die Einigung rückgängig machen. Die erste Frage im Südjemen ist nicht nach der Anzahl der Kinder, sondern: Aus welchem Teil Deutschlands kommst du? Wenn ich antworte, Deutschland sei nicht mehr geteilt, entgegnen sie: »Ja, ja, wissen wir. Aber vor der Einheit – wo hast du da gelebt?« Und sie reichen mir strahlend die Hand, wenn sie erfahren, daß ich in der DDR geboren bin. »Dann bist du ja eine von uns!« freuen sie sich.

Ein anderes Thema ist die Religion. Über den Islam habe ich mit Rechmar in Sana'a erschöpfend diskutiert, und mich verlangt nicht nach einer Wiederholung. Sie aber lassen nicht lokker.

»Ah, du bist nicht gegen den Islam, dann werde doch Muslima.«

»Das ist unmöglich, wegen meiner Familie«, rette ich mich in eine Ausrede.

»Dann überzeuge doch deine Familie vom wahren Glauben.«

Ich nehme Zuflucht zu einem Vergleich: »Stellt euch vor, ihr würdet als Christen im Jemen leben. Wäre es nicht furchtbar, einen anderen Glauben als alle anderen zu haben? Genauso ist es umgekehrt, wenn ich in Deutschland als Muslima leben würde.«

Mit diesem Argument bringe ich sie zum Schweigen. Wahrscheinlich ist ihnen die Vorstellung, Christ zu sein, so ungeheuerlich, daß ihnen die Worte fehlen.

Nasser wohnt mit seiner Frau Fatima und den beiden Töchtern weit außerhalb von Ataq auf einem schwarzen Lavahügel in einem würfelförmigen Haus aus Betonsteinen. Fatima ist eine magere, kleine Frau. Schüchtern mustert sie mich, die Fremde, die mit einem Kamel daherkommt und mit der ihr Mann fortgehen will. Nasser bittet mich zum Tee ins Haus und führt mich in ein von der Sonne aufgeheiztes, stickiges Zimmer. In diesem Wüstenklima sind Häuser aus Beton eine Tortur. Bei der traditionellen Lehmbauweise dagegen sind die Räume immer wohltemperiert. Jedoch nicht wegen der Hitze schrecke ich zurück, sondern wegen eines Bildes. In dem sonst kahlen Raum hängt drohend ein Porträt von Adolf Hitler an der Wand. Vergnügt sagt Nasser: »Da staunst du, daß ich euren Führer in meinem kleinen Haus habe.« Er glaubt, mir eine Freude zu machen, wenn ich unter dem Bild sitzen darf.

»Nein, Nasser, ich trinke meinen Tee lieber draußen im Hof. Hitler war ein Verbrecher!«

»Er war doch euer bester Mann. Nie zuvor hat jemand gewagt, was er gemacht hat. Deswegen verehren wir ihn hier im Jemen.«

»Bei uns ist es umgekehrt, wir schämen uns dafür, was er getan hat. Niemand nennt gern seinen Namen und würde schon gar nicht sein Bild in die Wohnung hängen.«

Nasser ist überrascht. »Kein Bild von Hitler? Aber im Palast der Regierung hängt doch sicherlich eins!«

Trotz des schrecklichen Themas muß ich lachen. »Nein, nein, da erst recht nicht!«

Nasser ist empört. »So ein großer Mann! Der beste, den ihr hattet, und jetzt hängt sein Bild nicht mal mehr im Haus der Regierung. Nein, das kann nicht recht sein!«

Ich denke, ein wenig Aufklärung täte gut, und erzähle ihm von den Opfern. Aber erst als ich sage, daß in fast jeder Familie der Vater, der Sohn oder der Bruder gefallen sind, wird er nachdenklich. Nun verstehe er ein wenig, warum wir Hitler ablehnen, sagt er, aber ein großer Mann sei er dennoch.

Al Wasim ist wieder bei Kräften. Duldsam läßt er sich beladen und gibt keinen Laut von sich. Frohgemut und mit dem Gefühl, nun beginne das wahre Abenteuer, ziehe ich los. Meine Situation hat sich gründlich geändert. Jetzt bin ich der Anführer unserer kleinen Gruppe. Ich muß es automatisch sein, denn für Nasser ist unsere Reise eine völlig neue Erfahrung. Nie zuvor in seinem Leben war er zu Fuß unterwegs, weder mit Landsleuten und erst recht nicht mit Ausländern. Vor Al Wasim fürchtet er sich und kennt sich mit Kamelen nicht aus. In praktischen Dingen versagt Nasser vollkommen, selbst in den einfachsten. Nie hätte ich gedacht, einem Beduinen zu begegnen, der kein Feuer machen kann. Nasser verbraucht eine Schachtel Streichhölzer, weil er nicht daran denkt, dürre Gräser als Zunder zu benutzen. Ihm fehlt die Begabung, eine Abfolge von Ereignissen vorauszuplanen. Die Steine einer Kochstelle rückt er nicht so zusammen, daß der Teekessel darauf stehen kann, sondern stellt ihn auf dicke Äste. Sobald diese verglüht sind, kippt der Kessel um. Nasser weiß das, beachtet es aber nicht. Für ihn gibt es nur den Augenblick, was später sein wird, kümmert ihn nicht.

»Warum hat man eigentlich dich ausgewählt?«

Würdevoll zeigt er auf sein Gewehr, mit dem er mich beschützen soll, ein antiquiertes Stück deutschen Fabrikats aus dem Ersten Weltkrieg. Mit glatt poliertem Holz, den Lauf sorgfältig geölt, ist es fast so lang wie er selbst und lastet schwer auf seinen mageren Schultern. Seinem schmächtigen Aussehen hatte ich keine Bedeutung beigemessen, denn trotz spindeldürren Körperbaus können Beduinen unglaublich zäh und stark sein, wie ich es bei Ali und Zayd erlebt hatte. Aber Nasser ist so schlapp und saftlos, wie er aussieht. Es stört mich zunächst nicht, daß mein Begleiter keine Kraft und kein Talent fürs Praktische besitzt; es ist eine passende Übung für mich, auszuprobieren, wie ich allein mit allem fertig werde. Für sein Ungeschick entschädigt mich Nasser durch sein liebenswertes Wesen. Er freut sich, wenn ich fröhlich bin, und erzählt mir witzige Begebenheiten, die mich zum Lachen bringen.

Nasser ist 34 Jahre alt und behandelt mich mit Respekt und Bewunderung, wie ein jüngerer Bruder seine ältere Schwester. In seinem hageren Gesicht überraschen die großen Augen, die offen und wach blicken. Es sind diese klaren und lebhaften Augen, die sein Gegenüber fesseln und für ihn einnehmen. Seine Lippen sind voll und schön geformt. Das lange Kinn wird von einem hellbraunen Bart verdeckt. Die Stirn ist auffallend hoch. Nassers großes Talent ist es, Kontakte mit Menschen zu schließen. Menschen sind sein Lebenselixier, und im Handumdrehen gewinnt er alle für sich. Vom ersten Augenblick an ist er mit jedem, dem er begegnet, so gut befreundet, als würde er ihn schon immer kennen. Nicht daß er eine besonders gute Menschenkenntnis hätte und den Charakter seines Gegenübers einschätzen könnte. Er behandelt alle gleich, und weil er selbst arglos und offenherzig ist, erlöscht beim anderen das Mißtrauen. Überall habe er nur Freunde, versichert er mir.

Wir durchqueren das Wadi und steigen zum Gebirge hinauf. Anders als das zerspaltene Granit- und Basaltgebirge im Westen ist dieses östliche Gebirge eine Hochfläche, der »Jol« genannt. Es ist ein mächtiger 2000 Meter hoher Kalksteinblock, der vom Ozean bis Hadramaut reicht. Das Plateau wird von tiefen Wadis durchfurcht, deren Wände senkrecht abfallen. Viele dieser Täler sind dicht besiedelt mit Dörfern und betriebsamen Orten, während oben auf den kargen Hochflächen wenige Beduinen mit ihren Ziegenherden notdürftig ihre Existenz fristen. Verschieden geartete Welten auf engstem Raum, nur vertikal getrennt.

Vom Rand des Jol blicke ich hinunter in das breite Tal, aus dem wir aufgestiegen sind. Ataq liegt auf schwarzen Lavahügeln wie auf einer Insel im Sandmeer. Erst von hier oben wird deutlich, wieviel Terrain die Wüste erobert hat. Weiter geht mein

Blick zum jenseitigen Gebirge, durch das ich mit Zayd und Salem gewandert bin.

Der Abschied ist uns nicht leichtgefallen. Anders als üblich trennten wir uns mit vielen Worten, sprachen Wünsche und Hoffnungen aus. Gern wären Zayd und Salem mitgegangen bis ins Wadi Hadramaut, und mir ist bewußt geworden: Wäre ich allein gewandert, hätte ich mich zwar inniger mit der Natur verbinden können, aber ich hätte nicht soviel erlebt. Erst durch meine Gefährten bekamen meine Erlebnisse Farbe und Gestalt. Wie in der Regennacht, als sie mir ihre Waffen ins Zelt reichten und selber im strömenden Regen ausharrten, der Ziegenkauf und die vergebliche Flucht des Böckchens, die Begegnung mit den Beduinen, die ihre drei entflohenen Kamele suchten, die Nacht im Beduinenlager, unser Führer Musuth mit seinen spitzbübischen Augen und seiner Leidenschaft für Kämpfe gegen Regierungssoldaten, der Aufenthalt in der Scheichburg, Aischa im roten Kleid in der dunklen Küche. Am wertvollsten aber war für mich die Vertrautheit mit meinen Weggefährten. Wir waren ein Team, das gemeinsam die Entbehrungen des Unterwegsseins meisterte, wie es bei Karawanen von altersher üblich ist.

Auch Nasser hat Ausschau gehalten und den schwarzen Hügel entdeckt, auf dem sein kleines Haus steht. Seine Frau Fatima wartet dort auf ihn. Vielleicht macht er sich Vorwürfe, daß er sich nicht von ihr verabschiedet hat. Denn am letzten Tag waren wir bei seinem Onkel zu Besuch, bei ihm hatten wir das Gepäck und mein Kamel untergebracht, weil es nur dort Nahrung für Al Wasim gab. Nassers Haus liegt aber eine Stunde Fußweg von dem seines Onkels entfernt. Das war Nasser zu weit, und so übernachtete er bei den Verwandten. Ich bot an, noch einen weiteren Tag zu bleiben, damit er seiner Frau auf Wiedersehen sagen könne, aber er verzichtete.

Der Jol ist flach und eben. Wandert man über das Plateau, ahnt man nicht, wie zerspalten und zernarbt diese Hochfläche ist. Bevor man nicht fußbreit an der Abbruchkante steht, sind die senkrecht abstürzenden Täler unsichtbar. Die meisten Menschen wird die Monotonie, die trostlose Einförmigkeit abstoßen, und sie meiden das rauhe, unwirtliche Tafelland. Auf mich aber übt es einen besonderen Reiz aus. Der Jol läßt mich die Unermeßlichkeit des Raumes und der Zeit spüren. Weitab von der Menschenwelt ist man dem Himmel nah. Alles Beengende verschwindet. Die sonnenüberflutete Fläche zieht mich in ihren Bann, die klare Luft füllt mich aus, und mir ist, als sei ich ein Weggenosse des Windes geworden.

Diese Empfindungen scheint Freya Stark, meine Vorgängerin auf dem Jol, geteilt zu haben, denn sie schrieb: »Der freie Horizont schien sich vor einem zu öffnen und ein Band ums Herz zu lösen.«

Nasser dagegen ist ein Mensch des Tales. Er braucht Begrenzungen und greifbare Nähe. Von der Weite des Horizontes wird er nicht verzaubert, spürt weder die Majestät des Raumes noch die Freiheit des Windes. Für ihn ist der Jol eine unfruchtbare, steinige Einöde, die er schnell hinter sich bringen möchte. Lästig ist ihm die Hitze des Tages und die eisige Kälte der Nacht und gänzlich unerträglich die Einsamkeit. Er, der Menschen benötigt wie die Luft zum Atmen, fühlt sich verloren in der Leere hier oben. Angestrengt hält er Ausschau und jammert trostlos: »Das kann doch nicht sein. Kein einziger Mensch hier.«

Wenn die Nacht hereinbricht, ruft er Allah, damit dieser ihn vor den unheimlichen *djinn*, den Geistern, schütze. Erleichtert lehnt er sich dann zurück und sagt: »So, jetzt können sie mir nichts mehr tun. Allah hält seine Hand über mich.«

Von Tag zu Tag verliert Nasser mehr seinen Frohsinn. Sein munteres Plappern hört auf, und er brütet dumpf vor sich hin. Er hat keinen Appetit mehr, kann kaum noch sein schweres Gewehr tragen. Ich studiere die Karte und beschließe, meine Route zu ändern. Statt wie geplant eine weite Strecke über den Jol in Richtung Hadramaut zu wandern, werden wir ins nächste Wadi absteigen. Von dort kann Nasser nach Ataq zurückkehren. Bei der Aussicht, wieder Menschen zu treffen, leuchten seine braunen Augen auf, doch verlassen könne er mich nicht, er habe dem Scheich versprochen, mich bis Hadramaut zu begleiten. Warten wir ab, was sich entwickeln wird, denke ich.

Das Wandern ist Nasser nicht gewöhnt. Schon nach einer Stunde ist er erschöpft, schleppt sich dann nur noch mühsam und mißmutig vorwärts. Wenn wir am Abend rasten, ist er restlos ausgelaugt. Bevor alles Gepäck abgeladen ist, greift er sich seine Decke und legt sich hin. Treuherzig lächelnd sagt er: »Nur ein halbes Stündchen, dann helfe ich dir.«

Natürlich kann ich auf seine Hilfe nicht warten, weil es in einer Stunde dunkel ist. Ich löse die verknoteten Stricke, mit denen die Lasten festgebunden sind, nehme den Sattel ab und binde Al Wasim die Vorderbeine zusammen, damit er nicht davongaloppiert, schlage Brennholz, suche Steine für die Kochstelle, entzünde das Lagerfeuer, setze Tee auf und knete den Teig für unser Brot.

Es stört mich nicht, daß ich arbeite, während er ausruht, denn es ist bei ihm nicht Faulheit. Ich sehe die Erschöpfung in seinem Gesicht: Die Wangen sind eingefallen, die Haut ist grau, und die Augen blicken matt. Ich wundere mich nur, daß ein Mensch so wenig aushalten kann. Wir bewegen uns langsam vorwärts, am Vormittag wandern wir nicht mehr als drei Stunden, mittags rasten wir lange, und am Nachmittag laufen wir nur zwei Stunden, weil ich meinem Kamel Zeit geben will, ausreichend Nahrung zu suchen. Für mich ist es ein angenehmer Spaziergang auf ebener Fläche, nicht zu vergleichen mit dem Marsch durch das westliche Gebirge.

Nach dem Tee und dem Essen gewinnt Nasser neue Lebensenergie. Mit seiner liebenswürdigen, schalkhaften und naiven Art unterhält er mich mit Erzählungen, Geschichten und seinen Ansichten über Allah und das Leben. Diese Gespräche am Lagerfeuer werde ich vermissen, wenn ich später allein unterwegs sein werde. Deshalb genieße ich, daß Nasser die zwölfstündige Dunkelheit auf so vergnügliche Weise verkürzt. Gespräche am Feuer unterm Sternenhimmel sind ein köstliches Gewürz bei gemeinsamen Reisen.

Als Nasser eines Tages wieder unter der Schwere seines Gewehrs ächzt und über den weiten Weg stöhnt, habe ich eine Idee. Al Wasim ist mit kaum 50 Kilogramm leicht beladen, er könnte ohne Probleme zusätzlich das Gewicht von Nasser tragen. Ich bin aber unsicher, ob Nasser das Angebot nicht als Beleidigung auffassen wird. Meine *bedu*-Begleiter aus Al Bayda weigerten sich strikt, zu reiten, während ich lief. Obwohl Salem sich seine Zehen an einem Stein verletzte, Ali in zu engen Schuhen Blasen bekam und Zayd sich einen Dorn tief eintrat, ertrugen sie die Schmerzen klaglos. Sie seien *bedu* und müßten das aushalten, erwiderten sie stolz. Aber Nasser kennt solchen Ehrenkodex nicht. Als habe er nur auf meine Aufforderung gewartet, setzt er sich prompt auf den Kamelrücken.

Mir ist bewußt, daß wir eine ideale Vorgabe für eine Karikatur abgäben. Früher haben sich Europäer in Sänften tragen und von Einheimischen bedienen lassen. Nun bin ich, die Europäerin, auf die Stufe eines armen Kameltreibers herabgesunken, während der Araber, in der Rolle des Herren, es sich hoch oben auf dem Rücken des Kamels wohlergehen läßt und ein lustiges Liedchen pfeift. Nasser ist in der Tat frohgelaunt und trällert eine Melodie, dazu erfindet er eigene Texte. Er singt, wie wunderschön doch so eine Kamelreise sei: »Wir wandern, wir wandern hinaus in die Welt, mit unserem schönen Al Wasim von Ataq bis Hadramaut.«

Wir schlachten dir jeden Tag einen Hammel

Gäste aufzunehmen ist uns höchste Pflicht,
ein Weg zum Glück.
Die Schutzbefohlenen zu achten,
Das ist uns're Ehre.
Wer das mißachtet, dem wird nicht verzieh'n.
Unsere Sitte ist: Geschenke geben, Gäste bewirten.

Naschwan al-Himjar, gest. 1177

Kein Ton dringt aus der Tiefe zu uns herauf. Senkrecht fallen die Steilwände in die 800 Meter tiefe Schlucht ab. Alles dort unten wirkt klein und leblos wie eine Spielzeuglandschaft. Die Palmenhaine sehen aus, als hätte sie ein Maler mit grüner Farbe angestrichen. Ortschaften sind wie von Künstlerhand in Szene gesetzt. Turmähnliche Häuser aus Lehm passen sich in Form und Farbe der Landschaft an. So sehr bilden die Häuser mit der Natur eine Einheit, daß sie bei hohem Sonnenstand kaum erkennbar sind.

Ein Abstieg in die Schlucht scheint unmöglich, sind doch die Wände wie mit einem scharfen Messer eingeschnitten. Aber wir wissen, es muß einen Weg geben. Von alters her zogen Karawanen über den Jol und stiegen ab in die Wadis, um dort Handel zu treiben und Waren zu tauschen. Wir gehen am Rand der Kluft entlang und spähen umher. Und tatsächlich, wir finden einen Pfad, der sich schwindelerregend nahe am Abgrund hinunterwindet. Wie ich es von Ali gelernt habe, ermutige ich Al Wasim

Sommerresidenz des Imam Yahya bei Sana'a

Beduinen am Lagerfeuer

Linke Seite: Abdullah beim Kneten des Brotteigs

Carmen Rohrbach m
Al Wasim

Blick ins Wadi Do'ar
und auf den Ort
Budah

Vulkanlandschaft beim legendären Weihrauch-Hafen Qana

Mädchen beim Ziegenhüten am Berg Sabir

inke Seite:

)ben: Morgenstimmung im
Vadi Jischbum

Inten: Shibam im Wadi
Iadramant

Rechts: Symbol des Islam auf
lem Minarett in Tarim

Unten: Im Palast der
Kaufmannsfamilie Al Kaf

Tür in Shibam

durch monotonen Singsang. Er lauscht und folgt mir mit seinen langen Beinen staksig und schlurfend über das gefährliche Felsband hinab. Wenn Steine unter seinen Sohlen wegrutschen, knickt er ein und muß mühsam um sein Gleichgewicht ringen. Dann lasse ich meinen Gesang lauter ertönen, und beruhigt geht er weiter. Die Leistung, die von Al Wasim verlangt wird, steht in sichtlichem Widerspruch zur Natur eines Kamels, dessen Körperbau an sandige Ebenen angepaßt ist. Zum Glück ist mein in den Bergen aufgewachsenes Kamel mit felsigen Pfaden vertraut. Vor Abgründen fürchtet er sich nicht, dennoch bringt ein Fehler seines Charakters mich in Bedrängnis: Al Wasim hat Angst vor schwarzen Gegenständen. Er muß irgendwann einmal ein furchtbares Erlebnis mit etwas Schwarzem gehabt haben. Ich hatte früher schon bemerkt, daß schwarze Gesteinsbrocken und dunkle Felshöhlen ihm Angst machen. Diesmal ist es der Schatten einer Felsklippe, der schlagartig den sonnenhellen Pfad verdunkelt. Al Wasim stoppt, als wäre er zur Salzsäule erstarrt. Seine Nüstern beben, und die Unterlippe zittert. Angst jagt durch seinen Körper, als stünde ein Ungeheuer vor ihm. Bevor ich es verhindern kann, schlägt Nasser mit dem Gewehr kräftig zu. Al Wasim stößt einen schrecklichen Schrei aus, steigt mit den Vorderbeinen in die Luft und bricht seitwärts aus – auf dem schmalen Pfad für uns beide ein fast tödliches Unterfangen, denn durch die Wucht seiner Bewegung werde ich dicht an den Abgrund geschleudert.

Nasser ist über das Resultat seiner Bemühung bestürzt. Er wollte mir ja nur helfen und das Kamel zum Weitergehen bewegen.

Fieberhaft überlege ich: Wie kann ich Al Wasim beruhigen? Vor Angst wagt er keinen Schritt vorwärts. Die Situation scheint aussichtslos. Da habe ich endlich eine Idee: Mit meinem Kopftuch verbinde ich ihm die Augen. Der Trick gelingt. Da er den bedrohlichen Schatten nun nicht mehr sehen kann, folgt er mir zwar zitternd, aber willig, und Nasser zeigt ihm durch leichtes Klopfen auf das Hinterteil, daß er wohlbeschützt in unserer Mitte ist. Als wir aus der Schattenzone heraus sind, binde ich das Tuch wieder ab. Al Wasim geht gefügig weiter die Felswand hinab, aber die Schläge vergißt er Nasser nie. Sobald der ihm nahe kommt, bläht das Kamel die Nüstern und knurrt. Es fürchtet sich vor neuerlichen Schlägen. Nasser erschrickt durch das Knurren und hebt in Abwehr seine Waffe. Al Wasim sieht das und... Eine Angstspirale ohne Ende.

Ich sage ihm, nie wieder dürfe er Al Wasim schlagen. Nur wenn uns das Tier vertraut, ist es ein verläßlicher Partner. Wer es durch Schläge gefügig machen will, erzeugt Angst, und ein Dromedar in Panik ist ein sehr gefährlicher Gegner. Nasser versteht meine Argumente, aber er kann seine Furcht nicht besiegen.

Unten im Tal läßt sich Al Wasim einfach mitten im Gehen fallen, so erschöpft ist er vom Abstieg und der drückenden Hitze. Mit energischer Stimme bringe ich ihn wieder auf die Beine. Beleidigt zockelt er weiter, dann wird sein Blick gierig und der Gang immer schneller. Er hat die Bäume gerochen, zu denen ich ihn führen will. Nach der kargen Nahrung auf dem Jol stürzt er sich mit Heißhunger auf das frische Blattgrün.

Unser Erscheinen im Tal ist nicht unbemerkt geblieben. Ich bin noch nicht fertig mit Teekochen, da treffen bereits die ersten Besucher ein. Wir sollen mitkommen. Als unsere Gastgeber wollen sie uns bewirten. Ich aber will das Kamel auf keinen Fall von seinem Futterplatz wegführen. So schließen wir einen Kompromiß. Nasser geht mit ihnen, und ich bleibe bei Al Wasim.

Lange kann ich mein Alleinsein nicht genießen. Die fünf Kinder unserer Gastgeber kommen zurück, beladen mit Töpfen und Schüsseln, und überraschen mich mit einem Menü: Reis, Thunfisch und Zwiebeln, Brot und Tee. Die Kinder stellen die Schalen vor mich hin und schauen mir beim Essen zu. Ich fordere sie auf, auch zuzulangen, aber die fünf lehnen ab. Ich kann mir jedoch denken, daß sie spitz auf den Thunfisch sind, und lasse ihnen die Hälfte übrig. Und richtig, nachdem ich mit »*al hamdulilla*« das Ende meines Mahles angekündigt habe, stürzen sie sich mit Eifer auf die Reste.

Den Nachmittag verbringen wir im Schatten der Bäume. Nasser und unser Gastgeber Jola Kasimir al Chalifi bringen einen Teppich mit, den wir auf den Flußkieseln ausbreiten und auf dem wir es uns bequem machen. Wir trinken Tee und erzählen von unserer Wanderung. Die Kinder lauschen und mustern mich mit großen Augen. Sie waren es, die uns beim Abstieg entdeckt hatten. Seit langem sei niemand mehr auf dem alten Kamelpfad ins Tal gekommen.

Jola Kasimir al Chalifi lädt mich ein, Gast in seinem Haus zu sein. Die Frauen würden sich schon auf mich freuen. Obwohl mein Kamel pausenlos gefressen hat, will es nicht weg von der üppigen Nahrungsquelle und protestiert lautstark. Jola Kasimir spendiert ihm später *qasab*. Mein Schöner schafft es, drei dicke Bündel dieses über zwei Meter hohen, saftigen Schilfrohres zu fressen.

Der Familienclan al Chalifi hat sein Wohnhaus in der kleinen Ortschaft Sira am rechten Wadi-Ufer. Es ist ein traditionelles Haus mit vielen Stockwerken, dicken Wänden, hohen Zimmern und Fensterluken. Für diesen turmartigen Bau wurde Adobe verwendet, Lehmziegel, die nicht gebrannt, sondern nur an der Sonne getrocknet werden.

Kaum läßt der Hausherr mir Zeit, mein Kamel abzuladen und zu versorgen. »Das tun wir«, sagt er. »Beeile dich, die Frauen warten schon ungeduldig auf dich!«

Im Haus leben vier Frauen. Huda, die Frau Jola Kasimirs, seine Schwiegertochter Aja, die Schwester Sainab und Tochter Miriam. Huda führt mich als erstes zum *hammam,* damit ich mich waschen kann. An der Decke hängt die aus einer Konservendose gebastelte Dusche, aus der warmes Wasser strömt. Die Sonne hat das in einem Tank auf dem Dach gespeicherte Wasser aufgeheizt. Ich nutze die Gelegenheit und wasche meine Haare, die tagsüber immer unter einem Kopftuch verborgen sind. Das *hammam* dient außer zum Waschen auch als Toilette. Wie bei traditionellen Häusern üblich, fallen die Exkremente durch ein Loch im Boden nach draußen.

Danach sitze ich mit Frauen und Kindern in einem angenehm kühlen Raum auf dem Boden. Nach drei Seiten öffnen sich die Fenster. Sie sind winzig und mit Holzschnitzereien verziert. Selbst bei blendender Sonne ist es innen halbdunkel. Die Gewänder der Frauen leuchten farbenfroh und sind mit glitzerndem Flitter und Silberfäden durchwirkt. Huda, Sainab, Aja und Miriam stellen viele Fragen, wie es in meinem Land aussieht, wie die Menschen dort leben, wie groß meine Familie ist und warum ich in den Jemen gekommen bin. Ich zeige Fotos, Postkarten und Bilder, und daraus ergeben sich immer neue Fragen. Nicht alles verstehe ich, denn ihre Stimmen klingen schrill in meinen Ohren, sie verschlucken Endungen und betonen die Vokale anders, als ich es in Sana'a gelernt habe. Geduldig wiederholen sie Wörter und Sätze, und manches rate ich aus dem Zusammenhang. Ich bin gerührt und überwältigt von der überströmenden Herzlichkeit der Frauen. Sie behandeln mich nicht wie eine Fremde, eher wie eine Tochter, die nach langer Abwesenheit in den Schoß der Familie zurückgekehrt ist. Die Stimmung ist gelöst, und das Lachen vereint uns wie mit einem festen Band.

Am Abend gibt es Bohneneintopf und Fladenbrot. Wir hocken uns im Kreis um das Schälchen mit den Bohnen und tunken Brotstücke hinein. Das Fladenbrot ist in Öl gebacken und macht satt.

Später, es ist schon dunkel, kommt ein Junge und bittet mich in den anderen Raum zu den Männern. Sie hätten Fragen an mich, sagt er. Inzwischen bin ich den Anblick jemenitischer

Männer gewöhnt, aber immer wieder ist es eindrucksvoll, die verwegenen Gestalten zu sehen mit ihren feurigen Blicken, den schwarzen Bärten und den lässig um den Kopf geschlungenen Tüchern. Mit untergeschlagenen Füßen hocken sie im Kreis, die Röcke sorgfältig um die Beine gelegt. Eine Petroleumlampe wirft einen flackernden Schein über ihre Gesichter. Das Ganze wirkt wie eine Szene in einem Film, bei dem Verschwörer oder Rebellen einen Anschlag planen. Dabei sind sie alle harmlose Bauern, denke ich, die sich vermutlich nur um ihren Ernteertrag und ihre Familien sorgen.

Jola Kasimir fragt, ob die Menschen in meinem Land mit der Vereinigung von Ost und West genauso unzufrieden sind wie sie mit der neuen Einheit des Jemen. Sie lehnen die Regierung aus dem Norden strikt ab. Keiner von ihnen glaubt, daß die Einheit bestehen bleibt. Ihrer Meinung nach hat der Norden den Südjemen erobert und beutet ihn nun aus.

»War es früher besser?« frage ich.

»Oh, natürlich! Alles war besser«, betont Kasimir mit Nachdruck. »Die Schulausbildung für die Kinder und den Transport in die Schule hat die Regierung bezahlt. Jetzt müssen wir uns selbst darum kümmern. Der nächste Ort mit einer Schule ist 35 Kilometer entfernt. Wie sollen die Kinder da hinkommen? Es gibt weder eine Straße noch öffentliche Verkehrsmittel. Der Regierung im Norden ist das egal. Vielleicht will sie sogar, daß unsere Kinder nichts lernen.« Kasimir hat sich in Rage geredet.

Ein anderer ergreift das Wort: »Wer von uns zum Arzt oder gar ins Krankenhaus muß, der ist arm dran. Früher hat das gar nichts gekostet und die Ärzte sind in die Dörfer gekommen.«

»Ja, und der Zucker ist sündhaft teuer«, klagt ein anderer. »Nicht mal süßen Tee können wir uns gönnen. Lange machen wir das nicht mehr mit! Noch ein, höchstens zwei Jahre, dann gibt es Krieg.«

»Krieg? Glaubt ihr das wirklich?« frage ich erschrocken.

»Ja, was denn sonst! Wir werden kämpfen! Keiner von uns bleibt zu Hause.«

Mit glänzenden Augen heben Junge und Alte ihre Gewehre, Kalaschnikows und *djambijas* hoch in die Luft und stoßen begeisterte Rufe aus.

Ich bin bestürzt und sage, ein neuer Krieg zwischen Nord- und Südjemen würde mich ganz traurig stimmen, weil ich an die vielen Opfer denken müsse.

»Ach, macht nichts, so ist eben der Krieg«, entgegnen sie lakonisch.

Ich sehe die Frauen vor mir, mit denen ich eben noch herzlich gelacht habe, und denke an die Kinder, die sie schmerzvoll gebären und mühevoll aufziehen, und es macht mich wütend, mit welcher Leichtfertigkeit die Männer vom Töten reden.

»Nun gut, Kasimir, du findest es ruhmvoll, im Kampf zu fallen«, sage ich ernst, »aber deine Frau Huda hat vier kleine Kinder zu versorgen, und wie ist es mit deiner Schwiegertochter Aja? Sie erwartet ein Baby. Das Kind wird ohne Vater aufwachsen, wenn dein Sohn im Krieg umkommt.«

»Ja, das wäre traurig. Aber alles liegt in Allahs Hand. Was er beschließt, das geschieht. Daran können wir nichts ändern. Allahs Plan ist schon fertig, bevor wir geboren sind.«

Mohammed, Kasimirs ältester Sohn, hat eine geniale Idee. Vielleicht müßten sie gar nicht in den Krieg ziehen, wenn ich bei ihnen bliebe. »Du wirst es gut haben, wir schlachten jeden Tag einen Hammel für dich. Du bist unser Gast, kannst tun und lassen, was du willst. Du mußt nur bei uns bleiben. Der Regierung in Sana'a melden wir, daß wir dich gekidnappt haben und dich erst wieder freigeben, wenn wir Geld bekommen für eine Straße, eine Schule und einen Brunnen.«

Mohammed spricht im Scherz, aber von dieser Idee bis zur realen Tat ist es nicht weit. Im Jemen werden Ausländer mitunter von Stammesangehörigen entführt, um der Regierung bestimmte Zuwendungen abzupressen. Mein Beschützer Nasser reagiert sofort, um dem Spaß keine ernsthafte Handlung folgen zu lassen. Mit Bestimmtheit verkündet er, daß ich ihm gehöre: »*Hija hakli!* Erst müßt ihr mich töten!« Demonstrativ weist er auf sein Gewehr. Alle lachen.

Ein Alter mit einem von Sonne und Wind gegerbten Beduinengesicht und erstaunlich hellen, wachen Augen mischt sich ein. »Am besten wäre es, die Engländer würden wieder kommen! Das wäre unsere Rettung«, beteuert der Alte. Einstimmiger Beifall. »Damals ging es uns gut. Es war ein großer Fehler, daß wir die Engländer weggejagt haben.«

Vergessen ist, daß es während der Zeit des britischen Protektorats viele Unzufriedene im Land gab. Die Briten benötigten die Unterstützung der lokalen Herrscher, als Gegenleistung werteten sie die Macht der Scheichs, Emire und Sultane auf. Diese waren nun nicht mehr, wie im traditionellen Stammesverband, die Besten unter Gleichen, sondern wurden zu Großgrundbesitzern, zu Eignern von Wasserquellen und Beherrschern ihrer Untertanen. Es kam zu Rebellionen gegen den Machtanspruch der lokalen Herrscher. Mehr und mehr Menschen verarmten, es gab schlimme Hungersnöte, Tausende starben, und wer noch Kraft hatte, wanderte aus. Als im Norden der Imam entmachtet wurde, hatte das für viele unzufriedene Südjemeniten Signalwirkung. Sie griffen zuerst einen britischen Militärflugplatz an und trugen den Aufstand bis nach Aden in die britische Kronkolonie. Im Jahr 1967, vier Jahre nach Beginn des Aufstandes, waren die Briten besiegt, und die Demokratische Volksrepublik Jemen wurde gegründet. Die Emire und Sultane flohen nach Saudi-Arabien.

Aber das Gedächtnis der Menschen ist kurz, und beim Blick in die Vergangenheit bleiben meist nur die positiven Ereignisse in Erinnerung. Der Alte mit den hellen, wachen Augen hat bei den Engländern als Soldat gedient. Um seine Begeisterung auszudrücken, singt er ein Lied. Es erzählt die Geschichte eines mutigen Jemeniten, der eine wichtige Nachricht in ein heiß umkämpftes Tal bringen muß und dabei tapfer allen Gefahren trotzt.

Im Rachen des Kamels

انتقاما للجمل

Sorglos eilen wir in den Abgrund, nachdem wir etwas vor uns aufgebaut haben, was uns hindert, ihn zu sehen.

Blaise Pascal »Gedanken«

Der Schrei eines Esels weckt mich aus tiefem Schlaf. Noch schimmern die Sterne, und eine schmale Mondsichel leuchtet am Firmament, aber ein rosa Schimmer verkündet schon den neuen Tag. Es ist ein köstliches Gefühl, als erste wach zu sein und den Übergang von der Dunkelheit ins Licht zu erleben. Ich habe auf dem flachen Dach unter freiem Himmel geschlafen und genieße nun die morgenfrische Brise, die durch das Tal weht.

Gestern abend, nach dem Gespräch mit den Männern, sollte ich im Raum mit den Frauen und Kindern die Nacht verbringen. Sie hatten sich schon hingelegt, als ich endlich kam. Manche husteten, andere schnieften und schnarchten. Die Luft war verbraucht und roch nach Petroleum. Ich bat darum, mein Lager auf dem Dach aufschlagen zu dürfen.

Von hier oben reicht der Blick weit über das Tal mit seinem weißen Kiesbett, den Lehmufern, den Palmenhainen, Feldern und Ortschaften. Beidseits begrenzt wird das Wadi von senkrechten Felswänden, deren obere Ränder sich jetzt im Morgenlicht röten. Wie mit Farbkübeln übergossen fließt das Rot über die Wände, bis sie aufglühen, als würden sie in Flammen stehen.

Dann erst blitzt die Sonne über den Horizont. Schnell lösen sich die warmen Farben auf. Der frische Morgen mit seiner angenehm kühlen Luft dauert nur eine knappe Stunde. Sobald die Sonne da ist, beginnt der heiße Tag mit gleißendem Licht und harten Konturen. Die Menschen wachen auf. Unschlüssig treten sie aus den Türen, schauen die Gassen entlang, als würden sie irgend etwas erhoffen, und gehen wieder ins Haus, verrichten ihr Morgengebet, trinken Tee und essen heiße Fladen.

Zum Abschied mache ich Fotos von der Familie al Chalifi; nur die männlichen Mitglieder stellen sich auf, die Frauen bleiben im Haus. Al Wasim ist ausgeruht und satt. Ohne zu murren nimmt er das Gepäck und obendrein Nasser auf seinen Rücken.

Ich wandere das Wadi entlang nach Süden, Richtung Meer. Es ist anstrengend, weglos über runde Steine im trockenen Flußbett zu gehen. Nasser versüßt mir die Mühsal mit monotonen Liedern. Wenn ich zurückschaue, sehe ich noch lange das Dorf Sira und denke an die Menschen, denen ich dort begegnet bin.

Aus den Dörfern beidseits des Wadis strömen Ziegenherden ins Flußbett, um die Sträucher und Kräuter abzuweiden. Sie werden von unverheirateten Mädchen oder alten Frauen gehütet. Nasser, hoch oben auf dem Kamel, ruft jeder Ziegenhirtin einen Gruß zu. Die jungen Mädchen wenden sich scheu ab, die alten Frauen grüßen zurück und stellen neugierig Fragen, die Nasser geduldig beantwortet.

Was er über die schwarze Verhüllung der Frauen denke, frage ich ihn. Nasser lacht verlegen. »Es würde mir schon gefallen, wenn ich ihre Gesichter sehen könnte.«

»Wie hält es denn deine Frau Fatima, trägt sie den Schleier?«

»Nur wenn sie aus dem Haus geht.«

»Würdest du Fatima ausschimpfen, wenn sie das nicht täte?«

»Nein, von mir aus kann sie machen, was sie will. Aber die Nachbarn erlauben es nicht. Sie würden mir vorwerfen, ich sei ein schlechter Muslim, weil ich nicht darauf achte, daß meine

Frau die Vorschriften einhält. Dann müßte ich sie ermahnen, aber nur damit die Nachbarn Ruhe geben.«

Auf dem Jol hatte stets ein frischer Wind geweht, in dem von Steilwänden eingeschlossenen Wadi dagegen brütet die Hitze. In Wellen flimmert sie über den Boden und wird von den Felsen zurückgestrahlt. Nasser und ich wechseln uns jetzt ab, einmal reitet er, dann wieder ich. Vom Kamelrücken hat man eine bessere Perspektive. Ich genieße es, oben zu sitzen und vom Paßgang des Kamels gewiegt zu werden. Die Stunde ist schnell vorbei, dann muß ich wieder über die runden Kiesel stolpern. Der Weg durch dieses Wadi ist ein Abschnitt der Weihrauchstraße und führt direkt zum alten Hafen Qana am Indischen Ozean.

Seit wir wieder unter Menschen sind, geht es Nasser gut, und er denkt nicht daran, heimzukehren. Mir ist es recht, denn im besiedelten Tal begegnen wir vielen Leuten, und dabei bewährt sich erneut Nassers Begabung, Kontakte herzustellen. Er vermittelt zwischen mir und den Bewohnern und gibt Informationen an mich weiter. Bei jeder Rast werden wir eingeladen, und jedesmal wird über die Zukunft des Jemen debattiert. Die Männer scheinen nur darauf zu warten, daß das Signal zum Kampf gegeben wird. Aber wen ich auch frage, keiner hat damals am Krieg gegen den Norden teilgenommen. Warum sie denn nicht die Unabhängigkeit des Südens verteidigt hätten? Das sei unmöglich gewesen, die südjemenitische Regierung hätte den Besitz von Waffen untersagt. Lächelnd gestehen sie mir, daß sie ihr Lieblingsgewehr damals gut versteckt und nur die unbrauchbaren Waffen abgegeben hätten. Als dann der Krieg zwischen Nord und Süd ausbrach, warteten sie auf einen Aufruf. Da dies aber nicht geschah, ließen sie die Waffen in ihren Verstecken. Ein Glück für alle, denn ein Bürgerkrieg wäre fürchterlich geworden. So kämpften die regulären Armeen gegeneinander, was allein schon viele tausend Opfer gekostet hat.

Sie können gar nicht auf Dauer mit dem Norden vereint bleiben, ist die vorherrschende Meinung, da sie zwei getrennten islamischen Glaubensgemeinschaften angehören. Die Menschen im Süden bekennen sich zur sunnitischen Richtung: Sie glauben, Allah habe sich durch seinen Propheten Mohammed abschließend offenbart, und wählen aus ihrer Mitte den besten und fähigsten Muslim als geistigen Führer.

Anders dagegen die Schiiten, die im Norden leben: Sie sind überzeugt davon, daß die Periode der Offenbarung noch die zwölf Nachfolger Mohammeds umfaßt. Ein Nachfolger Mohammeds war sein Neffe und Schwiegersohn Ali, und nur Nachkommen aus dieser direkten Verwandtschaft des Propheten werden als religiöses Oberhaupt anerkannt. Allerdings gibt es bei den Schiiten zahlreiche Untergruppierungen, die diese erbliche Nachfolge verschieden auslegen.

Mir erscheinen die Unterschiede zwischen den Glaubensrichtungen unerheblich und spitzfindig, für die Muslime aber sind sie elementare Gründe, sich voneinander zu trennen. Diese religiösen Aufspaltungen haben auch manches gemeinsam mit der Gliederung in Stämme, zum Beispiel die große Bedeutung der Abstammung, die Verehrung eines berühmten Vorfahren und die Bereitschaft, andere Stämme zu bekämpfen.

Wir kommen zu einem Ort mit besonders hohen Wohntürmen aus Lehm. Nasser erzählt, er habe von Leuten unterwegs erfahren, daß diese Ortschaft vor 300 Jahren gegründet worden sei und zwar von einem Mann, der ursprünglich aus Sana'a stammte und sich dort unbeliebt gemacht hatte. In diesem damals noch wenig besiedelten Tal fand er eine Zuflucht und baute sich ein Haus. Die Familie wuchs und wuchs, nun sei es schon ein Ort mit über 100 Häusern. Nasser ist begeistert. »Stell dir vor, ein einziger Mann und so viele Nachkommen! Allah hat es gut mit ihm gemeint!«

Mich beeindruckt an dieser Geschichte, daß sich allein durch mündliche Überlieferung eine Information erhalten kann. So ist es immer gewesen: Ereignisse wurden von Generation zu Generation weitergegeben, bis sich die Tatsachen durch Veränderungen während des langen Zeitraums in Mythen und Legenden verwandelten. So auch die von den Heiligen Drei Königen, die aus dem Morgenland kamen, um dem Jesuskind ihre Segenswünsche und Geschenke zu bringen. Caspar, Melchior und Balthasar sollen nämlich in Azzan zu Hause gewesen sein, unserer nächsten Station auf dem Weg zum Meer.

Dort, wo das Wadi Amaqin sich mit dem Wadi Habban zum Wadi Mayfa'ah vereinigt, liegt Azzan, das mich durch seine Lehmarchitektur beeindruckt. Wir kaufen auf dem *suq* frisches Gemüse und ergänzen unsere Vorräte an Zucker, Mehl und Reis. Ich nutze die Gelegenheit und frage nach den Heiligen Drei Königen. Die Leute wissen Bescheid und sind stolz, daß die berühmten Männer aus ihrem Ort stammten, jedoch begraben sind sie hier nicht mehr. Helena, Mutter des oströmischen Kaisers Konstantin, der als erster das Christentum zur Staatsreligion erhob, ließ die Gebeine der Heiligen nach Konstantinopel, dem heutigen Istanbul, bringen. Von dort gelangten die Reliquien über Mailand nach Köln, wo sie noch heute im Kölner Dom aufbewahrt sind.

Im Jemen sind zahlreiche biblische Personen daheim. Sem, der Sohn Noahs, der die Hauptstadt Sana'a gründete, oder Abel und Kain, die beiden feindlichen Brüder, die bei Aden gelebt haben sollen. Auf arabisch hießen sie Habil und Kahbil. Aden wird gleichgesetzt mit dem biblischen Garten Eden, in dem Eva und Adam, die ersten Menschen, lebten. Es gab sogar das Grab der Stammutter Eva, das aber von Fanatikern zerstört wurde.

Die Schwüle im Tal nimmt am Nachmittag zu. Kein Lufthauch weht. Diese Welt der Wadis mutet mich recht eigenartig an: riesige Flußtäler, in denen kein Wasser fließt. Ich erzähle Nasser, daß bei uns die Flüsse das ganze Jahr über Wasser führen und man sie nicht als Wege benutzen kann. Nasser sagt, manchmal bleiben hier die Wadis mehr als sieben Jahre trocken. Wenn dann aber nach heftigen Gewittern und Regenfällen in den Bergen das Wasser kommt, schießt es mit großer Gewalt herab und reißt Menschen und Tiere mit sich.

Es ist Zeit zum Reiterwechsel. Al Wasim kniet nieder, und Nasser steigt ab. Ich richte den Sattel und ziehe die Decke zurecht. Nasser steht dabei, und ohne auf Al Wasim zu achten, erzählt er weiter von den Gefahren im Wadi und unterstreicht seine Worte mit lebhaften Gesten. Mein Schöner biegt den Kopf nach hinten und reißt das Maul auf, weil er glaubt, ihm würden neue Lasten aufgebürdet. Nasser schaut nicht hin, hebt seinen Arm und landet damit genau im Maul des Kamels. Für einige Sekunden scheint das Bild eingefroren, wie bei Dornröschen, als sich die Prinzessin an der Spindel stach und die Hand des Kochs, der den Küchenjungen ohrfeigen wollte, in der Luft hängenblieb. Nasser und das Kamel rühren sich nicht. Zwischen den furchtbaren gelben Zähnen hängt Nassers Arm. Unwillkürlich muß ich an eine Krokodilmutter denken, die dem frisch geschlüpften Jungen in ihrem Rachen Zuflucht bietet. Al Wasim ist so überrascht über das Ding in seinem Maul, daß er die Kiefer nicht allzu fest schließt. Aber jeden Moment kann er in Wut geraten und den Arm zermalmen. Ich springe vor, packe Nassers Arm und reiße ihn aus Al Wasims Maul. Der Arm ist frei! Äußerlich keine Verletzung, nur zwei tiefe Druckstellen in der Haut. Ich taste den Arm ab. Knochen scheinen nicht gebrochen.

Nasser soll die Finger bewegen und den Arm beugen. Kaum reagiert er auf meine Worte. Er steht unter Schock. Mitten im Wadi können wir nicht bleiben. Wir müssen zum Ufer, nur dort schützt uns der Schatten vor der prallen Sonne. Ich versuche, dies meinem Begleiter klarzumachen, und er folgt zögerlich. Besorgt schaue ich mich nach ihm um. Sein braunes Gesicht ist grau geworden, und seine Augen blicken starr. Auf einmal, noch mitten im Flußbett, läßt er sich einfach auf die Steine fallen und jammert kläglich. Wieder muß Al Wasim niederknien. Ich nehme Nassers Decke herunter und wickle ihn darin ein, suche seine Wasserflasche und lasse ihn trinken. Nasser stöhnt, und es rollen sogar Tränen aus seinen Augen. Er tut mir richtig leid. Die Schmerzen sind wahrscheinlich gering, aber es muß grauenvoll gewesen sein, als sein Arm im Rachen des Kamels steckte. Nasser kennt die Geschichten über Kamele, die Menschen verstümmelt und getötet haben, und erschrickt fürchterlich im nachhinein. Ich denke aber auch daran, wie Nasser freudestrahlend in den Krieg ziehen wollte, als wir über die Zukunft des Jemen sprachen. Nie könnte er die Grausamkeiten eines Krieges ertragen, wenn er jetzt schon so jammert.

Ich führe Al Wasim in den Schatten und lade das Gepäck ab. Mein Gefühl für das Tier hat sich nicht verändert, es hatte nicht Schuld an dem Unfall. Al Wasim wußte gar nicht, was ihm da plötzlich ins Maul geriet. Ich bin im Umgang mit meinem Kamel inzwischen sehr vertraut, aber ich habe nie aufgehört, Respekt vor ihm zu haben. Es wird mich nie verletzen können, solange ich diesen Respekt bewahre. Ein Tier, das stärker als der Mensch ist, darf man nicht provozieren, seine Kraft einzusetzen. Al Wasim weiß nicht, wie stark er ist und wie schwach dagegen ein Mensch. Er gehorcht mir, weil er glaubt, ich sei ihm an Stärke überlegen. Für ihn bin ich in dieser fremden Gegend der Ersatz für die Sicherheit und Geborgenheit in einer Kamelherde. Auf dieses Gefühl muß ich bauen und darf weder durch harte Behandlung seine Gegenwehr herausfordern, noch ihm zu nachgiebig und inkonsequent seinen Willen lassen. Ich kann mich gut in ihn hineinversetzen, denn sein Charakter ist simpel. Seiner Gier nach Nahrung ist fast alles untergeordnet. Ist er satt, möchte er ruhen. Sein Lebensideal wäre, zu fressen, bis der

Bauch voll ist, dann ungestört irgendwo herumzuliegen, bis sich der Hunger wieder meldet. Jede Störung erregt sein Mißfallen, und niemals wird er sich ohne Protest in sein Schicksal fügen, Lasten schleppen zu müssen. Er folgt mir nur deshalb, weil er glaubt, ich würde ihn zu einem besonders guten Weideplatz führen. Und ich bemühe mich nach Kräften, diese Erwartung nicht zu enttäuschen.

Ich nehme den Beutel mit den Medikamenten aus dem Gepäck und gehe zu Nasser, der sich trotz der Hitze die Decke über den Kopf gezogen hat. Ich sorge dafür, daß er genug trinkt, und gebe ihm Aspirin. Zur Unterstützung seiner Psyche umwickele ich seinen Arm mit einer leuchtendweißen Binde. Das tut ihm sichtlich gut. Nun ist er in der Lage, auf meinen Arm gestützt hinüber in den Schatten zu gehen. Ich bin gerade dabei, Tee zu kochen, da sehe ich, wie Nasser mit seinem Gewehr hantiert. Entsetzt schreie ich auf, weil ich denke, er wolle Al Wasim erschießen. Nasser aber hatte am Hochufer ein flaches Lehmhaus entdeckt und wollte durch einen Schuß die Bewohner auf sich aufmerksam machen. Ich bitte ihn, die Patrone zu sparen, gleich werde ich hinübergehen und die Leute von seinem Unfall informieren. Denn mir ist klar, die schöne weiße Binde und meine Fürsorge reichen nicht. Er braucht jetzt Landsleute, denen er von seinem schauerlichen Erlebnis berichten kann.

Da ist nur dieses eine Haus weit und breit. Ein schmaler Damm aus Lehm führt über tiefer gelegene Felder zum Gebäude hinüber. Ich bin noch nicht auf Rufweite heran, da kommen mir schon drei schwarze Gestalten entgegen. »Geh weg!« schreien sie ängstlich.

»Ihr braucht keine Angst zu haben, ich bin doch eine Frau wie ihr«, werbe ich um Vertrauen. Nun sind die drei neugierig geworden und wagen sich näher heran. Jedesmal wenn sie einen Schritt machen, mache auch ich einen. Schließlich stehen wir uns gegenüber, aber ich sehe nur ihre Augen. Ich erzähle vom

Unfall und bitte darum, den verletzten Mann in ihr Haus bringen zu dürfen.

»Nein! Ein Mann darf nicht ins Haus! Nein! Niemals!«

»Wohnt ihr denn allein hier?« frage ich erstaunt, denn ich schätze, daß die drei Mädchen höchstens zwölf bis 15 Jahre alt sind.

»Außer uns ist niemand da. Du kannst ins Haus, aber einen Mann dürfen wir nicht hineinlassen.«

»Am Abend kommt doch sicher euer Vater?«

»Nein! Nein! Kein Mann! Wir sind allein!« schreien sie durcheinander.

Ich verabschiede mich, damit sie sich wieder beruhigen können. Nasser braucht ja nicht wirklich Hilfe. Dann richte ich unser Lager für die Nacht an einer geschützten Stelle zwischen den Lehmwänden des Wadis. Gerade bin ich fertig, habe alles Gepäck hingeschleppt, als vier Männer rufend und gestikulierend auf sich aufmerksam machen. »Kommt her! In unser Haus! Kommt!«

Nasser strahlt, er fühlt sich gleich viel besser, kann sogar aufstehen und gehen. Die Männer, ein Alter und seine drei Söhne, haben schwarze Hautfarbe. Ihre Vorfahren stammen aus Somalia, vor 100 Jahren seien sie in den Jemen gekommen. Sie selber fühlen sich als Jemeniten. Ich habe nie beobachtet, daß im Jemen jemand wegen seiner Hautfarbe anders behandelt worden wäre. Rassismus scheint es nicht zu geben. Allerdings wird der einzelne danach beurteilt, aus welcher Familie er stammt.

Nasser kann endlich erzählen, wie sein Arm ins Maul des Kamels geriet. Er schmückt die Geschichte mit phantastischen Details aus. Die Zuhörer lauschen beeindruckt, und Nasser beginnt immer wieder von vorn, wobei die Erzählung jedesmal abenteuerlicher wird. Er ist jetzt ein Held, der mich vor dem wild gewordenen Kamel gerettet hat, indem er ihm mutig in den Rachen griff. Die neue Variante hat sich demnach so abgespielt: Das Kamel stürzt sich auf die Frau. Er springt todesmutig dazwischen, da schnappt das wütende Kamel nach seinem rechten Arm und hätte ihn zermalmt, wenn er nicht geistesgegenwärtig mit der linken Faust dem Tier gegen den Kiefer geschlagen hätte. Nasser erzählt die Geschichte so eindringlich, daß man sie glauben muß. Die Anspannung löst sich in Gelächter. Wir sind alle froh, das Abenteuer überlebt zu haben.

Die Rabenfestung

قلعة الغربان

Die Berge steigen scharf und nackt gleich-
sam wie aus der Finsternis der Erde auf,
einsam und hart wie der Tod
und mit einer weltverlassenen Schönheit.

Freya Stark »Die Südtore Arabiens«

Der Fuchs hat ein sandfarbenes Fell mit weißer Schwanzspitze. Im Maul trägt er einen großen Fisch. Als er über die schwarze Lava trabt, leuchtet sein Körper wie Lohe. Vor dem Bau balgen sich zwei wuschelige Jungfüchse. Sobald sie den Alten bemerken, springen sie ihm entgegen, hopsen vor ihm in die Höhe, stupsen ihn mit ihren kleinen Schnauzen an und stoßen quietschende Bettellaute aus. Der Fuchs läßt den Fisch fallen, und die Kleinen zerren und reißen an der Beute. Ein zweiter Fuchs liegt ausgestreckt neben der Höhle. Sein prächtiges Fell glänzt golden in der Sonne. Mitten im trostlosen Lavagestein hoch oben auf einem Vulkanberg lebt diese muntere Fuchsfamilie. Sie ist die letzte Besatzung von Husn al Ghurab, der einst berühmten Rabenfestung.

Nie hätte ich erwartet, diese Tiere auf dem hohen Felsen vorzufinden. Weit und breit nur ausgeglühtes Lavagestein und kein Wasser. Wie gelangen die Füchse vom Felsen, dessen Wände fast senkrecht abfallen, hinunter zum Meer und wieder hinauf? Die Reste ihrer Nahrung, Gräten und Fischköpfe, beweisen, daß sie es irgendwie schaffen müssen.

An der äußersten Spitze einer Landzunge ragt dieser Vulkanberg aus der flachen Küstenebene empor wie ein Monolith, an dem sich die Meereswogen brechen. Für die Seefahrer war er das Zeichen, daß sie den Hafen von Qana erreicht hatten – hier begann die Weihrauchstraße.

In der Morgendämmerung bestieg ich diesen schwarzen, abweisenden Felsen. Ich kletterte an der Südseite hoch, unter mir rauschte das Meer. Das Gestein war brüchig und locker, dennoch war die Kletterei einfacher, als ich gedacht hatte. Von unten war auch nicht zu ahnen, daß der Gipfel flach und fast kreisrund sein würde.

Das im Durchmesser 400 Meter große Plateau bot reichlich Platz für die Rabenfestung Husn al Ghurab. Die einst mächtige Burg liegt in Trümmern, die Gebäude und Türme sind zerfallen und die Zisternen ausgetrocknet. Dennoch beeindruckt mich die Ruine durch ihre sorgfältig behauenen schwarzen Lavasteine, die wie fugendicht zusammengesetzt sind. Neugierig schaue ich hinab in die tief in den Fels geschlagenen Zisternen und folge den Zulaufrinnen, die das Plateau netzartig überziehen. Einst haben auf diesem hohen Felsplateau Menschen gelebt. Der Blick von oben war zur Überwachung von Land und Meer strategisch bestens geeignet, denn die Rabenfestung sollte die Hafenstadt Qana vor Überfällen schützen.

Es ist fast windstill. Der Ozean glänzt wie ein Silberspiegel. Am Horizont fließen Himmel und Meer, Blau in Blau, ineinander. Schiffe, die heutzutage durch das Gewässer kreuzen, fahren achtlos an der Festung vorbei, und kein einziges legt an in der Bucht, die einst der Hafen von Qana war.

Wende ich mich nach Norden, sehe ich ein urzeitliches Vulkangebiet mit schroffen Felsen und Kraterschlünden, aus denen das erstarrte Magma mit breiten Zungen ins Land leckt. Schwarze und rote Kegel liegen eingebettet in Sanddünen, und der Flugsand staut sich an den Berghängen gleich Schneefeldern.

Halbmondförmig schwingen sich die Buchten entlang der Küste, und weiß leuchtet der mehlfeine Korallensand.

Mein Blick schweift über Meer, Vulkane und Dünen, und es ist, als könnte ich weit zurücksehen in eine längst vergangene Zeit, als *dhaus*, die Segelschiffe der Antike, mit kostbaren Waren im Hafen von Qana ankerten und Flöße aus aufgeblasenen Tierhäuten mit Weihrauch beladen anlandeten. Ich stelle mir das bunte Bild vor, die betriebsame Fülle am Hafen, die Seefahrer aus den verschiedenen Ländern der Erde, ihre verwegenen Gestalten, die von Wind und Sonne verwitterten Gesichter, und höre ihre rauhen Stimmen, mit denen sie sich laut überbieten. Lärm herrscht auch im Lager der Beduinen, die hier tagelang auf die Ankunft der Schiffe gewartet haben, jetzt die Waren in Ballen verschnüren und auf ihre Kamele verladen. Sie transportieren die Schätze Asiens in die westliche Welt: Seide aus China, Perlen und Musselin aus Ceylon, Diamanten, Lapislazuli und Indigo und vor allem Pfeffer und Zimt aus Indien. Von der Ostküste Afrikas kommen Gold und Myrrhe, Elfenbein und Straußenfedern. Immer geht es laut zu beim Verteilen und Aufladen der Lasten. Die Beduinen streiten sich, wer welche und wieviel Waren transportieren darf. Sie ziehen sich heftig an den Ohren, keifen und kreischen und beschimpfen sich wüst, als würden sie gleich eine Keilerei anzetteln wollen. Die Kamele tragen das Ihre zum Lärm bei, weil sie sich brüllend gegen die schwere Last empören. Allmählich kommt Ordnung in das Durcheinander, das Geschrei verebbt, der Trubel löst sich auf, und eine Karawane nach der anderen zieht davon über Gebirgspässe und Hochsteppen, durch Wadis und Wüsten, bis sie ihre Märkte am Mittelmeer erreichen.

Auf diesem Strom unzähliger dahinstapfender Füße von Menschen und Tieren erreichten die Schätze von fernen Ländern ihre Käufer. Dies war die große Weihrauchstraße, deren Nachruhm der Jemen noch heute den Beinamen »Glückliches Arabien« verdankt.

Schon lange ziehen keine Karawanen mehr auf den antiken Handelswegen, und die einst lebenspralle Hafenstadt Qana an der großen Bucht mit der Festung auf dem Berg ist vergangen. Armselig wirken nun die Umrisse der Grundmauern, und nichts erinnert an die einstige Pracht.

Die Weihrauchstraße war überflüssig geworden, als die Seefahrer die Monsunwinde nutzten und das Rote Meer befahren werden konnte. Der Jemen verlor schlagartig seine Monopolstellung, war nicht mehr Stapelplatz aller Schätze des Fernen Orients und Brücke zwischen den Völkern im Osten und Westen. Der Reichtum verrann, die Zolleinnahmen blieben aus. Nun zeigte sich, daß nicht eine blühende Wirtschaft den Fernhandel bedingt hatte, sondern umgekehrt: Die alten Königreiche in den Trockentälern und Wüsten konnten ohne die Weihrauchstraße nicht überleben.

Leben entsteht und vergeht. Zufällig ergeben sich günstige Bedingungen, und das Leben blüht auf, vermehrt und vervielfältigt sich. Ändern sich die Bedingungen, dann sterben die Lebewesen, gehen blitzartig zugrunde in einer Katastrophe oder siechen langsam dahin, bis auch der letzte ihrer Art ausgelöscht ist. Diesen Gesetzen des Entstehens und Vergehens scheinen auch menschliche Gesellschaften unterworfen. Die Völker haben eine Lebenskurve, die wie bei einem Einzelwesen steil ansteigen und jäh abbrechen oder in Bögen auf und nieder gehen kann. Wie die Kurve verläuft, ist nicht vorhersagbar. Ein scheinbar nebensächliches Ereignis, wie die Nutzung der Monsunwinde durch die Schiffahrt, kann ein wohlgefügtes System zum Einsturz bringen.

Nichts hält auf Dauer, und alles vergeht. Seltsam – diese Überlegungen stimmen mich nicht traurig. Im Gegenteil, sie vermitteln mir ein Gefühl von Sicherheit und Sinnerfüllung. Da ich die Vergänglichkeit meines eigenen Lebens und das aller Lebensformen, Dinge und Erscheinungen bejahe, erkenne ich die

Absurdität des Daseins an. Diese Erkenntnis bewirkt keineswegs fatalistische Resignation, sondern befreit mich von den tiefsten Ängsten. Weil das Leben absurd ist, kann ich frei handeln und über mein Leben entscheiden. Was zählt, ist niemals die Zukunft. Auf sie darf man nicht setzen. Es gibt nur den Augenblick, nur durch ihn kann ich meinem Leben Wert und Sinn geben, aber dieser Sinn vergeht ebenso wie der Augenblick.

Leider bewahrt diese Lebenseinstellung mich nicht vor alltäglichem Ärger und Verdruß. Ich bin nicht nur wegen der Ruinen auf den Husn al Ghurab geklettert, sondern auch, um allein zu sein und Abstand zu gewinnen. Im weißen Korallensand unterhalb des Rabenfelsens ist seit drei Tagen unser Lagerplatz. Aus Schilfmatten haben wir einen Sonnenschutz für uns und das Gepäck gebaut, denn Al Wasim braucht Zeit zum Ausruhen.

Der Weg nach Qana war anstrengend für uns alle gewesen. Von Tag zu Tag schien es heißer zu werden. Die Luftfeuchtigkeit stieg, und kein Hauch trocknete die feuchte Haut. Die Füße versanken in den weichen Dünen, und es wurde immer schwerer, einen Baum für den nötigen Schatten zu finden. Schließlich gab es nur noch Sand. Die Wüste und der Himmel trafen sich stets in gleicher Entfernung. Schweigen und Reinheit füllten Zeit und Raum, und die Welt der Menschen war unendlich weit entrückt. Klein und gering wie Käfer krochen wir durch den Sand, waren auf uns selbst angewiesen und dem Verderben preisgegeben, falls der Wasservorrat nicht reichte.

Daß das Meer nah war, sah ich zuerst am Himmel. Als sei er transparent, spiegelte sich ein milder Opalglanz im Himmelsblau. Dann wehte plötzlich ein frischer Wind herüber, getränkt mit dem Duft des Meeres. Aus der Wüste wuchsen Vulkankegel, bizarr wie eine Mondlandschaft. Je düsterer die Farben der Berge – Schwarz, Rostrot und Braun –, um so leuchtender der ockergelbe Sand. Obwohl seit Tausenden von Jahren erloschen, sahen die Vulkane aus, als könnten sie jeden Augenblick erneut ausbrechen. Eine abweisende, urzeitliche Landschaft, die mich in ihren Bann zog wegen ihrer einsamen, rauhen Schönheit, als könnte ich die Erde erblicken zu Beginn ihrer Entstehung. Als sähe ich das Chaos der Schöpfung, die gewaltige, alles verschlingende und sich immer wieder neu formende Urmasse.

Für Nasser war die Ankunft am Meer die Erlösung von einer Strapaze, die ihn körperlich und seelisch erschöpft hat. Er leidet unter der Sehnsucht nach seiner Frau und wünscht sich zurück in das geruhsame Leben zu Hause, dennoch will er nicht umkehren. Er kann nicht, sagt er mir. Der Scheich von Ataq habe ihm ein amtliches Papier ausgestellt, das ihn zu meiner Begleitung verpflichte. Er braucht ein Entlassungspapier, weiß aber nicht, wie und wo er die nötigen Stempel und Unterschriften bekommen kann.

Während Nasser sich langweilte, genoß ich es, am Meer zu sein, ging barfuß durch den mehlfeinen Sand und schwamm im warmen, salzigen Wasser. Das schwarze Lavagestein und die anschlagende Brandung riefen Erinnerungen wach an mein Leben auf Galapagos. Ich gab mich dem Genuß hin, auszuruhen und dem Versinken der Sonne im Ozean zuzusehen, wartete, bis der Himmel sich schwärzte und die Sterne aufleuchteten. Das Kreuz des Südens, ein markantes Vierergestirn, wurde sichtbar, und die Milchstraße spannte sich als Sternenband über die Himmelskuppel. In der dritten Nacht wachte ich irgendwann auf und sah die Mondsichel über dem Husn al Ghurab, dem Rabenfelsen. Da beschloß ich, am nächsten Tag auf den Gipfel zu steigen.

Mein Aufenthalt auf dem Rabenfelsen hat länger gedauert als geplant. Beim Abstieg wähle ich die nordwestliche Seite und entdecke einen Pfad, der von unten nicht zu erkennen war. Die Spuren im Vulkanstaub lösen das Rätsel, wie die Füchse zum Meer hinabgelangen. Der Weg ist in den Felsen gehauen und mit Steinen befestigt. Gleich unterhalb des Gipfels, dort wo der Pfad ein Stück waagerecht entlangführt, mache ich eine weitere Entdeckung: Eine Inschrift ist in die Felswand gemeißelt, ein zehn Zeilen langer Text. Die Zeichen sehen erstaunlich frisch und neu aus, als seien sie erst vor kurzem ins Gestein graviert worden, und sind doch 1500 Jahre alt. Das Schriftbild ist von bestechender Schönheit und Eleganz. Harmonisch gegliedert reihen sich die präzisen Zeichen aneinander. Die Schrift wirkt geheimnisvoll und fremd. Sie erinnern an kein mir bekanntes Alphabet. Später, nach meiner Reise, erfahre ich mehr über diese Zeichen:

Als 1834 britische Marineoffiziere diese Inschrift am Husn al Ghurab entdeckten, nahm einer der großen archäologischen Irrtümer seinen Anfang. Der irische Pfarrer Charles Forster machte sich mit Eifer an die Entzifferung und verbrachte Monate angestrengter Arbeit damit. Nur wenn Archäologen das Glück haben, eine doppelsprachige Inschrift zu finden, also einen Text, der die unbekannte Schrift zusammen mit einer Übersetzung in bekannter Sprache zeigt, haben sie den Schlüssel zur Entzifferung in der Hand. Zweisprachige Epigraphe fehlten aber in diesem Fall. Forster stieß jedoch im Werk eines ägyptischen Autors auf die Übersetzung eines Epos, das in die Festungsmauer eines Palastes am Meer graviert war. Der Pfarrer glaubte, bei diesem Palast könne es sich nur um die Rabenburg handeln. Mit Hilfe des arabischen Textes »entschlüsselte« er das unbekannte Alphabet. Seine Arbeit war genial und absurd zugleich. Von der wissenschaftlichen Welt wurde er gefeiert und mit Ehren überschüttet. Seine poetische Übersetzung begann mit den schönen Worten: »Wir bewohnten, prunkvoll und lange Zeit lebend…« Forster beschreibt phantasievoll das Leben im Felsenpalast am Meer, an den zuweilen wilde Wogen schlugen, und wo Wasserquellen unter hohen Palmenhainen murmelten. Hoheitsvoll und gemäßigten Schrittes gingen die Menschen umher, trugen buntbestickte Seidengewänder mit hellgrünen Westen und wurden von Königen regiert, denen alles Niedrige fremd war.

Das Werk hatte nur einen Fehler – es stimmte kein einziges Wort. Der sagenhafte Palast löste sich auf in nichts wie eine Fata Morgana. 40 Jahre später gelang es, das fremde Alphabet wirklich zu entschlüsseln. Es besteht aus 29 Buchstaben, aber ohne Zeichen für kurze Vokale. Geschrieben wird es von rechts nach links, wie das heutige Arabisch, und benutzt wurde es in allen vorislamischen Königreichen des Jemen. Die Entzifferung ist gelungen, aber noch immer ist diese frühe Schrift von einem großen Geheimnis umgeben: Es gibt keine Erklärung, wie sie sich entwickelt haben könnte; in vollendeter Form ist sie plötzlich da, wie ein Geschenk der Götter.

Weil die Entdeckung und Entzifferung der Schrift so spannend war, enttäuscht die Übersetzung der in Stein gemeißelten Inschrift wegen ihres Inhaltes: Nüchtern werden Ausbau und Reparaturarbeiten an der Festung und den Zisternen beschrieben, die von der Hafenstadt Qana zu ihrem Schutz in Auftrag gegeben worden waren.

Die Ruinen der alten Hafenstadt erblicke ich am Fuß des Rabenfelsens. Nur die Grundmauern quadratischer Häuser sind erhalten geblieben. Noch vor einigen Jahren soll es intakte Mauern und Häuser, Tempel und Türme gegeben haben, wie von Freya Stark in ihrem Buch beschrieben. Für die Bewohner des eine Wegstunde entfernten Küstenortes Bir Ali war es aber verlockend, sich hier mit Baumaterial zu versorgen.

Endlich treffe ich nach meinem langen Ausflug wieder in unserem Lager ein. Wie schon befürchtet, ist Nasser schlecht gelaunt. Er schlief noch, als ich aufbrach, deshalb legte ich ihm einen Zettel hin: »*Ana alla djabel Husn al Ghurab*, ich bin auf dem Rabenberg.« Er fühlte sich verlassen und war einfach liegen geblieben, hatte sich nicht mal Tee gekocht.

Als Rezept gegen aufkeimende Mißstimmung scheint mir eine Ortsveränderung geeignet. An der Küste entlang machen wir uns auf den Weg in Richtung Bir Ali. Der Strand ist übersät mit 30 Zentimeter hohen Türmchen aus Sand, als hätten Kinder ihre Burgen gebaut. Aber nicht von Menschenhand wurden sie geschaffen, sondern Krabben sind die kunstfertigen Baumeister. Zum Schutz vor gefräßigen Reihern und anderen Feinden graben die Krabben tiefe Löcher. Die Sandpyramiden entstehen aus dem Auswurf beim Graben.

Bir Ali macht einen trostlosen Eindruck mit seinen Häusern aus schwarzem Lavagestein und dem durchdringenden Geruch nach faulendem Fisch. Viele Häuser an der Küste sind schon verfallen. Von einem Gebäude steht nur noch die Frontmauer. Vom Meer aus gesehen scheint das Haus intakt zu sein, doch wie ein Geisterhaus löst es sich in nichts auf, sobald man eintreten will. Alles ist nur täuschende Kulisse. Es ist die Ruine des früheren Sultanspalastes von Bir Ali. Der Sultan vom Stamm der Al Wahidi war arm gewesen und hatte keinen wirklichen Palast bewohnt, aber immerhin überragte seine »Residenz« die einstöckigen Häuser seiner Untertanen. Die Al Wahidi und ihr Sultan waren dafür bekannt, daß sie Schiffe ausraubten, die an ihrer Küste Schiffbruch erlitten. Sie betrachteten die Ladung der Wracks als eine Gabe Allahs. Nur gegen Geld waren sie zu bewegen, einen Teil wieder herauszurücken.

Zunächst wird mich mein Weg ins Wadi Hajar führen. Diese Strecke habe ich gewählt, weil sie ein Zweig der Weihrauchstraße ist. Weihrauch ist ein Harz, das von Balsambäumen stammt. Die Rinde wird geritzt, und das austretende gummiartige Harz getrocknet. Im alten Ägypten wurden die Baumharze zum Einbalsamieren der Pharaonen und als wohlriechende Rauchopfer in den Tempeln und Hausaltären benötigt. Aus Ägypten stammt auch die älteste Inschrift, die auf ein legendäres Weihrauchland hinweist. Im Jahr 2800 v. Chr. wurde eine Expedition in dieses

Land mit Namen Punt ausgerüstet; bis heute streiten sich die Wissenschaftler, wo dieses sagenhafte Land gelegen haben mag.

Der Bedarf an Weihrauch stieg ständig. Babylonier, Perser, Griechen und Römer verbrannten den Duftstoff als religiöse Opfergabe, im Totenkult und bei Festlichkeiten, aber auch einfache Bürger besaßen Räuchergefäße, in denen täglich Baumharz verbrannt wurde im Glauben, so das Haus von bösen Geistern zu reinigen und Unglück abzuwehren.

Arabische Händler lenkten den Warenstrom 2800 Kilometer durch ihre Länder bis zu den Handelsstätten am Mittelmeer. Ein geniales System, durch das Arabien reich wurde. Die Regenten entlang der Handelsroute forderten zehn Prozent Wegzoll, und die Anwohner profitierten beim Verkauf von Tierfutter, Wasser, Essen und Herberge. Mächtige Städte entstanden und blühten auf wie Shabwa, Timna und Marib. Sie hatten wehrhafte Mauern, prächtige Paläste und kunstvolle Tempel, doch waren sie niemals so unermeßlich reich, wie sich das die Menschen im Abendland in ihrer Phantasie ausmalten, und die antiken Geschichtsschreiber nährten diese Vorstellung. Sie wurden nicht müde, die Schönheit, den Reichtum und die Wunder Arabiens zu preisen. Dabei war der Jemen immer ein gebirgiges Wüstenland gewesen, wo die Menschen damals wie heute mit mühseliger Arbeit um ihre Existenz ringen müssen.

Nur in den abgelegenen Schluchten des Hadramaut wachsen ein paar knorrige Weihrauchbäume. Niemals aber gab es im Jemen ausgedehnte Wälder, von denen man die nötigen Mengen an Baumharz hätte zapfen können. Das wirkliche Weihrauchland war Dhofar weit im Osten, das heutige Oman.

Schüsse in der Nacht

Alles was du siehst, wird rasch vergehen, und die Menschen, die es vergehen sehen, werden ebenfalls rasch vergehen.
Und wer als steinalter Mann stirbt, der sinkt ebensogut ins Grab wie der, der vor der Zeit stirbt.

Marc Aurel »Selbstbetrachtung«

Der See ist laubfroschgrün und kreisrund – ein Kratersee. Vom Rand des Kraters blicke ich hinab, nachdem ich den schroffen, von tiefen Erosionsrinnen gezeichneten Vulkan hinaufgestiegen bin. Ich freue mich über die unerwartete Belohnung. Der Wind bläst heftig hier oben, und ich breite die Arme aus, als könnte ich fliegen.

Nasser konnte ich nicht zu dem mühsamen Aufstieg bewegen. Es bedrückt mich, einen Begleiter zu haben, der unter dem leidet, was mir wichtig ist und Vergnügen bereitet. Seine Verstimmung einfach zu ignorieren gelingt nicht immer, jedenfalls nicht über einen langen Zeitraum, vor allem nicht bei der Nähe, die sich durch das Wandern zu zweit ergibt. Deshalb brauche ich den Abstand und schöpfe bei meiner Vulkanbesteigung neue Energie. Für ihn wäre es gut, wenn wir öfters auf Menschen treffen würden, aber von Bir Ali bis zur Mündung des Wadi Hajar gibt es keine Siedlungen. Wir wandern durch eine Urlandschaft aus schwarzen Vulkanen und weißem Flugsand. Rankengewächse überziehen den Sand wie grüne Spitzendecken. Sie wachsen kreisrund und haben nicht selten einen Durchmesser von über zehn Metern. Die Früchte, grün oder goldgelb, hängen wie kostbare Perlen im Geflecht. Diese Kürbispflanzen leben vom Tau, der jeden Morgen an ihren Blättern kondensiert.

Eine hellfarbene Eidechsenart gehört zu den wenigen Bewohnern der Dünen. Sie verschafft sich auf originelle Weise Kühlung: Nur mit den Fersen berührt sie den heißen Sand, klappt die extrem langen Zehen nach oben und läßt sie vom Wind kühlen.

Seit wenigen Jahren durchquert eine Teerstraße diese vulkanische Wüstenregion. Nasser ist verärgert, weil ich mich weigere, auf dieser Straße zu gehen. Wir würden schneller vorankommen, meint er. Er versteht nicht, daß es mir unerträglich wäre, in dieser grandiosen Naturlandschaft auf einer Straße gehen zu müssen, außerdem denke ich an Al Wasim mit seiner panischen Angst vor Fahrzeugen. Es ist sowieso schwierig genug mit dem Schönen, weil das Futter wieder einmal knapp ist. Früher haben Kameltreiber ihre Tiere mit Trockenfisch gefüttert, wenn sie diese fast vegetationslose Zone durchqueren mußten. Freya Stark beschreibt drastisch den Gestank, den Kamele absondern, die Trockenfisch gefressen haben. Bei einem Versuch lehnte Al Wasim entschieden ab, Fisch zu fressen. Entrüstet packte er den Fischbottich mit den Zähnen und schleuderte ihn fort. Ich versöhnte ihn schnell mit ein paar Datteln. Mit dieser Köstlichkeit kann ich ihn auch locken weiterzugehen, ansonsten führe ich ihn zu jeder Pflanze, die ich erspähen kann, und so gestaltet sich unser Weg manchmal sehr kurvenreich. Nasser murrt, ich würde mein Kamel unnötig verwöhnen.

Unser Wasser wird knapp. Wir wußten, daß es unterwegs keine Brunnen geben würde, und haben in Bir Ali alle Kanister bis zum Rand gefüllt. Da wir aber die Zeit im unwegsamen Gebiet unterschätzt hatten, glaubten wir, mit dem Wasser nicht sonderlich sparsam sein zu müssen. Jetzt darf das Wasser nur noch zum

Trinken und Kochen verwendet werden, und Nasser muß auf seine fünf Gebetswaschungen pro Tag verzichten.

Deshalb sind alle froh, als wir endlich das Wadi Hajar erreichen. Meine größte Freude ist es zu sehen, wie Al Wasim mit tiefen Zügen säuft. Dreimal senkt er das Maul hinab und saugt das Wasser in sich hinein. Ich versuche zu schätzen, wieviel Liter es wohl sein mögen, und betrachte aufmerksam den langen Hals, kann aber keine Schluckbewegungen erkennen.

Das Wadi Hajar gehört zu den wenigen Flußtälern, die ganzjährig Wasser führen. Es muß besonders viel geregnet haben, denn das Flußbett ist randvoll. Wir können es nicht als Weg benutzen, sondern müssen zum Jol aufsteigen und über das Hochplateau wandern. Die nächste Siedlung, Sidarah, ist 150 Kilometer entfernt. Da die Kost auf dem Jol mager sein wird, kann Al Wasim sich zuvor an saftigen Pflanzen satt fressen. Vier Tage genießt er das Schlaraffenleben, von dem er vermutlich immer träumt.

Dann ist die Zeit der Muße vorbei, und der Aufstieg beginnt. In Serpentinen schraubt sich der Pfad hinauf. Bei jeder Kurve öffnet sich der Blick weiter, und der Wind weht frischer. Es ist eines meiner größten Vergnügen, auf Berge zu steigen und die Niederungen unter mir zu lassen.

Diese zerklüftete Felsenwelt ist ein erstarrtes Abbild der Erdgeschichte. Farbige Bänder zeigen an, wo sich bestimmte Mineralien konzentrieren. Die auffälligen Färbungen sind schwefelgelb, gipsweiß und violett durch manganhaltige Einschlüsse. Je höher wir kommen, um so artenreicher ist auch die Tierwelt. Pulks von Steinhühnern trippeln gleich aufgezogenen Spielzeugtieren durchs Geröll, fliegen schnurrend auf und landen in sicherem Abstand. Steinschmätzer lassen ihre einprägsamen Lieder ertönen, und braune Senegal-Tauben picken trockene Samen auf.

Stark ist dann der Kontrast von dem reichhaltigen Leben an

den Abhängen zur lebensfeindlichen Einöde auf dem Jol. Pflanzen sind hier selten, und manchmal vergeht der Tag ohne einen Vogelruf.

Nasser entdeckt eine Piste, die in unserer Richtung verläuft, und beschwört mich, ihr zu folgen. Für ihn ist diese Piste eine Garantie, daß uns nichts passieren kann. Ich denke, das Gegenteil könnte der Fall sein.

Früher zogen Karawanen über den Jol und brachten Waren in die Täler, heute sind es Lastwagen, die diese Aufgabe übernommen haben. Als die Motorisierung im Jemen begann, fühlten sich die Beduinen in ihrer Existenz bedroht. Sie befürchteten zu Recht, daß ihre traditionelle Lebensgrundlage als Karawanenführer durch die Lastwagen zerstört würde, weil diese in kürzerer Zeit mehr Waren transportieren können. Die Beduinen wehrten sich, rollten Steine auf die Straßen, rissen Fahrbahnen auf, hielten Fahrzeuge an und raubten sie aus. Es dauerte aber nicht lange, da waren auch viele Beduinen fasziniert von der rasanten Fortbewegungsweise und strebten danach, eigene Fahrzeuge zu haben. Nun sitzt so mancher Beduine, der mit einem Kamel nicht mehr umgehen kann, hinter dem Steuer eines Lastwagens.

Ich folge ungern der Piste, zum Glück ist diese wenig befahren. Nur zwei, drei Lastwagen am Tag donnern vorbei. Nasser stoppt jeden für einen Plausch mit dem Fahrer. Mir ist nicht wohl dabei, weil unsere Wanderung dadurch bekannt wird und jemand auf die Idee kommen könnte, uns aufzulauern. Aber keines meiner Argumente ist stark genug, Nasser von der Piste abzubringen, und wenn ich gegen seinen Willen einen anderen Weg einschlage, ist sein Gezeter schier unerträglich.

Eines Abends rasten wir unter einer Baumgruppe mit zwei hohen Ilb-Bäumen und mehreren Akazien. Drei Brunnen sind senkrecht in den Fels getrieben, und wir füllen unsere Kanister mit dem Regenwasser, das sich in den Löchern gesammelt hat.

Nachts schrecke ich vom Knall eines Schusses hoch. Gleich darauf fallen noch zwei Schüsse. Im Dunkel der Nacht wirken Schüsse besonders unheimlich, auch wenn ich mich mit der Erklärung beruhige, daß Jemeniten sich gern am Klang ihrer Waffen erfreuen. Auf einmal leuchtet eine Taschenlampe auf. Nasser hat sie angeknipst. Ist er verrückt? Hätte ich ihm nur nicht meine Ersatzlampe gegeben! Wie sagt man auf arabisch »Licht aus!«? Vor Ärger fällt es mir nicht ein. Leise und doch so eindringlich wie möglich rufe ich: »*Musch nur!* Kein Licht!« Endlich kapiert er. Ich krieche aus meinem Zelt und eile geduckt zu seinem Schlafplatz. »Mach nie wieder die Taschenlampe an! Wir dürfen doch niemanden auf uns aufmerksam machen, der in der Nacht herumballert.«

Gerade will ich zum Zelt zurückgehen, da durchschneiden Autoscheinwerfer grell die Dunkelheit. Ich drücke mich gegen den Boden und zische Nasser zu: »Kein Licht! Kein Laut!«

Es sind zwei Fahrzeuge. Sie kommen näher. Geradewegs auf unser Lager zu. Hätte ich doch nur darauf bestanden, weit weg von der Piste zu lagern! Hoffentlich bleibt Al Wasim liegen. Ich habe seine beiden Vorderbeine festgebunden, aber wenn er in Panik gerät, entwickelt er ungeheure Kräfte. Die Landrover rasen heran – und vorbei! Bevor ich erleichtert durchatmen kann, stoppen sie, nur 50 Meter von uns entfernt. Fünf Männer steigen aus, leuchten mit ihren Taschenlampen herum und palavern laut. Ich wage kaum zu atmen. Nasser bewegt sich plötzlich und nimmt das Gewehr in Anschlag. Dieser Tollkopf will womöglich einen Warnschuß abgeben. Die Männer werden nicht zögern, auf das Mündungsfeuer zu zielen. In meiner Verzweiflung packe ich Nasser am Arm und flüstere heiser: »*La gatel!* Nicht töten!« Ich wollte sagen: »Nicht schießen!«, aber vor Schreck war mir das Wort entfallen. Mein Beschützer verspricht, erst abzudrücken, wenn die anderen das Feuer eröffnen, aber ich traue ihm nicht und fürchte mich mehr vor seiner Torheit als vor den fremden Männern.

Die fünf laufen herum und leuchten die Gegend ab. Wir sind noch immer unentdeckt. Da richtet sich Nasser halb auf. Ich drücke ihn sofort nieder. »Was fällt dir ein!« flüstere ich wütend. Nasser antwortet leise: »Ich will mit den Leuten reden.« Was macht man nur mit so einem Kindskopf? Wäre die Situation nicht so brisant, müßte ich lachen. »*Abeden!* Rühr dich nicht von der Stelle!« befehle ich hart.

Das Warten dauert eine Ewigkeit. Hoffentlich dreht Nasser nicht durch. Ich blicke zu Al Wasim hinüber. Er hat die Ohren hochgestellt und lauscht den Geräuschen. Noch liegt er ruhig da, ein großer, dunkler Körper in der Dunkelheit.

Endlich steigen die Männer ein und fahren davon. Was mögen sie hier gewollt haben? Ich glaube nicht, daß sie uns suchten – dann hätten sie uns auch gefunden. Nasser meint, die Leute hätten geredet, als seien sie betrunken. Alkohol ist zwar im Jemen strengstens verboten, für manchen aber gerade deswegen eine große Verführung.

»Und da wolltest du mit denen reden? Wer getrunken hat, handelt nicht mehr vernünftig. Wir wären ihnen als Opfer gerade recht gewesen, da hätten sie ihre Aggressionen abreagieren können.«

Bis vier Uhr morgens rasen die beiden Fahrzeuge hin und her über die Piste, als seien sie vom Teufel getrieben. Eine schreckliche Nacht! Kaum war ich eingedöst, blendeten mich die Scheinwerfer erneut, und die Motoren jaulten auf. Jedesmal schlug mein Herz bis zum Hals vor Angst, sie würden wieder anhalten und uns doch noch entdecken. Zu dieser Zeit weiß ich glücklicherweise noch nichts von dem Schrecken, der dem Alptraum dieser Nacht folgen sollte.

Nach dem Frühstück brechen wir bald auf. Ich fühle mich matt, weil ich kaum geschlafen habe. Nasser aber klagt über Kopfschmerzen und bittet darum, die ganze Strecke reiten zu dürfen.

Von Süden zieht eine Schlechtwetterfront auf und treibt uns mit orkanartigen Stößen vor sich her. Dramatisch stauen sich dunkle Wolken am Himmel und bilden unheilvolle Formationen. Nirgends ein Platz, wo wir uns vor dem drohenden Unwetter schützen könnten.

Der Boden ist gleichmäßig mit fingernagelgroßen Steinen übersät. Diese Steinchen sind die einzigen Strukturen weit und breit. Das Auge findet keine Anhaltspunkte, um Entfernungen einzuschätzen und die Dimension der Weite zu begrenzen. Unter den wild heranjagenden Wolken fühlen wir uns wie Insekten, die schutzlos auf dieser schier grenzenlosen Hochebene herumkrabbeln. An diesem Tag marschiere ich zehn Stunden lang, immer in der Hoffnung auf einen Platz, wo wir für Al Wasim Futter und für uns einen Unterschlupf vor dem Unwetter finden. Meine Ausdauer wird belohnt. Eine Stunde vor Sonnenuntergang erreichen wir eine Hütte, einen kleinen Schutzraum aus Felsgestein, den sich Hirten gebaut haben. Die Hütte ist leer und der Boden sauber. Neben der Tür liegt Feuerholz, und an einigen Büschen wird Al Wasim seinen Hunger stillen können.

Den ganzen Tag lang kam kein einziges Fahrzeug die Piste entlang. Jetzt beim Absatteln höre ich Motorengeräusch in der Ferne. Nasser läßt sich nicht mehr aufhalten. Er rennt los, um den Wagen abzupassen. Während ich weiter mit dem Entknoten beschäftigt bin, dirigiert Nasser den Fahrer direkt zu unserem Lagerplatz, obwohl er weiß, wie sehr sich Al Wasim vor Motoren fürchtet. Das Kamel springt panisch auf, die Lasten rutschen von seinem Rücken und hängen nun zwischen den gelockerten Seilen unter seinem Bauch. Vor Schreck bäumt sich Al Wasim auf und versucht durchzugehen. Nur mit Mühe gelingt es mir, ihn festzuhalten. Es fällt mir schwer, Ruhe zu bewahren, aber ich zwinge mich, meine Wut nicht zu zeigen. Eine Ausländerin, die sich nicht beherrschen kann, macht sich nur lächerlich und wird verachtet. Mühsam gelingt es mir, mein Kamel doch noch vom Gepäck zu befreien.

Nasser strahlt vor Glück. Die drei Männer im Landrover, die er gerade kennengelernt hat, seien gute Freunde. Sie hätten uns eingeladen, bei ihnen zu übernachten.

»Schon gut, Nasser, morgen werden wir sie besuchen.«

»Nein, heute! Gleich! Wir gehen zu ihrem Haus!«

»Unmöglich, Nasser, in einer Stunde ist es dunkel, und ich sehe hier nirgendwo ein Haus, das man in einer Stunde erreichen könnte.«

Ich führe Al Wasim hinter die Hütte, wo einige Sträucher wachsen, und binde ihn dort fest. Bei meiner Rückkehr werde ich mit vollendeten Tatsachen konfrontiert: Säcke, Sattel, Kanister, Nassers Schlafdecke, alles befindet sich auf der Ladefläche des Landrovers. Nasser überschlägt sich vor Eifer, mich zu überreden: Es sei nicht weit. Ganz in der Nähe. Wir könnten hier nicht bleiben, bei Gewitter kämen die bösen Geister, die *djinns*, und wären durch Gebete nicht zu bändigen.

Ich bin müde vom langen Marsch, matt von der durchwachten Nacht, und meine Widerstandskraft ist gebrochen durch die zahllosen Auseinandersetzungen mit Nasser. Ich sage: »Du kannst gern fahren, ich bleibe«, und hoffe insgeheim, ihn damit für immer los zu sein.

Der Fahrer des Landrovers, ein attraktiver Mann mit schwarzen Locken, die ihm bis auf die Schultern fallen, kommt auf mich zu. Charmant und mit gewinnendem Lächeln versucht er mich zu überreden: »Wir können doch eine Frau in dieser Einöde nicht ungeschützt allein lassen. Fahr einfach mit uns.«

Da habe ich eine glückliche Eingebung: »Machen wir es umgekehrt, ich lade euch alle herzlich zum Tee ein, und dann koche ich noch etwas Gutes zum Essen.« Ich bin stolz auf meinen Einfall, weil dadurch Nasser die für ihn nötige Gesellschaft hätte.

Vergeblich! Die Einladung können sie nicht annehmen, weil sie etwas Wichtiges zu erledigen haben. »Komm mit! Unser Haus ist ganz nah!«

Mein Widerstand bricht zusammen. In meinem Kopf ist plötzlich eine große Leere. Keines meiner Argumente hatte eine Wirkung. Sie stehen um mich herum und warten auf mein Einverständnis.

»Was aber machen wir mit Al Wasim?« frage ich Nasser.

»Kein Problem! Ich werde ihn führen, es ist doch nicht weit«, antwortet er.

Meine Frage signalisiert den anderen, daß ich weich geworden bin. Sie drängen mich zum Auto. Mir wird nicht richtig klar, was geschieht. Auf einmal sitze ich neben dem Fahrer. Die zwei anderen quetschen sich neben mich, statt auf die Ladefläche zu steigen. Die Alarmglocken, die mich warnen, dringen nicht bis in mein Bewußtsein. Es gibt Momente im Leben, für die man später keine Erklärung hat, Situationen, in denen man handelt, als sei man fremdbestimmt. Wie hypnotisiert sitze ich im Auto. Noch wäre Zeit, »Halt!« zu schreien und aus dem Wagen zu springen. Statt dessen ziehe ich die Schultern ein, um Abstand zwischen mir und den Mitfahrern zu halten.

Die Bewußtseinstrübung dauert nicht lange an, aber dann ist es schon zu spät. Eingequetscht sitze ich zwischen den Männern und frage mich bestürzt: Wie konnte ich das nur tun? Ein eisiger Schauer läßt mich innerlich erstarren, als mir klar wird: Ich bin ihnen ausgeliefert. Schreckliche Gedanken rasen mir durch den Kopf: Sie werden mich umbringen! Sie werden mich entführen, mein Gepäck rauben und mich in eine Schlucht werfen. Niemand wird mich je wiederfinden, für immer spurlos verschwunden. Ein leichtes Spiel für sie, und ich selbst habe mich in ihre Hände begeben. Wie konnte ich nur so dumm sein?

Inzwischen ist es stockdunkel. Das Fahrzeug rast auf einer abschüssigen Piste dahin. Bei jeder Kurve sehe ich einen schwarzen Abgrund. Was soll ich tun? Wie kann ich mich retten? Fieberhaft suche ich nach einem Ausweg und verwerfe eine Idee nach der anderen.

Das Kamel ist weg

Verlust ist nichts anderes als Verwandlung.
Alle Dinge sind in ganz derselben Weise
von Ewigkeiten her geworden und
werden in Ewigkeit solche Verwandlungen
durchmachen.

Marc Aurel »Selbstbetrachtung«

Scheich Saleh Ali Mohammed al Basrib muß sich nicht um Autorität bemühen, sie umgibt ihn wie eine Aura. Im Gebiet von Sidarah ist er das Stammesoberhaupt und verantwortlich für alles, was dort passiert. Saleh al Basrib verkörpert Würde, Macht und Gerechtigkeit. Jeder Angehörige seines Stammes kann ihn um Hilfe und Unterstützung bitten, muß sich aber auch seinem Schiedsspruch unterwerfen.

Der Scheich hört zu, ohne mich zu unterbrechen. Seine Augen sind zwingend auf mich gerichtet, als wollten sie die Wahrheit hinter den Wörtern schauen. Vor diesen saugenden Augen etwas zu verbergen, scheint mir ganz und gar unmöglich. Als ich geendet habe, stellt er nur zwei Fragen: Wie hieß der Fahrer, und welche Nummer hatte der Landrover?

»Er nannte sich Said, das ist alles, was ich weiß«, und mir ist bewußt, wie dürftig meine Aussage ist.

»Said? So heißen viele hier. Hast du dir nicht den Vatersnamen sagen lassen?«

Ich schüttele stumm den Kopf. Auch Nasser kennt nur den

Vornamen, und um die Autonummer haben wir uns beide nicht gekümmert. Saleh al Basrib schaut mich durchdringend an und sagt: »Allah muß dich beschützt haben. Ein Wunder, daß du noch lebst.« Er ruft einen seiner Söhne, einen zwölfjährigen Knaben, und trägt ihm auf, einen Said zu finden, der einen Landrover fährt.

»Warum ihn suchen? Er hat uns zwar Unglück gebracht, aber ohne es zu wollen. Etwas Strafbares hat er nicht getan«, wende ich ein.

»Getan oder nicht! Ich muß wissen, wer der Mann war, und ich will seine Geschichte hören.«

Wie wird es meinem armen Kamel inzwischen ergehen? Vielleicht ist es schon tot, oder es stürzt in diesem Moment ab? Sein Körper fällt und fällt und zerschmettert tief unten in einer Schlucht. Immer wieder steht mir dieses furchtbare Bild vor Augen.

In der Nacht führte Nasser meinen Schönen über den Paß, und ausgerechnet in der Steilwand riß er sich los und flüchtete. Er kann sich dort nur auf der Piste fortbewegen, die in die senkrechte Wand hineingesprengt worden ist. Am unbefestigten Rand der Piste droht der jähe Abgrund. Bei jedem Fahrzeug wird Al Wasim in Panik geraten und... Aber ich darf keine Ungeduld zeigen und den Scheich damit verstimmen. Er will mir mit seinem Landrover helfen, das Kamel wiederzufinden.

Ich hatte nicht daran geglaubt, aber schon nach einer Stunde haben sie Said gefunden. Mit seinen zwei Begleitern tritt er in den Raum und bleibt beim Eingang stehen. In seinem Gesicht spiegeln sich Verlegenheit und Trotz. Scheich Saleh al Basrib geht zu ihm, nimmt ihn brüderlich bei der Hand und führt ihn zum Sitzpolster an seiner linken Seite. Nasser hockt rechts neben dem Scheich. Die Begleiter Saids setzen sich am Rand nieder. Der Austausch von Höflichkeiten, Fragen nach der Gesundheit und der Familie sind wie immer Auftakt des Gespräches. Eine gute Gelegenheit, sich zu sammeln, sich mit dem Gegenüber vertraut zu machen und seine Gefühle zu kontrollieren. Als der Scheich aber zum Thema kommt, ist es, als würden wild gewordene Bienen ausschwärmen. Von einem Moment auf den anderen schreien alle durcheinander. Ein Orkan von Stimmen. Augen rollen, die Stirnadern schwellen an, die Gesichter sind verzerrt, die Fäuste geballt. Scheich Saleh hat die lauteste Stimme und überdröhnt alle. Mit seiner Stimmgewalt bringt er die anderen zum Verstummen. In wenigen Sekunden hat er es geschafft, die wutentbrannten Männer in zahme Lämmchen zu verwandeln, die brav abwarten, bis sie gefragt werden und antworten dürfen.

Said rechtfertigt sich: Nasser habe ihn wegen des drohenden Gewitters um Hilfe gebeten, deshalb habe er die Ausländerin ins Wadi nach Sidarah gefahren, aber nicht wie versprochen in sein Haus eingeladen, weil es gar nicht sein eigenes Haus ist, sondern das von Verwandten, und die hätten ihm die Erlaubnis verweigert. Da wollte er die Frau wieder ins Gebirge zurückbringen, aber dann gab es unterwegs Probleme mit dem Wagen. Da blieb ihm nichts anderes übrig, als der Frau zu sagen, sie müsse jetzt aussteigen und auf ihren Begleiter warten. Sie hätten dann ihr Fahrzeug reparieren können und eigentlich heimfahren wollen, aber dann hätten sie sich doch dazu entschlossen, dem Begleiter der Frau zu sagen, wo diese auf ihn warte.

»War es so?« fragt mich der Scheich.

»*Naam!*« bestätige ich, und die grauenvolle Nacht ist mir wieder gegenwärtig. Nur fünf Meter war die Felsplatte breit, auf der ich hockte. Das Gewitter hatte sich zusammengeballt und entlud sich mit Urgewalt. Der Donner widerhallte schaurig von den Steilwänden und die Blitze zeigten für Sekunden den furchtbaren Abgrund. Die Wolken öffneten sich, und der Regen prasselte herab. Ich verstand nicht, warum sie mich an dieser gefährlichen Stelle abgesetzt hatten und dann weitergefahren waren. Ich befürchtete, sie würden zuerst Nasser als Zeugen beseitigen und danach mich ermorden. Nach zwei Stunden kamen sie zurück. Nasser hockte im Auto, bleich wie ein Gespenst. Seine *djambija,* das Zeichen seiner Manneswürde, hatte er verloren, und in der Hand hielt er das zerrissene Seil. Al Wasim sei auf und davon, berichtete Nasser mit zitternden Lippen. Als ein Blitz in der Nähe eingeschlagen war und der Donner knallte, habe sich das Tier aufgebäumt, von der Leine losgerissen und sei in der Dunkelheit verschwunden.

Völlig durchnäßt und verstört stieg ich wieder in den Landrover und fuhr wiederum zurück bis zum Ortsrand von Sidarah. Dort luden sie uns neben der Straße ab, weil sie ja keine Unterkunft für uns hatten. Nasser war tief getroffen und fühlte sich beleidigt. Als Belohnung für die ausgestandene Angst hatte er sich auf eine sichere Unterkunft, auf heißen Tee und gutes Essen gefreut. Da standen wir nun im Dunkeln und im Regen. Der Boden war matschig, nirgendwo ein Platz, wo wir uns zum Schlafen hätten hinlegen können. Mit einer Plane als Regenschutz hockten wir uns an den Straßenrand. Hunde bellten, Hähne krähten, Esel schrien. Es roch nach Morast und Exkrementen. Stunde um Stunde verging. Es wurde und wurde nicht hell. Ein Alptraum!

Nasser, immer noch wütend, schreit: »Auf der Straße habt ihr uns abgesetzt, bei Nacht und Regen! Aber ihr hattet versprochen, uns zu bewirten. Lügner!«

Said will aufbrausen, doch der Scheich beschwichtigt ihn. Nun sei alles geklärt, sagt er. Said habe helfen wollen, aber im Eifer vergessen, daß er gar nicht die Möglichkeit hatte, die Fremden einzuladen. Als ihm das bewußt geworden sei, habe er sich bemüht, den Schaden zu begrenzen, was ihm aber nur unvollkommen gelang. Auch habe er sich mit der Entfernung verschätzt und dadurch die Fremden zum Mitfahren verlockt. Für die Strecke von der Hütte bis zum Wadi brauche man nämlich mindestens sieben Stunden zu Fuß. Aber das seien alles keine schlimmen Vergehen.

Zu mir gewandt sagt der Scheich: »Du hast Glück gehabt, daß du nicht an die falschen Leute geraten bist. Lasse es dir eine Lehre sein: Steige nie wieder zu Fremden in ein Auto! Nasser und ich werden jetzt losfahren und dein Kamel suchen. Du gehst inzwischen zu den Frauen.«

Ich überlege blitzschnell: Wenn sie Al Wasim wirklich finden, wird Nasser das Tier niemals allein führen und sicher ins Tal bringen können. Ich muß mitfahren, sonst ist alles vergebens. Aber langatmige Erklärungen verderben alles, vor allem darf ich Nasser nicht in den Augen der anderen herabsetzen und als Schwächling darstellen. Ich kann mein Ziel nur erreichen, wenn ich keine Angriffsfläche biete. Ich lege mir einen Satz zurecht, den ich wie eine Parole wiederhole: »*Ana lasim aruch, aleschan ana masula.* Ich muß mitkommen, weil ich verantwortlich für das Kamel bin.«

Der Scheich hält mir entgegen, das sei nichts für eine Frau, es sei zu anstrengend, die Sonne zu heiß, die Berge zu hoch. Zwar weiß er, daß ich von Al Bayda bis Sidarah gewandert bin, jedoch hier unterstehe ich ihm und seiner Verantwortung. Aber meine Strategie bewährt sich diesmal. Gebetsmühlenartig sage ich immer wieder denselben Satz.

Er gibt auf. »Na gut, komm mit.«

Die ersten Kilometer durchs Wadi hält der Scheich alle paar Minuten an, um die Leute am Weg zu grüßen. Mit kräftiger, wohltönender Stimme ruft er: »Guten Morgen! Wie geht es euch! Friede sei mit euch! *Zabaach al cheer! Keef halakum! As-salam aleikum!*« Freudig kommt jeder zum Wagen. Der Scheich beugt sich weit aus dem Fenster oder steigt aus, um Freunde zu umarmen. Ein kurzer Plausch, wie es gehe, ob das Gewitter an den Dattelpalmen Schaden angerichtet oder das Hochwasser

Felder überflutet habe. Er steigt wieder ein, und wir fahren ein Stück weiter. Es ist beeindruckend, wie herzlich und brüderlich der Scheich den Leuten begegnet. Er behandelt sie nicht wie Untertanen, sondern wie freie, unabhängige Menschen, deren Wohlergehen für die Stammesgemeinschaft wichtig ist.

Bei der ersten steilen Anhöhe, die aus dem Wadi führt, stirbt der Motor ab. Für Scheich Saleh al Basrib scheint das nichts Ungewöhnliches zu sein. Gemächlich steigt er aus, öffnet die Motorhaube, nimmt einen Filter heraus, bläst kräftig hinein und setzt ihn wieder ein. Die Motorhaube hatte sich zwar leicht öffnen lassen, aber zum Schließen muß der Scheich daraufklettern und heftig auf und nieder springen, bis die Verriegelung einschnappt. Für mich ein denkwürdiger Anblick: Das Oberhaupt einer archaischen Stammesgesellschaft kämpft mit den Tücken eines technischen Vehikels. Das weiße Gewand reicht bis zu den Fußknöcheln und umspannt seinen kraftvollen Körper. Ein weißer Schal ist kunstvoll um den Kopf geschlungen und betont das braune, ausdrucksstarke Gesicht und den dichten, schwarzen Vollbart. Der Scheich auf der Motorhaube wirkt trotz der Situation nicht lächerlich, sondern gleicht einem Kämpfer, der sein ungehorsames Reittier zügelt. Ähnlich einer Rückblende verschieben sich die Zeiten, und ich mache einen Sprung von 1200 Jahren in die Vergangenheit, sehe den Scheich mit seinen Stammesbrüdern auf feurigen Pferden dahinjagen und Spanien im Sturm erobern, um später in Cordoba, Sevilla und Granada Kalifate zu gründen, die Kunst und Wissenschaft zum Blühen brachten.

Noch oft muß Saleh al Basrib den Filter durchblasen und auf die Motorhaube springen, nur langsam gelangen wir auf der holprigen, steilen Piste nach oben. Ich vergehe fast vor Ungeduld. Die Leute, die aus der Gegenrichtung kommen, haben Al Wasim noch lebend gesehen. Jede Sekunde, die mit Reparatur und Gespräch vertan wird, martert mich.

Im feinen Steinstaub auf der Piste entdecke ich seine Spuren. Solange ich die glatten Abdrücke sehen kann, schöpfe ich Hoffnung. Wenn wieder eine Reparatur und eine Gesprächspause ansteht, gehe ich zu Fuß ein Stück voraus, um der Qual des Wartens zu entfliehen und weil ich den verzweifelten Glauben hege, ihn vielleicht schon hinter der nächsten Kurve zu erblicken. Mein Schöner! Werde ich ihn lebend wiederfinden? Manchmal trete ich an den Abgrund und schaue in die Tiefe. Es sind wilde Schluchten, faszinierend in ihrer majestätischen Einsamkeit.

Nach einer Weile hat mich der Wagen eingeholt, und ich steige wieder zu. Ich zeige dem Scheich die Spuren und bezwecke damit, seine Durchhaltekraft zu stärken, denn ich habe Angst, daß er die Suche irgendwann satt hat und sie abbricht.

Wir fahren die Strecke ab, auf der mich in der Nacht Said nach Sidarah gefahren, dann wieder zur Hälfte zurückgebracht und auf der Felsplatte am Abgrund ausgesetzt hatte. Jetzt im Tageslicht erkenne ich erst die ungeheure Entfernung.

Als ich wieder einmal dem Auto vorausgehe, finde ich die *djambija* von Nasser. Der Dolch liegt mitten auf der Straße. Ich nehme es als gutes Omen, daß auch mein Kamel unbeschadet davongekommen ist.

Wir erreichen das Hochplateau und fahren an der Hirtenhütte vorbei. Viel hätte ich mir erspart, wenn nicht für einen kurzen Moment mein Verstand ausgesetzt hätte!

Weiter folgen wir den Spuren. Al Wasim hat sich von keinem Dornbusch zum Fressen verführen lassen, obwohl er seit 24 Stunden nichts mehr im Magen hat und hungrig sein muß. Ein Zeichen, daß Panik ihn jagt. Die Abdrücke der Hinter- und Vorderfüße liegen dicht beieinander, wie bei einem Pferd, das galoppiert. Die Richtung weist nach Westen. Saleh al Basrib scherzt: »Das Kamel weiß, wo es zu Hause ist. Da werden wir wohl noch bis Al Bayda fahren müssen.« Ich atme auf, weil ich den Scherz als Zeichen deute, daß der Scheich an der Verfolgung festhalten wird.

Auf dem felsigen Tafelberg sind die Spuren nur schwer zu entdecken. Oft müssen wir aussteigen und zu Fuß nach Abdrücken suchen. Sie führen uns zu einem Steilhang, der sich in ein flaches Gebirgstal absenkt. Von hier oben können wir die Ebene gut überblicken. Wenn er da unten ist, müßten wir ihn sehen: Angestrengt mustern wir die Gegend. Der Scheich und ich rufen gleichzeitig:»*Hunak hua!* Dort ist er!« Immer noch galoppiert Al Wasim. Er ist er so weit weg, so klein, so unerreichbar fern.

Saleh al Basrib nimmt die engen Serpentinen in rasanter Fahrt, immer nah am Abgrund. Er fährt unbekümmert, als habe er bei Allah eine höchstpersönliche Lebensversicherung abgeschlossen. Nicht weil er Al Wasim einholen will, rast er so, sondern wohl aus Vergnügen. Unten im Tal hält er zuerst bei einer Beduinenfamilie an und bittet um Gastfreundschaft für die Ausländerin und ihren Beschützer Nasser. Wir werden bei den Beduinen übernachten müssen, weil für den Rückweg nach Sidarah ein voller Tag nötig sein wird.

Wieder verstreichen kostbare Minuten, während Al Wasim davongaloppiert, aber der Scheich hält nichts von überstürzter Eile; er ist sich seiner Sache sicher. Wieder einmal bewundere ich die Gelassenheit, von der die Menschen im Jemen erfüllt sind. Nur unvollkommen will es mir gelingen, dem nachzueifern und mein heftiges Temperament zu zügeln. Oft schließe ich fest meine Lippen, um keinen verdrießlichen Laut nach außen dringen zu lassen. Immer wieder muß ich meine Ungeduld und Gereiztheit verbergen. Und jedesmal war es richtig gewesen, die Eile zu bezähmen und unaufgeregt das Handeln zu bedenken. Es ist kein Widerspruch, daß Araber, die als aufbrausend und jähzornig gelten, meine Lehrmeister in Charakterbildung sind. Gerade sie wissen aus Erfahrung, daß Unbesonnenheit eine Torheit ist, die schlimme Folgen haben kann. Deshalb wird derjenige besonders geachtet, der dem Leben mit Gleichmut begegnet und sein Schicksal gefaßt meistert.

Als Al Wasim den lockeren Bestand von Akazien und Ilb-Bäumen erreicht hat, fällt er vom Galopp in leichten Trab. Wir sind schon ganz nah, da bleibt der Landrover im Geröll des Wadis stecken. Ich springe heraus und eile auf Al Wasim zu. Weil er nicht das Gefühl haben soll, verfolgt zu werden, schlage ich einen Bogen und begegne ihm von vorn. Aufmunternd schnalze ich mit der Zunge und schwinge das Halfter in der Luft, damit er es sehen und Vertrauen schöpfen kann. Er wendet den Kopf, lauscht und wittert, geht vom Trab in Schritt über, bleibt schließlich stehen und wartet, bis ich an ihn herankomme. Ich streife ihm das Halfter über, und mir ist, als würde nicht nur mir ein Stein vom Herzen fallen, sondern auch meinem Schönen. Er wirkt wie erlöst von schlimmer Pein. Es muß entsetzlich für ein Herdentier sein, in fremder Umgebung ohne den Schutz vertrauter Personen von »Höllenmaschinen« verfolgt zu werden. Tröstend rede ich mit meinem Kamel und verspreche, immer bei ihm zu bleiben. Besänftigt hört er zu, und seine angespannten Muskeln lockern sich. In diesem Moment wird er wohl der Leere in seinem großen Magen gewahr. Nun übernimmt er die Führung und zieht mich zum nächsten Ilb-Baum, seiner Lieblingsnahrung.

Meine Flucht

شرود الجمل

Die Erde ist dem Menschen ein Gefängnis sein Leben lang. Laß dir das, du Narr, gesagt sein. Geh so weit du willst, du wirst doch nur an die Mauern dieses Himmels rennen, aber brich aus, wenn du meinst, das du's dennoch kannst.

Samuel Ha-Nagid Ibn Nagrila, 993–1056

Noch vor dem ersten Schimmer des Tages habe ich heimlich das Zelt abgebaut, gepackt, Al Wasim gesattelt und schwer beladen mit vollen Wasserkanistern und Lebensmitteln, die ich gestern auf dem *suq* von Sidarah erstanden habe.

Feuer zu machen für einen heißen Tee hätte zu lange gedauert. Ich verzichte auf das Frühstück und begnüge mich mit ein paar getrockneten Datteln.

Al Wasim und ich wandern weg von Sidarah. Zum ersten Mal sind wir allein. Ich muß damit rechnen, daß sie mich verfolgen. Im besiedelten Wadi habe ich keine Chance, unentdeckt zu bleiben. Warum also flüchten, wenn es kein Entkommen gibt?

Eine Woche war ich in Sidarah, habe meine Lage ausgelotet, das Wagnis abgeschätzt, die Folgen berechnet, auch bedacht, was meine Flucht für die Jemeniten bedeutet, die sich für mich verantwortlich fühlen. Nasser, mein Beschützer, war nach Ataq zurückgekehrt. Wir waren beide der Meinung, daß wir unsere gemeinsame Wanderung beenden müssen. Ihn drängte es nach Hause, und ich war es müde, mit einem Menschen zusammenzusein, der mir die Freude am Unterwegssein verdirbt. Überdies brachte mich seine Torheit in Gefahr. Von der Polizeistation in Sidarah bekam Nasser die Erlaubnis zur Rückkehr. Da diese keinen Telefonanschluß besitzt, schickten sie einen Funkspruch nach Mukalla, von dort ging die Nachricht weiter nach Ataq. Auf demselben Weg kam die Antwort vom dortigen Scheich nach Sidarah. Eine umständliche Prozedur, die mehrere Tage in Anspruch nahm.

Was aber sollte mit mir geschehen? Die Erlaubnis, allein weiterzugehen, wurde mir verweigert. Jetzt war also das Ende meiner Wanderung durch den Jemen besiegelt. Ich würde Al Wasim verkaufen müssen und nach Sana'a zurückkehren. Aber in Sidarah gab es keine öffentlichen Verkehrsmittel, erst in Mukalla oder Aden standen Mietwagen zur Verfügung. Ich saß in einer Falle. Nur über den Jol führte ein Weg hinaus, die gleiche Strecke, auf der wir nach Sidarah gekommen waren. Ich hätte das Risiko eingehen müssen, irgendein fremdes Fahrzeug anzuhalten. Aber kein Wagen würde bis Mukalla oder gar bis Aden durchfahren, sondern irgendwohin zu abgelegenen Dörfern in einsame Täler. Mehrmals würde ich umsteigen und mich über Tage der Gefahr aussetzen müssen, entführt und ausgeraubt zu werden. Eine Frau, die ohne männliche Begleiter unterwegs ist, wird verachtet. Sie ist *aib,* unehrenhaft, und provoziert jemenitische Männer zu aggressiven Reaktionen. Es war für mich also ganz und gar unmöglich, allein per Anhalter diese Strecke zu fahren. Und was sollte mit Al Wasim werden? Ich suchte in Sidarah nach einem Käufer. Es kamen einige, sie befühlten die Flanken meines armen Kamels, klopften ihm auf die Rippen und murmelten: »*Mafisch lachem,* kein Fleisch«. Irritiert fragte ich, ob sie Al Wasim etwa schlachten wollten. Sie lachten. »Was denn sonst! Er habe aber kein Fleisch auf den Rippen und sei nicht viel wert.«

Ich war entsetzt. Dem Metzger werde ich mein Kamel nicht

ausliefern, niemals! Al Wasim ist mehr als mein Lasttier. Ich kenne seine Stärken und Schwächen, seine Vorlieben und Abneigungen, seine Ängste und seine Futtergier. Ich habe ihn mit Hilfe des Scheichs nicht deshalb eingefangen, um ihn zu Wurst verarbeiten zu lassen. Es gab nur einen Ausweg: Weg von Sidarah! Und so habe ich mich in aller Frühe mit Al Wasim weggeschlichen.

Während des Morgens genieße ich das köstliche Gefühl der Freiheit. So hatte ich mir meine Wanderung durch den Jemen erträumt: allein unterwegs mit meinem Kamel. Jeder Schritt hat nun eine besondere Bedeutung. Die Sinne öffnen sich, werden empfänglich für das Nahe und das Ferne, für Innen und Außen. Jeder Vogelruf setzt in meiner Seele eine Saite in Schwingung, als würde ich Zwiesprache mit der Natur halten. Es erschließt sich eine andere Ebene der Wirklichkeit, der Horizont weitet sich, nach außen wie nach innen.

Die Frische des Morgens dauert nicht lange, schnell steigt die Sonne zum Zenit, und meine Gedanken beschäftigen sich mehr und mehr mit den Verfolgern. Ob sie jetzt schon wissen, daß ich weg bin? Eine kleine List hatte ich mir einfallen lassen und einigen Leuten in Sidarah erzählt, ich hätte jemanden gefunden, der mich bis Mukalla mitnimmt. Aber die Polizei würde darauf nicht hereinfallen und bestimmt nach mir forschen. Wahrscheinlich waren sie mir inzwischen schon auf der Spur. Nie hätte ich es für möglich gehalten, in so eine heikle Situation zu geraten und meinem Vorsatz untreu werden, mich an die Regeln und Gesetze des Jemen zu halten. Aber ich hatte keine Wahl.

Ich wandere das Wadi entlang nach Norden und suche nach einem Aufstieg, der östlich die Felswand hoch auf den Jol führt. Mein Wunsch ist es, mit Al Wasim das einsame Hochplateau zu queren, um in zwei Monaten vielleicht im Wadi Hadramaut anzukommen. Aber mir ist klar, wenn mich die Polizei verfolgt, wird sie mich in dieser übersichtlichen Landschaft ganz gewiß entdecken. Ich will mich aber so bald nicht einfangen lassen, wenigstens drei Tage möchte ich das Alleinsein mit meinem Kamel auskosten. Ich werde deshalb nur am frühen Vormittag wandern und mir tagsüber ein Versteck suchen. Wie ich beobachtet hatte, beginnt um 10 Uhr die Arbeit in der Polizeistation. So habe ich jeden Morgen, von Sonnenaufgang an gerechnet, immerhin fünf Stunden Zeit, um eine Strecke von 15 Kilometern pro Tag zurückzulegen.

Rechtzeitig finde ich das ideale Versteck. Im Kiesbett hat sich ein drei Meter tiefes Mini-Wadi gebildet. Dichtes Gras, Büsche und sogar kleine Bäume gedeihen in dieser Oase. Von oben ist die Senke nicht zu erkennen, außer man steht direkt an ihrem Rand. Ich führe meinen Schönen in das Versteck, und er macht sich daran, das Gras zu rupfen. Es sieht komisch aus, wie ihm die Grashalme beidseitig aus dem Maul hängen. Er ähnelt dabei einem Hasen.

Im Schatten ist es angenehm kühl, und während ich Al Wasim beim Grasrupfen beobachte, überdenke ich die Ereignisse der letzten Tage: Nasser überraschte mich beim Abschied, er wollte mir seine *djambija* schenken. Es sollte für mich ein Andenken sein, damit ich unsere gemeinsame Reise nicht vergesse. Es wäre mir peinlich gewesen, dieses wertvolle Geschenk anzunehmen, deshalb entgegnete ich: »Eine Frau darf doch keine *djambija* tragen.«

»Du sollst sie ja auch nicht tragen, sondern an die Wand hängen.«

Ich war tief gerührt und fragte verblüfft: »Hat dir denn unsere Wanderung Spaß gemacht?«

»Ja, sehr! Nur hat sie leider zu lange gedauert. 60 Tage waren einfach zu viel. Sechs Tage hätten mir gereicht!«

»Wo hat es dir am besten gefallen?« Ich war überzeugt, er würde eine der zahlreichen Stationen nennen, wo man uns eingeladen und reichlich bewirtet hatte. Vielleicht, als wir bei Jola Kasimir al Chalifi über die Zukunft des Jemen debattierten und Kasimirs Sohn mir jeden Tag einen Hammel schlachten wollte, oder unser Aufenthalt bei Ahmed Bueischa und seinen Söhnen, den schwarzen Jemeniten, denen Nasser seine Geschichte vom siegreichen Kampf mit dem Kamel erzählen konnte, oder unser Lager am Meer in der Bucht am Rabenfelsen, wo wir uns vom kräftezehrenden Marsch durch Wüste und Lava ausruhten. Aber nichts dergleichen. Zu meiner Verwunderung nannte er das Beduinenlager, wo uns der Scheich untergebracht hatte, nachdem wir Al Wasim wiederfanden.

»Warum gerade dort?« fragte ich erstaunt.

»Sie haben mich sehr beeindruckt«, antwortete Nasser. »So arme Leute, aber sie waren fröhlich. Sie hatten nicht genug zu essen, und doch haben sie mit uns geteilt. Und alles hatte sich für uns zum Guten gewendet. Allah sei Dank, fanden wir Al Wasim und meine *djambija*.«

Der Beduine Aud Baqarqer war an jenem Abend unser Gastgeber. Ein ehrwürdiger Mann mit hochgewachsener Gestalt und trotz seines Alters noch ungebeugt. Seine maßvollen Bewegungen offenbarten Stolz und Würde. Das hagere Gesicht war geprägt von einem entbehrungsreichen Leben, gegerbt von Wind und Sonne. Beim Sprechen strich er sich bedächtig mit seiner sehnigen Hand den langen, weißen Bart.

Schaada, seine Frau, wirkte um Jahre älter. Welk und mager, vom Alter gezeichnet, gönnte sie sich dennoch selten ein Ausruhen und wuselte geschäftig durchs Lager. Der ruhende Mittelpunkt dieser kleinen Familie war die Schwiegertochter Dauhara. Sie verströmte, allein durch ihre Gegenwart, Energie und Lebenskraft. Dauhara hatte neun Kinder geboren, das jüngste stillte sie noch, zwei Töchter waren schon verheiratet und lebten in einem anderen Lager. Ihr fehlte die exotische Schönheit, die vielen Beduinenfrauen eigen ist, dafür beeindruckte sie mich durch ihr waches und kluges Gesicht. Wie sie dort neben dem

Feuer hockte, den Brotteig knetete und dabei das Baby stillte, hatte sie alle und alles im Blick. Sie wirkte auf mich wie eine Managerin, die in der Schaltzentrale sitzt und mit ruhiger Konzentration alles lenkt und leitet. Ich bewunderte, wie souverän sie dieses entbehrungsreiche Leben im Beduinenlager bewältigte. Die Existenzgrundlage der Familie waren 200 Ziegen, schneeweiß mit rabenschwarzen Ohren, außerdem zwei Hennen und ein Hahn. Um uns zu bewirten, kochte Dauhara einen großen Topf Reis, und Aud Baqarqer schlachtete eine junge Ziege.

Der Ort, an dem sie lagerten, war steinig und trocken. Kein Brunnen in der Nähe. Der Vorrat an Trinkwasser wurde in Ziegenhäuten aufbewahrt. Ein Zelt aus Ziegenhaaren besaßen sie nicht. Als Unterschlupf dienten Plastikplanen.

Zur Nacht wurde die Herde in einen winzigen Verschlag aus Binsenmatten gesperrt. Ich wunderte mich, wie alle Tiere da hineinpassen konnten. Nasser und Aud Baqarqer lagerten unter freiem Himmel und schützten sich mit dünnen Decken gegen die Kälte. Dauhara legte sich mit den sieben Kindern in den Unterschlupf aus Plastikplanen. Schaada würde mir meinen Schlafplatz zeigen, sagte Dauhara. Die alte Frau war darüber überhaupt nicht erfreut. Durch die Dunkelheit schlurfte sie mißmutig vor mir her und brummelte unverständliche Laute. Ich war gespannt, wohin sie mich führen würde.

»*Huna!* Hier ist es!« brummte die Alte. Ich sah noch immer nichts, außer ein paar Lumpen auf einer Binsenmatte. Zu müde, um mir weiter Gedanken zu machen, legte ich mich neben die Frau und bedeckte mich mit den Stoffetzen. Ich spürte noch, wie sie an den Fetzen zog, über die Kälte klagte und sich mit ihrem mageren Körper eng an mich drückte, dann versank ich in abgrundtiefen Schlaf. Am nächsten Morgen entschuldigte ich mich bei der Alten, weil sie ihr Lager mit mir hatte teilen müssen und ich ihr so eine schlechte Nacht bereitet hatte. »Ach, das macht nichts«, sagte sie versöhnlich und wärmte ihre steifen Glieder an der Sonne.

Alles ist still. Noch immer verstecke ich mich mit Al Wasim in der Mulde. Niemand ist zu sehen, der uns verfolgt. Vorsichtshalber mache ich kein Feuer, um mich durch den Rauch nicht zu verraten. Ich esse Haferflocken, dazu Nüsse, Rosinen und Datteln. Das Wasser presse ich durch den Filter, da ich es nicht abkochen kann.

Am späten Nachmittag, als das Licht wechselt und die steilen Wände des Wadis in den warmen Strahlen der untergehenden Sonne zu glühen scheinen, denke ich, wie schön es doch wäre, noch viele Tage allein mit meinem Kamel unterwegs zu sein.

Da ich am nächsten Morgen wieder frühzeitig aufbrechen will, lege ich mich bald zum Schlafen nieder. Al Wasim hat seinen Hunger gestillt und kaut zufrieden vor sich hin.

Allein über den Jol

Die umgekehrte Schale, die wir Himmel nennen,
darunter wir gefangen leben und sterben,
fleh nicht den Himmel an um Hilfe,
denn er rollt ohnmächtig weiter.

Omar Chajjam, gest. 1123

»Bist du eine Frau?«

»Das sieht man doch!« rufe ich zurück.

»Warte! Wir wollen mit dir reden.«

»Leider nicht möglich. Bin in Eile!« entgegne ich und bedauere es tatsächlich, denn ich würde gern mit den Hirtenmädchen plaudern, will aber bis zur nächsten Rast noch einige Kilometer zurücklegen. Sie geben nicht auf. Ein Mädchen läuft mir nach und fragt aufgeregt: »Bist du die Frau mit dem Kamel?«

»Ja, wieso?«

»Sie wollten von uns wissen, ob wir eine Frau mit einem Kamel gesehen haben.«

»Wer hat euch gefragt?«

»*Asch-schurda!* Die Polizei. Sie suchen nach dir, schon seit drei Tagen.«

Das klingt ernst. Nun kann ich mir nichts mehr vormachen. Ich hatte mir nämlich einzureden versucht, sie hätten die Suche längst abgebrochen oder gar nicht erst begonnen. Da ich jetzt Gewißheit habe, kann ich meine Schuldgefühle nicht länger unterdrücken. Da macht sich diese Ausländerin einfach davon, und uns zieht man zur Verantwortung, falls ihr etwas zustößt, werden sie denken und zu Recht ärgerlich über mein Verhalten sein. Es hat keinen Zweck, mich weiter zu verstecken; früher oder später werden sie mich entdecken. Am besten, ich gebe gleich auf und warte in der Nähe der Piste auf sie. Jedenfalls werden sie sich dann darum kümmern müssen, wie ich aus Sidarah wegkomme. Vielleicht transportieren sie mich nach Mukalla, und selbst wenn sie mich dort zur Strafe einige Zeit einsperren sollten, ist das immer noch besser, als mich allein per Anhalter durchschlagen zu müssen.

Entschlossen nehme ich Al Wasim am Halfter und führe ihn durchs Wadi zu einem mächtigen Baum nahe der Fahrpiste. Unter der ausladenden Krone mache ich es mir im Schatten gemütlich. Nicht lange und die fünf Hirtenmädchen kommen mit ihren Herden herübergezogen und setzen sich im Halbkreis um mich herum. Da sie keine Beduinen sind, sondern zur dörflichen Bevölkerung gehören, müssen sie sich verschleiern. Es ist ein merkwürdiges Gefühl, von fünf schwarz Vermummten gemustert zu werden, von denen man allein die kastanienbraunen Augen sieht. Gefühlsregungen lassen sich an den Augen schwer ablesen, es gehört das Mienenspiel des ganzen Gesichtes dazu, um sein Gegenüber einschätzen zu können. Fast komme ich mir vor wie ein Astronaut, der den Bewohnern eines anderen Planeten begegnet. Doch die Vermummten entpuppen sich als übermütige junge Mädchen. Eigentlich sind sie noch Kinder, die jüngste ist zwölf, die älteste 14 Jahre. Alle fünf haben Lesen und Schreiben gelernt.

»Warum seid ihr heute nicht in der Schule?« frage ich.

»Wir haben genug gelernt, jemand muß ja die Ziegen hüten. Das ist jetzt unsere Aufgabe, bis wir heiraten.«

»Habt ihr schon einen Bräutigam?«

Sie lachen verlegen und schwatzen dann alle gleichzeitig. »Nein! Doch! Miriam ist verliebt!«

Miriam protestiert: »Gar nicht wahr!«

Kurzweilig vergeht die Zeit. Ich kann die Mädchen jedoch nicht dazu überreden, den Schleier abzunehmen. Es könnte sie ja jemand aus der Ferne beobachten, und dann gäbe es Ärger zu Hause.

»Wißt ihr was? Ich lade euch jetzt zum Tee ein.«

Im Wadi findet sich genügend Brennholz. Äste und Wurzeln, vom Hochwasser angeschwemmt und von der Sonne gut getrocknet, liegen überall herum. Aber die Hirtinnen haben es auf einmal eilig. Es sei gleich Mittag, sie müßten nach Hause. Hurtig springen sie auf. Ihre weit verstreuten Tiere treiben sie mit Zungenschnalzen, rauhen Kehllauten und einem gelegentlichen Steinwurf vor sich her.

Schade, sie waren mir eine erfreuliche Gesellschaft und hatten meine Gedanken von der drohenden Verhaftung abgelenkt. Es kann ja nicht mehr lange dauern. Das beste wird sein, ich schaffe mir mit einem opulenten Mahl eine gute Grundlage, das stärkt die Nerven. Ins kochende Wasser schütte ich reichlich Nudeln und bereite eine köstliche Soße.

Gerade bin ich dabei, die Nudeln abzugießen, da höre ich Motorengeräusche. Jetzt sich nur nicht aus der Ruhe bringen lassen! Es sind gleich zwei Jeeps. Mit Karacho donnern sie über die Piste. Offenbar haben sie mich entdeckt und steuern die Wagen quer durchs Wadi auf mich zu. Da kommen sie aber nicht weit und bleiben im Geröll stecken. Neun Männer in Uniform springen heraus und eilen im Sturmschritt auf mich zu. Sie sehen aus, als hätten sie große Lust, mich kräftig zu verhauen.

»*As-salam aleikum! Keef halakum?* Friede sei mit euch! Wie geht's?« grüße ich freundlich. Zum ersten Mal erlebe ich Araber, die nicht gewillt sind, den Begrüßungsritus einzuhalten.

»Madam! Was machen Sie für Sachen! Wir suchen Sie überall!«

»Hier, bitte, trinken Sie Tee.«

»Wir wollen jetzt keinen Tee!«

»Er ist mit Kardamom gewürzt, und Zucker ist auch viel drin.«

Tatsächlich, einer nimmt den Becher und lobt, daß der Tee gut schmeckt. Für den Anfang habe ich gewonnen.

»Nehmt doch bitte Platz, hier im Schatten ist es angenehm.«

Langsam beruhigen sie sich, und ein normales Gespräch wird möglich. Außer dem Polizeibeamten Ahmed und seinen Soldaten ist auch Scheich Saleh al Basrib dabei. Er hält sich im Hintergrund und schaut mich prüfend an. Ahmed befiehlt: »Pack jetzt alles zusammen. Wir bringen dich nach Sidarah!«

Ich antworte: »Gut, ich komme mit. Aber was dann? Ihr wißt doch, daß ich von Sidarah per Anhalter fahren muß, und das ist für mich als Frau zu gefährlich.«

Niemand antwortet. Ich blicke von einem zum anderen und habe das Gefühl, daß mir jetzt nur der Scheich helfen kann. Ich wende mich direkt an ihn und erinnere ihn an seine eigene Warnung, niemals in das Auto von Unbekannten zu steigen. Schweigen. Plötzlich fragt der Scheich: »Wohin willst du eigentlich?«

Mir stockt der Atem. Das ist schon ein halbes Entgegenkommen! Jetzt nur keinen Fehler machen. Der Teufel aber reitet mich, alles auf eine Karte zu setzen, und so antworte ich: »Nach Shibam!«

Überrascht räuspert sich der Scheich: »Shibam? Weißt du denn, wie weit das ist und wie du dahin kommst?«

»Natürlich! Zuerst nach Nordosten über den Jol ins Wadi Do'an. Dann immer nach Norden über Budha, Sif und Hawrah nach Al Qatn. Dort mündet das Wadi Do'an ins Wadi Hadramaut, dann Richtung Osten geradewegs nach Shibam.«

»Du scheinst dich tatsächlich auszukennen«, bestätigt der Scheich meine Wegbeschreibung. Wieder Schweigen. Mein Herz klopft. Was werden sie beschließen?

»Hast du was zu schreiben?« erkundigt sich der Scheich.

»Ja, hier!« Ich gebe ihm mein Tagebuch, und er sucht eine freie

Seite, setzt einen Text auf, läßt mich unterschreiben, reißt die Seite heraus und händigt sie dem Polizeichef Ahmed aus. Das Schriftstück entbindet ihn von der Verantwortung für meine Person, die ich nun in vollem Umfang selbst übernehme.

»Gib mir noch mal das Heft. Ich will dir eine Nachricht für meinen Bruder Bagutmi mitgeben. Er ist Scheich in Jebath, einem Gebirgsdorf. Du wirst ihm als Gast willkommen sein, und er wird dir helfen, soweit er kann.«

Ehe ich recht begriffen habe, stehen alle auf, wünschen mir »*ma'a-salama*«, gehen zu ihren Wagen und fahren davon.

Was ist passiert? Bin ich frei? Wirklich frei? Ich kann es nicht fassen! Hätte der Scheich mir diese Vollmacht nicht von Anfang an ausstellen können? Eben nicht! Ich mußte erst beweisen, daß ich mich allein zurechtfinde. Mit diesem Schriftstück konnten sie ihr Gesicht wahren und sich gleichzeitig von der Verantwortung befreien.

Mit allem hatte ich gerechnet, sogar mit Gefängnis. Nur nicht damit, daß sie mich allein ziehen lassen. Am liebsten würde ich jetzt Al Wasim umarmen, aber er wüßte diese Zärtlichkeit gewiß nicht zu schätzen. Dann sehe ich den Topf mit den vielen Nudeln. Man sagt, Ärger würde den Appetit verderben, aber mit übergroßer Freude scheint es ähnlich zu sein. Ich kippe den Inhalt des Topfes weg und packe alles zusammen. »Komm, Al Wasim, unsere gemeinsame Wanderung beginnt. Wir werden das Wadi verlassen und zum Jol hinaufsteigen. Unterwegs sein. Gehen und immer weiter gehen, mit einem Ziel, das in weiter Ferne liegt.«

Wie hineingemeißelt in die senkrechte Felswand windet sich der Pfad zum Plateau hinauf. In Farben von Rosa bis tief Violett changieren die Gesteinsschichten in wunderbarem Kontrast mit dem Himmelsblau. Vor Einbruch der Nacht finden wir einen Schlupfwinkel in einer Seitenschlucht. In einem Steinbecken hat sich Wasser gesammelt, und es gibt reichlich Nahrung für mein Kamel. In der Nacht ruft eine Eule. Auf weichen Schwingen schwebt sie vorbei.

Am Morgen stehe ich früh auf. Langsam, wie in Zeitlupe, füllt sich die Schlucht mit Licht. Während ich meinen Morgentee koche, erwachen Vögel und Insekten. Die Eule verabschiedet sich von der Nacht mit einem letzten schaurigen Ruf.

Al Wasim ist gut in Form, und über eine Steilrinne erreichen wir den Jol. Erneut verzaubert mich die schier endlose Weite. Kein Hindernis begrenzt den Blick. Nach der dumpfen, feuchten Wärme im Wadi wirkt die klare Höhenluft wie ein Elixier. In der Stille knirschen meine Schritte hart auf dem felsigen Grund und vereinigen sich mit dem Geräusch von vier schlurfenden Kamelsohlen. Zwei Wesen allein in der Einsamkeit. Nie wurde mir mehr deutlich, wie ich auf meinen Al Wasim angewiesen bin. Ohne ihn, der Trinkwasser und Nahrungsmittel trägt, könnte ich diese lebensfeindliche Einöde nicht durchqueren.

Allgegenwärtig sind Wind und Stille. Die Welt scheint in einer Schale des Schweigens zu ruhen. Wenn die Sonne hoch im Zenit steht, verwandelt sich die Himmelskuppel in gleißendes Quecksilber. Die Sonne lodert, und die Erde badet in Feuerstrahlen. Das verdorrte Land schwimmt in brennendem Licht, glüht und glitzert, schimmert und schillert. Die erhitzte Luft formt flatternde Trugbilder in der Ferne. Alles wirkt verschwommen und stark vergrößert. Gräser werden zu Büschen, und Sträucher nehmen Baumgestalt an. In ihrem Schatten will ich rasten, doch wenn ich bei den vermeintlichen Bäumen ankomme, sind sie kaum kniehoch.

Die niedrigen Sträucher ähneln Korallen mit ihrem kahlen Gewirr silbergrauer Zweige. Ihre fossile Schönheit erinnert mich daran, daß es uralter Meeresgrund ist, über den ich schreite. Muscheln, eingebettet in Stein, künden von vergangenen Zeiten und anderen Daseinsformen. Vor Millionen und Abermillionen Jahren härtete sich der Meeresschlamm zu Kalkstein und wurde emporgehoben. Seitdem ist er den nagenden Kräften von Wind und Wasser ausgeliefert, die den riesigen Kalksteinblock aufspalten und zerlegen. Rinnen und Furchen werden ausgehöhlt, und tiefe Wadis entstehen. Unaufhaltsam geht der Prozeß weiter. In Äonen werden vielleicht an Stelle des Jol wieder Wellen rauschen, und aus den Körpern unzähliger Meerestiere wird sich ein neues Gebirge formen – in Zeiträumen, die, an menschlichen Lebensjahren gemessen, unendlich erscheinen.

Nach der kurzen Dämmerung legt sich die Nacht mit ihrer eisigen Kälte schwer über die Erde, und es scheint, als sei die Sonne für alle Zeiten erloschen. Starr spannt sich das glitzernde Band der Milchstraße über den samtschwarzen Himmel. Die Sichel des Mondes liegt auf dem Rücken und gleicht einem zerbrechlichen Boot, das durch die Unendlichkeit gleitet. Eine Ahnung von der Unerbittlichkeit des Universums läßt mich erschauern. Ungeschützt ist unsere Existenz auf Erden, gefährdet sind wir in der Heimatlosigkeit des Kosmos. Bedeutungslos fristen wir eine kurze Zeit unseres Daseins, das ein zufälliges Geschick lebensmöglich gestaltet hat, immer nah am Abgrund. Die Morgendämmerung setzt uns eine weitere Frist. Ein neuer Tag beginnt, als sei er das Versprechen für eine bessere Welt.

Es kommt mir nicht in den Sinn, mich einsam zu fühlen. Das Gefühl der Einsamkeit überfällt mich eher mitten unter Menschen, besonders wenn gefeiert wird und alle scheinbar lustig und fidel sind, oder in Städten, wo jeder blicklos vorübereilt. Aber noch nie habe ich mich in der Natur einsam gefühlt. Im Gegenteil, erst wenn kein anderer Mensch in meiner Nähe ist, kann ich die Natur erleben und mit ihr verschmelzen. Es geschieht wie von selbst, wie das Keimen bei Pflanzen, wenn die Bedingungen stimmen.

Es ist ein All-eins-sein mit sich selbst und mit dem Kosmos.

Dieses mystische Erleben kann wie eine Erleuchtung wirken, als würde der Mensch Gott begegnen. Vielleicht sind diese Empfindungen der Grund, daß Religionen in den Weiten der arabischen Wüsten ihren Anfang nahmen, wie Judentum, Christentum und Islam.

Das Wasser kommt

وجاءت المياه

Dieses Leben gleicht dem Wasser, das wir vom Himmel senden.
Die Menschen glauben, frei darüber verfügen zu können.
Doch wenn wir es befehlen, bei Nacht oder bei Tag,
ist alles wie abgestorben, als sei dieser Überfluß nie gewesen.
Damit schaffen wir Zeichen für diejenigen, die nachdenken wollen.

Koran, Sure 10

Jeder spricht davon. Jeder will es sehen. Seit Stunden wird von nichts anderem geredet als vom Wasser, das kommen wird. In den Bergen hat es nämlich geregnet, und nun warten die Menschen im Gebirgstal Jebath, daß das kostbare Naß in die vorbereiteten Staubecken strömt.

Verantwortlich für die Beduinensiedlung ist Scheich Bagutmi, der Bruder des Scheichs von Sidarah. Nachdem Bagutmi das Empfehlungsschreiben seines Bruders gelesen hat, heißt er mich herzlich willkommen. Ich kann ihn nicht daran hindern, einen Hammel zu schlachten, obwohl ich ihm erkläre, daß ich kein Fleisch esse.

»Dann essen wir den Hammel eben allein – dir zu Ehren. Schlachten müssen wir auf jeden Fall, sonst zürnt uns Allah.« Eine Woche solle ich mindestens bleiben und mich ausruhen, sagt er bestimmend. Ich denke weniger an mich als an Al Wasim, der Ruhe und Futter braucht, und nehme dankend an.

Die allgemeine Aufregung wegen der erwarteten Wasserflut hat mich angesteckt, und ich schließe mich den Männern, Frauen und Kindern an, die dem Wasser entgegeneilen. Noch ist das Flußbett knochentrocken, und ich spüre die Ungeduld der schwatzenden und lachenden Menschen, die sich versammelt haben, um die Flut zu begrüßen. Keiner von ihnen denkt jetzt daran, daß das lebensspendende Naß auch Unheil bedeuten kann.

Bei meiner Wanderung durch die Wadis sah ich die verheerenden Spuren vergangener Hochwasser – entwurzelte Bäume, Stoffetzen, Schuhe und Hausrat, angeschwemmt zu riesigen Haufen – und malte mir dann das Chaos der tosenden, lehmbraunen Fluten bildhaft aus. Ich unterhielt mich mit einem alten Hirten, der schon manches Hochwasser erlebt hatte, und er sagte: »Wer von der rasenden Strömung erfaßt wird, hat nichts mehr zu hoffen.«

Endlich – es kommt! Als wären Schleusen geöffnet, stürzen Wasserfälle die Felsen hinab. Der Scheich begrüßt das Geschenk des Himmels mit Suren aus dem Koran. Seine kräftige, tiefe Stimme wird bald vom Brausen der wilden Flut übertönt. Durch vorsorglich angelegte Erdrinnen fließt das Wasser in Auffangbecken und von dort durch Kanäle und Rinnen auf die Felder. In wenigen Tagen wird die Saat aufgehen, und Hirse und Sesam werden gedeihen.

Der Familienclan von Scheich Bagutmi gehört zu einem Stamm seßhafter Beduinen. Sie halten Schafe, Ziegen, Hühner und züchten Kamele. Al Wasim nähert sich neugierig einer Kamelstute, die ihr Fohlen säugt. Ich muß aufpassen, daß es nicht zu einem Streit mit seinen Artgenossen kommt, und bringe ihn außer Sichtweite.

Die Frauen wetteifern, wer mich mit süßem Tee und leckeren Fladen verwöhnen darf. Vielleicht betrachten sie mich als Glücksbringer. Bei meiner Ankunft hat es nicht nur geregnet, sondern es kam auch ein gesundes Baby zur Welt. Neugierig gehe ich ins Haus der Mutter mit dem Neugeborenen. Das kleine

Mädchen wird gerade gebadet. Die Großmutter nimmt das winzige Wesen in ihre derben Bäuerinnenhände, trocknet es ab und reibt seinen Körper mit Sesamöl ein. Ohren, Nase und Mund werden besonders sorgfältig eingeschmiert. Dann tunkt sie den Zeigefinger mehrmals in die Flüssigkeit und tröpfelt sie der Kleinen in den Mund. Ich bin entsetzt, denn Öl bewirkt Durchfall. Für ein Neugeborenes bedeutet es Lebensgefahr. Nasara, die Mutter des Babys, will mich beruhigen: »Das Öl ist wichtig, es löst das Darmpech.«

»Du solltest das Kind stillen«, empfehle ich ihr, »denn die erste Milch ist sehr fetthaltig und entleert den Darm deiner Kleinen.«

»Nein!« entsetzt sie sich. »Die erste Milch ist doch unrein!«

»Was meinst du mit unrein?«

Nasara zuckt die Schultern: »Das ist nun einmal so.«

»Gebt ihr denn jedem Neugeborenen Öl?«

»Ja, selbstverständlich!«

Die Vielzahl der Kinder beweist, daß sie die rabiate Ölkur überlebt haben, dennoch sorge ich mich sehr um das kleine Mädchen.

Die Großmutter wickelt es fest ein. Arme und Beine eng an den Körper gepreßt, steckt es bewegungslos wie eine Mumie in den Wickeltüchern. Dem Baby scheint das zu behagen. Es hört auf zu weinen, vielleicht weil die Wickelung ihm ein Gefühl der Geborgenheit vermittelt, wie im Mutterleib.

Jeder möchte das kleine Mädchen in den Arm nehmen. Von einem zum anderen wird es weitergereicht, auch die Kinder dürfen es halten. Fast alle sind erkältet. Durch das ständige Husten und Niesen wird das Neugeborene mit Krankheitskeimen geradezu überflutet. Da die erste Muttermilch als unrein gilt, muß das Baby an einer Flasche mit Zuckerwasser nuckeln. Doch nicht genug – um das Böse zu bannen, wird unentwegt Weihrauch verbrannt. Schon nach wenigen Tagen sind die Augen des Babys schlimm entzündet. Die Angehörigen sind davon überzeugt, nur das Beste für das Kind zu tun und allen Schaden von ihm abzuwenden. Niemand käme auf den Gedanken, etwas anzuzweifeln, was immer schon so gemacht wurde. Von Generation zu Generation werden Informationen weitergegeben und gelten als richtig, ohne sie zu hinterfragen.

Deshalb kann auch niemand begründen, warum die erste Muttermilch unrein sein soll. Selbst der Koran, der sonst alle Regeln des Alltagslebens der Muslime bestimmt, gibt keine Auskunft. Vielleicht gab es früher einmal einen sinnvollen Grund, der längst in Vergessenheit geriet. Ich könnte mir vorstellen, daß es einst zu einem archaischen Opferritual gehörte, die ersten Tropfen Milch einer Fruchtbarkeitsgöttin zu widmen, zum Dank für die glückliche Geburt. Doch dann kam der Islam, hat die alten Götter verteufelt und Fruchtbarkeitsriten verboten. Den Müttern aber war das Leben und die Gesundheit ihrer Kinder das Wichtigste, und sie wollten vom Milchopfer nicht lassen. Deshalb versuchte man, ihnen Angst zu machen. Vielleicht hieß es, wenn sie weiterhin ihre Milch den verbotenen Göttern opfern, wäre ihre Milch fortan unrein. Der Vorwurf der Unreinheit hatte natürlich eine gewaltige abschreckende Wirkung auf die Psyche der Frauen. Heute – losgelöst vom ursprünglichen Hintergrund – blieb nur noch die Vorstellung von der Unreinheit erhalten. So könnte es gewesen sein.

»Ich möchte meinem Kind deinen Namen geben«, sagt Nasara, »weil du ausgerechnet an dem Tag in unser Dorf kamst, als es geboren wurde. Ich glaube, dein Name wird meiner Tochter Glück bringen.«

Ich bin gerührt, sage aber: »Mir wäre ein traditioneller Name lieber. Nenne sie doch Bilqis.«

»Bilqis? Gut! Dieser Name könnte mir auch gefallen.«

»Weißt du, daß die Königin von Saba so hieß?«

»Die Königin von Saba, Bilqis? Kenne ich nicht.«

»Doch!« ruft Abdullah, der Mann Nasaras, dazwischen. »Im Koran steht etwas über sie. Bilqis hat doch den König Salomon besucht und ihm kostbare Geschenke gebracht.«

Abdullah ist stolz, daß er sich so gut im Koran auskennt. Sofort muß sein Sohn das Buch holen. Abdullah sucht die Sure, die vom Besuch der Königin von Saba bei Salomon handelt, und läßt sie vom Sohn vortragen. Mit kristallklarer Stimme hebt der Junge an zu singen. Die Innigkeit des Gesanges berührt mich stark.

Die Königin von Saba, Bilqis also – ob es sie wirklich gegeben hat? Zunächst hielten nur mündlich überlieferte Legenden die Erinnerung an sie wach. Später taucht sie in den Schriften der Bibel auf und wird im Koran erwähnt. Jedenfalls ist die Königin von Saba bis heute die ideale Gestalt für Märchen und Träume geblieben – eine Frau, an der sich die Phantasien der Menschen entzünden, deren Konturen sich aber im mystischen Dunkel verwischen. Beweise für ihre Existenz wurden bis heute nicht entdeckt. In Marib soll die schöne und kluge Bilqis vor 3000 Jahren geherrscht haben. Doch in den Ruinen der einstigen Hauptstadt der Sabäer fand sich kein einziger Hinweis dafür.

Marib liegt östlich von Sana'a in der Wüste Ramlat as Sabatayn. Diese Bezeichnung bedeutet »Wüste der zwei Saba«. Als ich in Sana'a Arabisch lernte, besuchte ich Marib an einem Wochenende.

Schon im Morgengrauen war ich aufgebrochen, um noch vor der Bruthitze des Mittags anzukommen. Ein unwirkliches Gefühl erfüllte mich, als ich mitten in den Ruinen einer jahrtausendealten Kultur stand und der heiße Wüstensand mir ins Gesicht blies. Wie mochte es hier früher ausgesehen haben, als Marib die mächtigste Stadt in Südarabien war und ein riesiger Stausee mitten in der Wüste das Land erblühen ließ?

Im Jahr 1951 schien es, als würde sich ein Fenster in die Vergangenheit öffnen. Damals hatte ein Forscher zum ersten Mal die Genehmigung erhalten, in Marib zu graben. Dem Amerikaner Wendell Phillips mit seinem Team gelang es, den tief im Wüstensand verschütteten Tempel des Mondgottes Almaqah zu entdecken und freizulegen. Aber bald regte sich Argwohn bei den einheimischen Arbeitern, die bei den Ausgrabungen halfen. Es kam zum Aufruhr. Stützpfeiler wurden eingerissen, und als Phillips gar von geheimen Mordplänen hörte, flüchteten er und seine Mitarbeiter Hals über Kopf. In Panik ließen sie nicht nur ihre wertvolle Ausrüstung zurück, sondern auch sämtliche Fundstücke: Abgüsse von Inschriften, Bronzestatuen, Alabasterfiguren, Keramik.

Einige der damals ausgegrabenen Objekte sah ich im Nationalmuseum in Sana'a. Besonders eine 90 Zentimeter hohe Bronzefigur hat mich beeindruckt. Sie stellt den König Maddi Kareb dar, der vor 2500 Jahren in Marib regierte. Haltung und Gebärde sind voller Würde. Ein Fuß ist vorgestellt, es scheint, als würde der Herrscher auf den Betrachter zuschreiten. Bekleidet ist der König mit einem Rock, wie er noch heute im Jemen getragen wird. Über seinem Rücken hängt ein Tierfell, dessen Vorderpfoten sich auf der nackten Brust des Königs kreuzen. Gelockte Haare und ein gekräuselter Bart umrahmen das Gesicht, in dem die großen Augen auffallen.

Der Tempelbezirk, den Phillips damals freilegte, hatte einen ovalen Grundriß. Die Außenmauern waren neun Meter hoch und vier Meter dick. Acht monolithische Pfeiler von sieben Meter Höhe stellten den Eingang zum Tempel dar.

Nur diese Pfeiler ragten noch immer aus dem Sand heraus, als ich die Ausgrabungsstätte besichtigte. Die Größe der gesamten Anlage konnte ich nur erahnen, denn inzwischen bedeckte der Sand die Ruinen wieder. Außerdem waren die freigelegten Mauern mit ihren glattgeschliffenen Steinquadern eine willkommene Beute gewesen – entweder wurden sie zum Bau neuer Häuser benutzt oder auf Kamele geladen und in alle Gegenden verkauft.

Rotglühend neigte sich die Sonne dem Abend zu. Die Schatten der Pfeiler wurden immer länger. Die letzten Sonnenstrahlen warfen einen warmen Schein auf den im Sand versunkenen Tempel. Wie viele Geheimnisse sich wohl unter der dicken Sandschicht verbergen? Die zauberhafte Stimmung regte meine Phantasie an. Welche Szenen mögen sich hier vor Jahrtausenden abgespielt haben? Sicher war der Awam-Tempel zu seiner Zeit ein berühmtes Wallfahrtsziel. Ich stellte mir lebhaft vor, wie sich Scharen von Pilgern vor dem Eingangsportal versammelten und geduldig warteten, bis die Priester ihnen Einlaß gewährten. Von Almaqah, dem Mondgott, erflehten sie die Fruchtbarkeit ihrer Felder, reiche Ernten und Wohlergehen ihrer Familien. Andere baten um Vergebung für Verfehlungen. Sie brachten Opfer, damit der Gott ihnen Segen spendete. Hoheitsvoll schritten Priester die mit Kupferplatten belegten Stufen hinab. Sie schürten das Feuer für das Rauchopfer, und bei besonderen Anlässen opferten sie Tiere auf dem Altar. Orakel wurden befragt und die Zukunft gedeutet.

Diese aber wurde für das sabäische Reich immer dunkler und unheilvoller. Nachbarreiche erstarkten und kämpften um die Herrschaft über die Weihrauchstraße. Im Jahr 260 n. Chr. verlor Saba seine letzte Schlacht. Das Königreich Himjar trat an seine Stelle. Der Dammbruch im Jahr 560 besiegelte dann endgültig den Niedergang von Saba. Mehr als tausend Jahre hatte der Damm die Maribsenke in fruchtbares Land verwandelt. Noch heute beeindrucken die Ausmaße der mächtigen Schleusenanlage. Die Mauern wurden so genau bearbeitet, daß sie fugenlos zusammenpaßten. Innen sollen die Quader mit Kupferstiften verbunden sein. Die beiden Schleusentore liegen 570 Meter voneinander entfernt, dazwischen spannte sich einst die Staumauer 35 Meter hoch. Ein Regelsystem von Kanälen, Rinnen und Verteilern bewässerte die Felder, über die nun trockener Wind weht.

Ein reicher Scheich aus den Arabischen Emiraten hatte vor einigen Jahren den Traum, seine Vorfahren hätten einst in Marib gelebt. Die Ahnen sprachen: Ehre unser Andenken, und baue einen neuen Damm. Da Scheich Zayed nicht nur gläubig, sondern auch steinreich war, nahm er den Auftrag ernst und ließ im Jahr 1986 eine Staumauer wenige Kilometer hinter der antiken Schleusenanlage bauen. Dort sammeln sich nun erneut die Fluten der Dhana. Jahre hatte es gedauert, bis die Wasser den Stausee bis zum Rand füllten. Jetzt, wo alles so sein könnte wie zu Zeiten von Bilqis, der Königin von Saba, fehlt nur eines – die Menschen. Sie haben schon lange zuvor das öde Land verlassen. Die fruchtbare Bodenschicht ist verweht, und die Wüste hat über die Zeit und den Traum des Scheichs gesiegt.

Die Hochzeit in Sif

Und der Sklave sprach: »Ich heiße
Mohamet, bin aus Jemen,
Und mein Stamm sind jene Asra,
Welche sterben, wenn sie lieben.«

Heinrich Heine

Von der Anhöhe blicke ich zurück in die Talsenke und bin dankbar für die Zeit, die ich mit den Menschen in Jebath verbringen durfte. Nachdenklich überlege ich, wie es der kleinen Bilqis auf ihrem Weg durchs Leben einmal ergehen wird. Ob sie »ihrem Prinzen« begegnen wird? Aber dann zieht mich das Abenteuer des Unterwegsseins wieder in seinen Bann. Das ist jetzt meine Welt – der Jol. Seine Einsamkeit und die Weite öffnen mir Herz und Verstand. Der Wind und die klare Luft machen das Gehen leicht. Gehen und gehen, immer so weiter wandern, wünsche ich mir. Auf dem Jol habe ich das Gefühl, vogelfrei zu sein, nur dem Wechsel von Tag und Nacht unterworfen, dem heißen Tag mit seiner grellweißen Sonne, gefolgt von der eisigen Nacht und wieder einem neuen Tag.

Vorräte habe ich ausreichend dabei, und Wasser hole ich für mich und Al Wasim aus den Brunnen, tiefen Löchern im Karstboden. Sie sind glücklicherweise mit Wasser vom letzten Regen gefüllt. Beduinen haben diese Brunnen ins Gestein gehackt, um bei ihren Wanderungen sich und ihre Herden mit Flüssigkeit versorgen zu können. Nie fehlt am Rand des Schachtes ein

Schöpfeimer mit langem Strick und eine Tränke für die Tiere. Während der langen Wochen des Unterwegsseins sind diese Brunnen für mich das einzige Anzeichen der Anwesenheit von Menschen. Ich spüre große Dankbarkeit für die Unbekannten, die in mühseliger Arbeit die Brunnen angelegt haben, damit sich jeder Vorbeikommende bedienen und vielleicht sein Leben retten kann. Schon von weitem erkenne ich einen Brunnen, da ihn hohe Steinmauern umgeben, und immer wachsen in der Nähe Bäume. Al Wasim und ich rasten jeweils einige Tage bei jedem Brunnen, um uns am Wasser zu erfreuen und damit mein Gefährte seinen Hunger an den Pflanzen stillen kann. Wenn ich dann weiterwandere, habe ich das Gefühl, einen anheimelnden Ort zu verlassen, der mich wie eine Nabelschnur mit den Menschen verband, die irgendwo auf dem Jol leben.

Nach über einem Monat Einsamkeit nehme ich schließlich Abschied vom Jol, denn der Zeitpunkt ist gekommen, an dem ich wieder Menschen begegnen will, und so muß ich letztlich hinunter ins Tal. Diesmal fällt mir der Abstieg ins Wadi besonders schwer, weil ich weiß, daß mein Weg nicht wieder hier herauf führen wird. Von nun an werde ich die Trockentäler entlangwandern, vom Wadi Do'an ins Wadi Hadramaut.

Auch diese Täler sind breite Risse im Massiv des Jol. Die kahlen Felsflanken fallen mehr als 800 Meter tief ab. Ich beuge mich vor. Ein Blick aus der Vogelperspektive. Auf den Geröllhügeln am Fuß der Felsen liegen aus Lehm gebaute Ortschaften. Lichtbraun und mit ihrer Umwelt in vollkommener Harmonie, wirken die Hochhäuser wie phantastische Märchenschlösser. Überraschend das grüne Flußbett, dunkelgrün die Palmen und hellgrün die Hirsefelder, dazwischen schimmern weiße Kiesel und braune Uferbänke. Seltsam ist der Anblick dieses üppigen Tales für mich, weil ich mich während der letzten Wochen an die dunkle Gesteinswüste des Jol gewöhnt habe.

Ich finde einen Pfad, der sich schwindelerregend das Felskliff hinunterwindet. Er folgt schmalsten Bändern aus Kalkstein und führt über Geröll aus Sand und Gips. Dieser Weg ist stellenweise verschüttet und wurde seit langem nicht mehr ausgebessert. Auch ein Zeichen, daß die Zeit der Karawanen endgültig vorbei ist.

Im Wadi ist die Luft wieder schwer und dumpf. Erneut fühle ich mich eingeschlossen von bedrohlichen Felswänden und sehne mich zurück auf die Weiten des Jol. Aber die Menschen, denen ich bald begegne, beschenken mich reich mit ihrer unbefangenen Liebenswürdigkeit, und ich beginne mich wohl zu fühlen unter ihnen. Eine Frau allein mit einem Kamel, das hat es hier noch nie gegeben, sagen sie. Ich schüttle unzählige Hände, trinke Unmengen Gläser süßen Tee und darf nicht müde werden, meine Geschichte zu erzählen.

Im Wadi Do'an bin ich wieder auf den Spuren von Freya Stark, die wie ich über den Jol kam. Ihre Gastgeber waren Scheichs und Sultane, vornehme *sada* und reiche Kaufleute. Während der kommunistischen Herrschaft mußten diese das Land verlassen und ihren Besitz an den Staat abgeben. Einzig ein 80jähriger Greis erinnert sich an eine ausländische Frau, die einst das Tal besuchte. Damals war er noch ein Kind, vielleicht einer der Jungen, die Freya Stark neugierig folgten? »... mit sämtlichen Kindern hinter mir drein. Ihre kleinen Füße wirbelten ganze Wolken von Staub auf, und sie machten alle Augenblicke kleine ungestüme Vorstöße, um mir so nah wie möglich ins Gesicht zu schauen«, schrieb sie in ihren Reiseerinnerungen.

Heute wäre Freya Stark begeistert vom Frieden, der hier herrscht. Damals waren die Täler von jahrzehntelangen Feindseligkeiten verwüstet. Die tödlichen Fehden entzweiten nicht nur die Stämme, sondern auch Familienclans innerhalb der Dörfer. In der Nacht schlichen die einen hinaus und übergossen die Wurzeln der Dattelpalmen des Nachbarn mit Petroleum, um sich für eine Beleidigung zu rächen. In der folgenden Nacht kamen dann andere, um die Palmen des Übeltäters zu vergiften. Der Streit eskalierte, als einige anfingen, mit scharfer Munition zu schießen und erste Todesopfer zu beklagen waren. Jedes Opfer zog weitere nach sich. Es war wie bei einer Epidemie – die Blutfehden breiteten sich über alle Täler des Hadramaut aus. Die Menschen wagten sich nicht mehr aus ihren Häusern und konnten ihre Felder nicht bestellen. In der Nacht gruben sie Schützengräben und belagerten die feindliche Linie, die oft mitten durch die Ortschaften verlief. Obwohl alle sich nach Frieden sehnten, traute niemand mehr dem anderen. Argwöhnisch belauerten sie einander, denn jeder wollte sich für vergangenes Unrecht rächen, bevor er die Waffen niederlegte. Es war klar – nur jemand von außen konnte Frieden stiften.

Das Schicksal hatte den britischen Kolonialbeamten Harold Ingrams für diese Aufgabe auserwählt. Mit seiner erstaunlichen Landeskenntnis, seinem Einfühlungsvermögen und Verhandlungsgeschick gelang es ihm, die Wüste zu befrieden. Aber auch er kam zunächst nicht ganz ohne Gewalt aus. Erst die Drohung mit einem Luftangriff der Royal Air Force und schließlich der Abwurf einiger Bomben brachte die Kontrahenten zur Besinnung und schenkte dem Land zuletzt den ersehnten Frieden. Ein Mann hatte fast 20 Jahre lang sein Haus nicht verlassen, weil er fürchtete, von seinem Nachbarn erschossen zu werden, ein anderer seine Schwester jahrzehntelang nicht gesehen, obwohl sie im gleichen Dorf lebte. Nun konnten die Felder wieder bestellt werden, ohne daß man dabei beschossen wurde. Gemeinsam pflanzte man neue Dattelpalmen.

Der Friede war von Dauer. Nur die ganz Alten erinnern sich noch an die schlimme Zeit, aber sie erzählen mir lieber, wie wundervoll friedlich ihr Tal heute ist. Ich glaube ihnen gern – bis zu dem Tag, als mich in Sif ein Höllenlärm erschreckt. Schüsse fegen durchs Tal, das Echo hallt von der einen Felswand des Wadis zur gegenüberliegenden und verstärkt den Eindruck, es müsse sich um eine wild tobende Schlacht handeln. Außer mir scheint sich aber niemand zu ängstigen. Ich begegne drei jungen Mädchen, verschleiert und mit kegelförmigen Strohhüten auf den Köpfen. Sie lachen, als ich sie wegen der Schießerei frage. »Das ist doch eine Hochzeit, und da ballern die Männer eben aus Freude herum. So ist es Tradition bei uns.«

Wie eigenartig: Man benutzt das Gewehr zum Töten und zugleich, um damit höchstes Glück zu verkünden. So wie Lachen und Weinen nahe beieinanderliegen, wird wohl auch Freude und Aggression aus gleicher Quelle gespeist. Sich still zu freuen gibt keinen Sinn. Überall auf der Welt müssen Menschen knallen, poltern und johlen, wenn sie sich richtig freuen.

Ich solle mitkommen zur Hochzeit, sagen die Mädchen. Sie seien mit der Braut befreundet, und die würde sich geehrt fühlen, wenn eine Ausländerin bei ihrer Hochzeit dabei wäre.

Gern schließe ich mich den Mädchen an. Sie führen mich in einen Innenhof, der mit Binsenmatten beschattet ist. Die Frauen feiern für sich allein. Ich bin geblendet von knallbunten Gewändern, glitzerndem Geschmeide und Goldstickereien – ein Übermaß an Schmuck und Verzierung, als könnte dieser Exzeß die schwarze Verkleidung im Alltag und das abgeschiedene Leben ausgleichen. So viel geballte Weiblichkeit nimmt mir fast den Atem. Wo soll ich zuerst hinschauen? Welche der Schönheiten bewundern? So wie die Kleider übermäßig bunt, sind auch die Gesichter allzusehr geschminkt – jedenfalls für meinen Geschmack. Was würden wohl die Männer empfinden, wenn sie als heimliche Zuschauer einen Blick auf dieses Frauenfest erhaschen könnten?

Es ist heiß, laut und eng. Drei Musikantinnen singen und machen Musik, zu der getanzt wird. Meine Begleiterinnen dulden keinen Widerspruch und ziehen mich in den Kreis der Tanzenden. Sie sind kleiner als ich und wirken zerbrechlich, aber sie haben eine unerwartet zähe Kraft und lassen meine Hände nicht los. Wo denn die Braut sei, will ich wissen. Sie werde noch geschmückt und zeige sich erst am Abend.

Später schaue ich mich bei der Feier der Männer um. In einer Prozession ziehen sie durch den Ort und singen. Ein Vorsänger, unterstützt von zwei Knaben, lobpreist Allah und den Propheten Mohammed. Die Stimme des Sängers schwingt wie eine vibrierende Saite. Glockenhell wird die Melodie von den Knaben wiederholt. Schließlich singen alle den Refrain. Das gemeinsame Singen entfaltet eine suggestive Kraft, der sich wohl kaum jemand verweigern kann. Selbst ich als Zuhörerin fühle mich von der Musik durchdrungen und wie in Trance versetzt.

Die Männer ziehen am Haus der feiernden Frauen vorbei. Diese hören den Gesang der Männer und antworten mit schrillen Trillern, das die Sänger zu gesteigerter Sangeslust anfeuert.

Inzwischen haben mich die Frauen gesucht, die Braut will mich sehen. Sie führen mich in ein Haus, und durch enge Gänge und steile Treppen gelange ich endlich in einen hohen Raum. Mir fällt als erstes ein kunstvoll geschnitzter Holzpfeiler auf, der die Decke stützt. An den Wänden hängen Zinngefäße, glänzende Schüsseln aus Messing und ein langer Spiegel mit bräunlichem Glas. In offenen Nischen stapeln sich Decken und allerlei Hausrat. Jedes Fenster ist von innen mit einem Holzladen verschlossen, der ein fein geschnitztes Lochmuster hat. Auf dem Boden liegen Teppiche und Sitzpolster.

Bewegungslos sitzt die Braut auf einem thronartigen Stuhl, umgeben von mehreren jungen Mädchen. Es ist heiß und stickig. Langsam gewöhnen sich meine Augen an das Halbdunkel und die drängende Enge. Die Braut winkt mich zu sich heran. Sie ist eine Schönheit. Selbst die übermäßige Schminke hat ihren Liebreiz nicht zerstört. Die mandelförmigen Augen ziehen mich in ihren Bann. Die Augen sind nicht braun wie die ihrer Gefährtinnen, sondern tiefschwarz. Im edlen Oval des Gesichtes fallen die schön geformten Lippen auf und die schmale Nase. Blumenmuster schmücken die schlanken Hände. Die zarten Muster sind mit Galltinte auf die Haut gezeichnet und mit orangefarbenem Hennaöl ausgefüllt. Auch die Fingerspitzen und Handinnenflächen sind mit Henna gefärbt. Selbst das Décolleté und die Füße zieren diese hübschen Blütengirlanden.

Warda, die junge Braut, ist benommen vom Trubel um sie herum und der ungewohnten Aufmerksamkeit, die ihr zuteil wird. Sie bittet mich, an ihrem Fest teilzunehmen. Ich freue mich und nehme begeistert ihre Einladung an.

In jedem Stockwerk und jedem Zimmer des Hauses hocken Frauen, lachen und schwatzen, trinken Tee und essen ununterbrochen Süßigkeiten, und sie musizieren und tanzen. Es sind verschiedene Tänze, deren Schrittfolgen die Frauen genau beherrschen. Der Oberkörper bleibt ruhig, dafür werden die Hüften geschwungen und die Gewänder mit den Händen gefaßt und hin und her geschwenkt. Beifallsrufe und Klatschen begleiten die Tänzerinnen.

Die männlichen Gäste sind inzwischen im Elternhaus des Bräutigams Amud Din versammelt. Ich versuche sie zu zählen und meine, daß es über 400 Menschen sind, die ebenfalls mit Tee, Süßigkeiten und Essen versorgt werden wollen.

»Niemand hatte mit so vielen Besuchern gerechnet, aber wir haben alles im Griff«, behauptet Jasser mit stolzem Lächeln. Ich habe mich mit Jasser, dem Bruder des Bräutigams, angefreundet, ein heiterer, junger Mann, der sich gern mit mir unterhält. Tausend Patronen haben sie für die Hochzeit gekauft, erzählt er, darunter auch rote Leuchtmunition, die heute nacht – wenn Warda ins Haus des Bräutigams kommt – abgeschossen wird.

»Unser Haus ist für die riesige Menschenmenge viel zu klein. Deshalb helfen uns einige Nachbarn mit ihren Häusern. Aber stell dir den Wahnsinn vor – alles Essen kommt aus nur einer Küche, der unseren. Und dann die Berge von Reis und Fleisch,

Tee und Kaffee, die wir die engen Treppen hinauf und hinunter schleppen müssen.«

Im Durcheinander der vielen hundert Schuhe und Sandalen vor der Tür hat Jasser die seinen nicht mehr finden können, und so läuft er nun barfuß herum. Jetzt aber muß er weiter, um die Gäste zu versorgen. Jasser springt auf und ruft mir zu, daß wir uns später noch sehen werden: »*Schufisch badeen!*«

Im Haus der Braut ist die Stimmung nicht weniger aufgeheizt. Die Besucherinnen hocken dicht gedrängt entlang der Lehmwände auf Sitzkissen. Um Platz für die Tanzenden zu schaffen, müssen Wasserpfeifen, Teegläser, Schalen mit Datteln und Nüssen beiseite geschoben werden. Zwei Mädchen führen einen Tanz vor, den sie nach westlicher Musik eingeübt haben. Sie hüpfen im Rhythmus schriller Technoklänge herum, winkeln die Arme an und klatschen sich mit den Händen abwechselnd auf Oberarme, Schultern, Kopf und während eines Drehsprunges auf den Po. Der Tanz wirkt deplaciert in dieser Umgebung. Ich frage die Frauen, die neben mir sitzen, nach ihrer Meinung. Sie zucken die Schultern: »Nun ja, die Jugend ...«

Die beiden Tänzerinnen sind überzeugt, ich müsse von diesem Modetanz begeistert sein, da er wie ich aus dem Ausland kommt. Sie spulen die Kassette zurück und bitten mich mitzuhüpfen. Es tut mir zwar leid, den charmanten Geschöpfen einen Korb geben zu müssen, aber ich ziehe traditionelle Tänze vor. Mein Wunsch wird unverzüglich in die Tat umgesetzt. Einige Frauen fassen sich an den Händen und bilden eine Reihe. Mit kleinen Schritten bewegen sie sich rhythmisch durch den Raum auf die Braut zu, dabei immer wieder innehaltend und eine Strophe singend. Der Rhythmus wird von zwei Handtrommeln getragen. Die Melodie des Gesanges klingt herb und eintönig, ist aber zugleich von tiefer Eindringlichkeit. Es scheint ein Lied zu sein, das aus einer weit zurückliegenden Zeit stammt. Ich bin sehr ergriffen vom Ernst dieser Darbietung – nicht nur ich.

Die Gäste sind verstummt, dieses alte Lied zieht alle in seinen Bann.

Die Reihe der Tänzerinnen hat sich Warda genähert. Sie sitzt angestrengt aufrecht auf ihrem Thron und schaut starr geradeaus. Auf einmal rollen Tränen aus ihren Augen. Sie versucht sie wegzuwischen, ohne die Bemalung zu ruinieren, aber es rinnen immer neue nach. Nun sind die Freundinnen aufmerksam geworden. Sie umringen die Braut, was diese vollends die Fassung verlieren läßt. Sie flüchtet von ihrem Thron in ein anderes Zimmer, die Freundinnen hinterher. Schluchzend kauert Warda in einer Ecke. Sie wird umarmt, gestreichelt und geküßt. Die Tränen versiegen allmählich, und wehmütig lächelnd erklärt sie mir, daß das alte Lied ihr Schicksal widerspiegle. Es handle von einem Mädchen, das seine Heimat verlassen muß, um mit dem Ehemann in die Fremde zu gehen. Ihr geschehe es genauso. Nach der Hochzeit werde sie Eltern, Geschwister und Freundinnen verlieren und das für immer. Vielleicht mal ein Besuch, aber nie mehr würde es so sein wie bisher. Die Familie ihres zukünftigen Mannes stamme zwar aus Sif, aber er habe sich in Abu Dhabi eine neue Existenz geschaffen. Morgen schon müsse sie mit ihm fort.

Nun fließen die Tränen wieder. Die Freundinnen möchten den Schmerz lindern und versichern, sie komme doch gewiß bald wieder und sie sei zu beneiden, weil sie in einer großen Stadt leben werde. Aber Warda weiß, die Freundinnen schwindeln ihr zuliebe. In Wahrheit sind alle froh, in der vertrauten Umgebung bleiben zu dürfen, und sie hätten genauso Angst vor der unbekannten Ferne wie sie.

Warda bleibt keine Zeit, um in ihrer Trauer zu verharren. Inzwischen sind nämlich die Freunde von Amud Din eingetroffen und wollen sie abholen. Den Zug und die Ankunft im Haus der Schwiegereltern begleitet das wilde Feuer der Gewehrsalven. Im Licht der roten Leuchtmunition treten die hohen Felswände für

Sekunden aus der Dunkelheit hervor, bedrohlich und unwirklich zugleich.

Jasser erzählt mir am nächsten Tag, er allein habe 90 Patronen verschossen und die anderen noch viel mehr. Dem Vertrauen und der Zuneigung von Jasser habe ich es zu verdanken, daß er ein Geheimnis der Hochzeitsnacht ausplaudert: In der Aufregung hatte Amud Din vergessen, die Geschenke für die Braut in das gemeinsame Schlafzimmer zu bringen: Goldschmuck und kostbare Kleider, die er in Abu Dhabi für sie gekauft hatte. Der Wert dieser Geschenke war im Hochzeitsvertrag von beiden Vätern genau ausgehandelt worden. Amud Din hatte die Wertgegenstände einem seiner Brüder zur Aufbewahrung gegeben, der mit ihm zusammen aus Abu Dhabi gekommen war. Dieser Bruder hatte seine Frau, die in Sif lebt, lange nicht gesehen und sich beizeiten mit ihr zurückgezogen. Amud Din konnte oder wollte sie nicht stören, aber ohne Geschenke durfte er nicht ins Hochzeitszimmer gehen und den Schleier vom Gesicht seiner Frau ziehen. Ein Ausweg wäre gewesen, den Wert der Geschenke in Form von Bargeld an Warda auszuhändigen, um es dann am nächsten Tag gegen die Geschenke wieder einzutauschen. In seiner Not versuchte der Arme, sich das Geld zu pumpen, doch zu dieser späten Stunde hatten sich die meisten schon zum Schlafen niedergelegt. Der Bräutigam plagte sich wirklich sehr, schließlich fehlten nur noch 5000 Rial, umgerechnet 100 Mark. Nun war keiner mehr wach, den er noch hätte um Geld bitten können. Amud Din wußte, er würde die Ehre seiner Angetrauten verletzen, wenn er ihr nicht den vollen Betrag aushändigte, und verzichtete auf die Freuden der Hochzeitsnacht. Am nächsten Morgen klagte er den Brüdern sein Leid, und unverzüglich wurden ihm die Geschenke gebracht. Amud Din, dessen Name die »Säule des Glaubens« bedeutet, war an diesem heiligen Freitag offenbar nicht sehr religiös, denn niemand hat ihn beim Feiertagsgebet in der Moschee gesehen. »Ich kann es dir ja ruhig sagen«, meint Jasser vieldeutig. »Als wir ihn in der Moschee vermißten und nach dem Gebet nach Hause kamen, fanden wir dort einen glücklichen Mann vor. Sein Strahlen reichte von einem Ohr zum anderen.«

Es wird wild gehupt. Die Fahrt geht nach Abu Dhabi. Im Gegensatz zu Warda, die ihr tränenüberströmtes Gesicht hinter dem Schleier versteckt, ist Amud Din, ihr Mann, voll froher Erwartungen und Abenteuerlust.

Shibam – Stadt in der Wüste

مدينة شيبام بالصحراء

...wo einst die Zeit geruht,
eh' in des Raumes Bett
hervorbrach ihre Flut.

Friedrich Rückert
»Jetzt am Ende der Zeiten«

Vor jeder Rast halte ich nach einem bestimmten Baum Ausschau, den ich durch sein lichtgrünes Laub schon aus weiter Entfernung erkenne. Die kleinen ovalen Blätter sind nämlich die Lieblingsnahrung Al Wasims. Aus seinen Zweigen soll einst die Dornenkrone für Jesus geflochten worden sein, weshalb er heute Christusdorn heißt. Die Beduinen nennen ihn *ilb*.

Bevor ich Al Wasim die Blätter naschen lasse, frage ich, wie immer, zuerst um Erlaubnis, denn jeder Baum im Tal hat seinen Besitzer. Der, den ich mir heute ausgesucht habe, gehört Ahmed. Wir sitzen auf Schilfmatten im Schatten, über uns schwärmen Wolken von Bienen, angezogen vom unwiderstehlichen Duft der Blüten. Ihr Summen erfüllt die Luft wie eine nicht enden wollende Melodie.

Ich schlürfe genußvoll süßen Tee und höre das Gluckern von Ahmeds Wasserpfeife, der selbstangebauten Tabak raucht. Mit väterlicher Liebenswürdigkeit – und nicht ohne Stolz – erzählt mir Ahmed, wie vielfältig sie es verstehen, den Ilb-Baum zu nutzen. Ob es nun die Früchte sind, die zu Pulver gemahlen als Backwaren oder Brei aufs Tablett kommen, das Laub, das sie ihren Tieren als wertvolle Nahrung geben, die Blätter, aus denen sie ein seifenähnliches Mittel herstellen, oder das steinharte Holz, ohne das sie nicht bauen könnten und aus dem ein Musikinstrument geschnitzt wird, das sie *oud* nennen – es scheint keinen Lebensbereich zu geben, in dem der Ilb-Baum nicht gegenwärtig ist.

Ich zeige Ahmed mein Erstaunen, und er genießt es, mich noch mehr zu beeindrucken, indem er mich zu seinen Bienenvölkern führt. Die Bienen sind klein und von unscheinbar grauer Farbe. Mit Blütenstaub bedeckt, bringen sie Nektar aus den Baumblüten in ihre Waben, die in langen Tonröhren stecken. Der Honig aus dem Wadi Do'an sei einzigartig. Weit über die Grenzen des Jemen hinaus, erfahre ich, sei dieser Baumhonig als Heilmittel geschätzt, und reiche Scheichs aus den Öl-Staaten zahlen dafür einen hohen Preis. Ich trenne mich ungern von Ahmed mit seinem wunderschönen Baum und seinen Bienenvölkern.

Je weiter ich nach Norden komme, um so breiter wird das Tal, und die Felswände verlieren ihre einschließende Enge. Am Fuß der Felsbastionen folgt ein Ort auf den anderen, alte Wehrtürme und Burgruinen erinnern an die kriegerische Vergangenheit.

Die Frauen tragen mit Silberfäden bestickte Schleier und balancieren auf ihren Köpfen auch hier die kegelförmigen Strohhüte. Es belustigt mich, wenn eine Gruppe Frauen auf einem Eselskarren daherkommt, eine jede mit dem halbmeterhohen Hut, der sich jeweils in eine andere Richtung neigt.

Abends baue ich mein Zelt im sandigen Flußbett auf und warte, bis der Mond scheint. Ein unvergeßliches Schauspiel, wenn über den Tafelbergen ein Lichtbogen aufleuchtet wie ein kosmischer Heiligenschein, in den sich allmählich der Vollmond hineinschiebt, orangefarben und ungewöhnlich groß.

Bei Al Qatn mündet das Wadi Do'an in das noch breitere Wadi Hadramaut, und mein Weg wendet sich nach Osten.

Früher einmal gehörte dieses Wadi zu den abgeschiedensten Tälern des Jemen, aber wegen der vielen Stammesfehden auch zu den gefährlichsten. Trotzdem gab es hier eine wohlhabende Bevölkerungsschicht, die sich Anfang des Jahrhunderts schon fließendes Wasser aus goldenen Hähnen, elektrisches Licht und selbst Autos leisten konnte, obwohl noch gar keine Straßen dorthin führten. Die Fahrzeuge mußten deshalb, nachdem sie an der Küste entladen waren, vollständig zerlegt und auf dem Rücken von Kamelen durch die Wüste ins 400 Kilometer entfernte Tal transportiert werden. Ein eigens mitgereister Spezialist setzte die Automobile dort wieder zusammen und machte sie fahrtüchtig. Es sollen über 80 Wagen gewesen sein, die auf diese ungewöhnliche und beschwerliche Weise in das Innere des Hadramaut gelangten.

Erst 1938, und gegen den erbitterten Widerstand der Beduinen, wurde eine Piste angelegt, die von der Küste ins Wadi führte und von Autos befahren werden konnte.

Aber der Fortschritt nützte nur wenigen. Der Großteil der Bevölkerung des Hadramaut lebte nach wie vor in bitterer Armut. Vor allem wenn es Jahre hintereinander nicht regnete, konnten die Felder nicht bestellt werden und blieben unfruchtbar. Nach sieben Jahren Dürre waren 1943 alle Reserven aufgebraucht, die Weideplätze vertrocknet und die Herden eingegangen. Die Menschen starben vor Hunger und Durst. Nur wenigen gelang es, dem Elend zu entkommen. Sie wanderten nach Sansibar und Indonesien aus und haben es dort als Händler nicht selten zu erstaunlichem Reichtum gebracht. Später kamen sie in ihre Heimat zurück und ließen sich prunkvolle Paläste bauen, die noch existieren und zu besichtigen sind.

Die fürchterlichen Katastrophen jener Zeit sind für viele heute nicht mehr vorstellbar. Allerorten sorgen Tiefbrunnen mit Motorpumpen für ausreichende Bewässerung der Felder. Ein Problem mit diesem Fortschritt hat nur Al Wasim. Der allgegenwärtige Lärm der Dieselmotoren verunsichert mein Kamel derart, daß es von Tag zu Tag ängstlicher wird. Sobald wir uns einer Pumpe nähern, weigert er sich, über Bewässerungsgräben zu gehen, selbst wenn sie nur einen Schritt breit sind. So zwingt er mich, Felder und Orte zu meiden und in die Dünen auszuweichen. Dort finden wir auch unser Nachtlager im warmen, weichen Sand. Wenn dann die Sonne glühend versinkt und im jähen Wechsel die Nacht beginnt, hüllt uns völlige Stille ein. Plötzlich ertönt ein feines Singen, es scheint aus dem Nichts zu kommen und überall gleichzeitig zu sein, vibrierend schwillt es an und ebbt dann wieder ab. Es ist der Gesang des Sandes. Vom Wind bewegt, rieseln und rinnen die Sandkörner über die Dünen.

Ich hatte sie schon erwartet, aber als ich sie sehe, wird mir trocken im Hals, und mein Herz schlägt schneller. Shibam – Stadt in der Wüste. Einer schimmernden Perle gleich liegt sie inmitten des Sandes. Aus der Ferne wirkt sie auf mich unwirklich wie ein Traum. Einzigartig unter allen Orten im Jemen übt Shibam seit jeher eine magische Anziehungskraft aus. Für alle Entdekkungsreisenden war diese Stadt in der Wüste das Traumziel ihres Lebens, und sie scheuten weder Mühen noch Gefahren, sie zu erreichen. Freya Stark, Hans Helfritz, Harold Ingrams, Hermann von Wissmann und van der Meulen, sie alle versuchten, je nach Temperament und Ausdruckskraft, Shibam zu beschreiben: Wolkenkratzerstadt – Chicago der Wüste – arabisches New York – Bienenwaben-Festung – Stadt der Riesen vom Stamm der Ad ... Aber diese Ausdrücke schaffen falsche Assoziationen, lenken die Vorstellung in die Irre. Shibam ist unvergleichbar und nicht mit einem Wort darzustellen.

Sie liegt mitten im Tal und gleicht eher einer wehrhaften Burg als einer bewohnten Stadt. Im ersten Moment glaube ich, eine Fata Morgana zu sehen, denn die Stadt schwebt über dem Talgrund in der Luft. Erst beim genauen Hinsehen erkenne ich den Grund der Sinnestäuschung: Die lehmbraunen Wände der Häuser verschmelzen mit der Farbe ihrer Umgebung und werden damit fast unsichtbar. Die obersten Stockwerke hingegen sind kontrastreich weiß gekalkt und vermitteln so den Eindruck, als würde die Stadt über dem Boden schweben.

Wenn ich den Leuten auf ihre Frage nach dem Zweck meiner Reise antwortete, Shibam sei mein Ziel, so war dies nur ein Wort. Für mich selbst dachte ich, es sei ohne Bedeutung, an welchem Ort ich meine Wanderung beenden würde. Ich wollte frei von Ehrgeiz mich allein dem Erlebnis des Wanderns hingeben und hatte den Gedanken an ein Ziel völlig verdrängt. Vielleicht traf mich deshalb die Erkenntnis so urplötzlich: geschafft! Ich bin bis Shibam gekommen! Ich habe es wirklich geschafft! Shibam ist der Höhepunkt und ein würdiger Abschluß meines Abenteuers.

Ich muß meine Freude jemandem mitteilen, aber nur Al Wasim kann mich hören: »Dort ist Shibam! Kannst du es glauben? Wir sind durch den halben Jemen gewandert, weit über 1000 Kilometer durch Wüsten und Wadis, und dort vor uns liegt Shibam! Was sagst du dazu?«

Aber mein Kamel sagt gar nichts. Es hat heute einen schlechten Tag und läßt die Unterlippe hängen.

»Komm, Al Wasim, freu dich! Ich werde dir auf dem *suq* von Shibam köstliches Grünzeug kaufen, Klee, Luzerne und *qasab.*«

Mit stolz erhobenem Kopf gehe ich mit meinem Kamel auf die Stadt zu. Helle Freude durchflutet mich. Meine Sinne sind hellwach. Ich sehe, höre, rieche, fühle alles überdeutlich, einprägsam und unzerstörbar für den Rest meiner Zeit. Ich habe das schier Unmögliche wahr gemacht: Ich bin mit einem Kamel nach Shibam gewandert.

Im Schatten der Tamariske

Pilger, deine Spuren sind der Weg
und sonst nichts.
Pilger, es gibt keinen Weg,
du machst den Weg beim Gehen.

Und wenn du zurückschaust
siehst du den Pfad,
den du niemals wieder betreten wirst.

Antonio Machado

Wie mit einem Fächer fängt die Tamariske den Wind in ihren gefiederten Zweigen. Der Gefangene faucht und wütet, aber die Tamariske gibt ihn nicht frei. Da stimmt er das Lied des Wüstensturmes an. Er raunt von ewigen Geheimnissen, von Suche und Sehnsucht, Schicksal und Verhängnis, Leben und Vergänglichkeit. Der Gesang feiert die majestätische Schönheit der großen Leere.

Ich lehne am knorrigen Stamm der Tamariske nicht weit von Shibam entfernt und lausche den eigenwilligen Klängen der Windharfe. Die Äste mit den schuppigen Zweigen hängen weit herab und umgeben mich wie ein grünes Zelt der Geborgenheit. Neben mir ruht Al Wasim. Ich bin gerührt, wenn er von selbst meine Nähe sucht. Doch sicher bin ich mir seiner Zuneigung nicht, vielleicht hat er sich nur wegen des Schattens neben mich gelegt. Gleichmütig erträgt er mit geschlossenen Augen mein Streicheln. Den Hals weit vorgestreckt, hat er den Kopf flach in den Sand gelegt. Nun hebt er die Lider mit den langen, dichten Wimpern. Ich versuche seinen Blick aufzufangen, doch seine dunkelbraunen Augen blicken an mir vorbei ins Nirgendwo.

»Al Wasim, wir müssen uns trennen. Es muß sein. Ich werde dir einen guten Herren suchen, ich verspreche es dir.«

Ich richte mich gemütlich unter dem schattenspendenden Dach der Tamariske ein. Auf den breiten Ästen habe ich Taschenlampe, Fernglas, Sonnenbrille, Taschenmesser, Streichhölzer, Schere, Tagebuch und Stift griffbereit aufgereiht; in ihre Zweige einen Teil meiner Kleidung gehängt; zwischen den Wurzeln die Filme und Kameras sonnensicher verstaut; unter tiefhängenden Wedeln die Nahrungsvorräte gelagert; in einer sichtgeschützten Ecke einen Waschplatz eingerichtet; noch im Schatten, aber in sicherer Entfernung von entflammbaren Zweigen, eine Kochstelle gebaut und im weichen Sand mein kleines Zelt aufgestellt, überdacht von der Baumkrone.

Der Wind singt weiter sein Sturmlied auf den dürren Zweigen, aber ein neuer Ton mischt sich dazwischen. Eine Stimme. Sie preist den größten und einzigen Gott, Allah! Der Muezzin von Shibam ruft sein Gebet vom Minarett weit hinauf zum Himmel, allen Gläubigen zum Gehör. Sein Gesang klettert in die klare Luft, schwingt sich höher, steigt und fällt und erhebt sich von neuem. Die Stimme ist ein dunkler Bariton, warm und stark, als wolle sie die ganze Welt umfangen. Mit Leidenschaft und inniger Überzeugung verkündet der Gesang den einzig wahren Weg für alle Menschen, die hören wollen. Er fordert die untrennbare Einheit von Religion und Leben.

Nacht in Shibam. Kein Laut ist zu hören. Die Gassen sind leer und still. Am Tag beobachtete ich hier die spielenden Kinder; sie lärmten fröhlich, wenn sie mich sahen, und folgten mir auf allen Wegen. Auch die zahlreichen Ziegen sind verschwunden, die tagsüber in Scharen durch die Stadt stöckelten. In den dunklen

Ställen der unteren Stockwerke harren sie nun auf das Tageslicht. Hühner scharrten im Abfall, und die bunten Plastiktüten tanzten im Wind. Nichts davon jetzt. Alles Leben scheint entflohen. Bewegungslos ruht die Stadt im bleichen Mondlicht. Mein Blick schweift nach oben, hoch und höher. Die Hausfassaden wollen kein Ende nehmen. Erst als ich den Kopf weit zurücklehne, sehe ich einen schmalen Streifen Sternenhimmel zwischen den Häusern blinken. Aus einem Fenster im neunten Stockwerk sickert schwaches Licht in die Nacht. Ich stelle mir vor, daß dort ein Mensch in einsamer Versunkenheit sitzt und im Koran liest. Dann wird auch dieses Licht gelöscht. Ich gehe weiter. Ein Geräusch! Leises Scharren, in der Stille überdeutlich zu hören. Ein Schatten löst sich aus der Dunkelheit. Erleichtert atme ich auf – es ist nur eine Katze. Sie schleicht vorbei und drückt sich verstohlen in einen Winkel. Ich fürchte mich nicht, und doch ist es unheimlich, durch diese dunkle Stadt zu gehen. Ich genieße den Reiz einer unsichtbaren Gefahr. Und weiter wandere ich durch das Labyrinth der schwarzen Häuserschluchten. Mir ist zumute wie in einem Traum. Eine der Gassen mündet in einen weiten Platz, der ringsum von den Hochhäusern eingeschlossen ist. In der Mitte des Platzes ein Brunnen, dessen weiße Kalkmauern im Mondlicht bläßlich schimmern.

Es ist der alte Marktplatz; hier lagerten früher die Karawanen. Der Brunnen ist versiegt, aus dem die Kameltreiber ihren Durst stillten, die Tiere tränkten und die Wasserschläuche für die Weiterreise füllten. Der Ort ist verlassen von Mensch und Tier. Nur der Wind haucht über den freien Raum und zieht weiter durch die engen Gassen. Vergangen sind die Zeiten, als hochbeladene Karawanen nach Shibam zogen und hier rasteten. Nichts ist von ihnen geblieben. Alle Spuren sind verwischt, deshalb fülle ich den leeren Raum mit Bildern, Geräuschen und Gerüchen meiner Phantasie:

Am Boden hocken bärtige Gestalten mit wilden, langen Haaren, in Decken gewickelt und Tücher wegen der Nachtkälte eng um Kopf und Schultern gezogen. Einer stochert in der Glut, ein anderer gießt sich aus rußigem Kessel eine letzte Schale Tee ein, schlürft laut vor Genuß und läßt sich zum Schlafen zurücksinken auf die bloßen Steine. Kamele liegen mit verschnürten Beinen neben Bündeln und Säcken, die ihnen im Morgengrauen wieder aufgebürdet werden. Leiser werden die Geräusche, einer flüstert im Schlaf, ein anderer legt noch einmal Holz auf die Glut, um sich mit der Illusion von Wärme zu trösten. Und tief in der Nacht, wenn die Menschen schlafen, dringen gurgelnde Laute vom Lager der festgebundenen Kamele herüber. Eines nach dem anderen unterbricht sein Wiederkäuen, ächzt und stöhnt herzzerreißend. In der Tiefe ihrer mächtigen Leiber formen sich qualvolle Töne, als wollten sie ihr bitteres Schicksal als Lasttier beklagen – aber in der Schwärze der Nacht verhallen die kummervollen Seufzer. Dann entspannen sich ihre langen Hälse, und die Köpfe sinken schwer auf den Boden. Die Lider mit den dichten Wimpern verschließen die sanften, braunen Augen. Bis am Morgen die Stille hinweggefegt wird vom Lärmen des Aufbruchs. Die Karawane formiert sich und zieht hinaus durch das Stadttor in die Weite der Wüste.

Es ist spät geworden, bis ich aus dem Labyrinth Shibams wieder herausgefunden habe. Draußen vor der Stadt ist es hell, denn der Vollmond beleuchtet den weiten Talgrund. Lautlos versinken meine Füße im weichen Sand. Durch die Dünen gelange ich zu meinem Lagerplatz unter der Tamariske. Al Wasim liegt neben meinem Zelt. Er hat die leisen Schritte gehört und wendet mir den Kopf zu. Das Miteinander ist so eng, daß sich inzwischen auch unser Geruch vermischt hat.

Ich habe einen Kloß im Hals, wenn ich daran denke, mich von ihm trennen zu müssen. Manchmal trieb mich seine Störrigkeit und sein Eigensinn zur Verzweiflung, aber er war mir dennoch ein zuverlässiger und auch gutmütiger Gefährte. Nur zusammen mit ihm konnte ich mein bisher größtes Abenteuer erleben; wir haben Hitze, Staub und Kälte ertragen, Hunger und Durst erduldet, Hindernisse überwunden und die Angst besiegt. Die Strapazen und Gefahren waren der Preis für die grandiosen Erlebnisse. Nur weil ich bereit war, diesen Preis zu zahlen, wurde ich reich belohnt, und der schönste Lohn war das Wohlwollen und Lächeln der Menschen, denen ich unterwegs begegnet bin.

Morgen aber muß ich von Al Wasim Abschied nehmen und ihn seinem neuen Besitzer, Abdullah, übergeben, und traurig streichle ich sein schütteres Fell und kraule ihn hinter den Ohren.

Ich habe Abdullah von unserer langen Wanderung erzählt, welch vortrefflicher Freund mir Al Wasim war und wie schwer mir die Trennung fällt. Lächelnd hat er mir seine Kamele gezeigt und gesagt: »Du kannst dich darauf verlassen, dein Al Wasim wird es gut bei mir haben.«

Früh am Morgen gehe ich zum *suq* und kaufe für meinen Schönen zum Abschied ein dickes Bündel *qasab*. Von weitem schon hört er meine Schritte im Sand und wendet mir hoffnungsfroh den Kopf zu. Als er das frische Grünzeug wittert, wird sein Gesicht lang und gierig. Es sieht aus, als würde ihm das Wasser im Maul zusammenlaufen.

Zum letzten Mal schiebe ich ihm seine Lieblingsblätter unter die Nase, und während er schon genüßlich zu kauen beginnt, wende ich mich schnell ab, als wollte ich ihm meine Tränen nicht zeigen.

Dann geht alles sehr schnell. Ein Flugzeug wird mich in wenigen Stunden nach Sana'a zurückbringen, wo mich Habiba erwartet. Ich rufe sie vor meinem Abflug noch an, und es tut gut, ihre sanfte Stimme zu hören. »*Ahlan wa sahlan*«, sagt sie, und ich spüre, es ist weit mehr als ein Willkommensgruß.

Glossar

Ahlan wa sahlan wamarwahaban	klassische Begrüßungsformel: Möge deine Familie gedeihen, mögen deine Wege eben und deine Weidegründe weit sein.
Al hamdulillah	Gott sei gelobt
Allahu akbar	Gott ist der Größte
aqaba, iqab (Plur.)	Aufstieg bzw. Abstieg, steiler Gebirgspaß
baldu	schwarzer, knöchellanger Frauenmantel
bedu (Plur.), *bedui* (Sing.)	Nomaden bzw. Nomade; unser Begriff »Beduinen« ist ein doppelter Plural.
bikam? kam?	wieviel?
bun	jemenitischer Kaffee aus Hirse mit Gewürzen
djambija	Krummdolch
fauqa baitna	oben ist unser Haus
futah	knielanger Männerrock
Ilb-Baum	Christusdorn, *Ziziphus spina-christi (L.)*, hocharab. *sidr*
Imam	Vorbeter in der Moschee. Auch das geistliche und weltliche Oberhaupt der Nation

inschaallah	so Gott will, auch im Sinn von »vielleicht«
Islam	bedeutet Hingabe an Gott und Unterwerfung unter den Willen Gottes
ma'a-salama	auf Wiedersehen
musch muschkilla	kein Problem
naam oder *aiwa*	ja
salam aleikum	Friede sei mit euch; Grußformel
sayid, sada (Plur.)	vornehmer Herr, eigentl. direkter Nachkomme des Propheten bzw. seines Schwiegersohnes Ali
Scheich	richtig gesprochen: Schechk, wörtl.: alt, verehrungswürdig, Altvater, Ältester, Stammesoberhaupt. Er muß fähig sein, seinen Stamm bei Kämpfen anzuführen und interne Streitigkeiten zu schlichten.
suq	orientalischer Markt
wa aleikum as-salam	und euer sei der Friede; Antwort bei Begrüßung
Wadi	Tal, meist trockenes Flußtal
zabaach al cheer	guten Morgen (Gruß)
zabaach al nuur	guten Morgen (Antwort)

Literatur

Omar Chajjam, *Rubaijat.* Sphinx Verlag, Basel 1995
Hamdani *in:* Gerd Simper und Petra Brixel, *Jemen.* Därr Reisebuch Verlag, Hohentann 1992
Hans Helfritz, *Entdeckungsreisen in Süd-Arabien.* DuMont Buchverlag, Köln 1977
Samuel Ha-Nagid Ibn Nagrila *in:* Raoul Schrott, *Die Erfindung der Poesie.* Gedichte aus den ersten viertausend Jahren. Eichborn Verlag, Frankfurt 1998
Naschwan al-Himjar *in:* Raoul Schrott, a. a. O.
Harold Ingrams, *Befriedete Wüste.* Rohrer Verlag, Wiesbaden 1950
Jemen-Report. Mitteilungen der Deutsch-Jemenitischen Gesellschaft e.V. Erscheint zweimal jährlich. 79102 Freiburg, Erwinstr. 52
Fritz Kortler, *Altarabische Träume,* Perlinger Verlag, Wörgl 1982
Antonio Machado *in: Erdkreis* Jahrg. 41, Echter Verlag, Würzburg 1991
Gabriel Mandel, *Das Reich der Königin von Saba.* Scherz Verlag, München 1976
Daniel van der Meulen, *Hadhramaut das Wunderland.* Orell Füssli Verlag, Zürich 1948
Dietmar Quist, *Im Norden des Jemen.* Harenberg Edition, Dortmund 1996
Antoine de Saint-Exupéry, *Botschaft der Wüste.* Arche Verlag, Zürich 1981
Antoine de Saint-Exupéry, *Wind, Sand und Sterne.* Carl Rauch Verlag, Düsseldorf 1956
Freya Stark, *Die Südtore Arabiens.* Wilhelm Heyne Verlag, München 1994
Yahya Saraf ad Din *in:* Armin Schopen, *Das Qat. Geschichte und Gebrauch.* Uni Druck, Wiesbaden 1978
Wilfred Thesiger, *Die Brunnen der Wüste.* Piper Verlag, München 1959

HINWEIS

Mein Buch soll niemanden verführen, allein und ohne einheimische Führer im Jemen zu reisen. Wegen der besonderen Form der Gastfreundschaft ist das n i c h t angebracht. In meinem Fall ergab sich eine Ausnahme, die jedoch für alle Beteiligten manchmal problematisch war.

Mit jemenitischen Begleitern können Sie die Faszination dieses Landes intensiv und sicher erleben. Meine beste Empfehlung, um Ihre Reise zu einem einzigartigen Erlebnis zu gestalten, ist:

Cameleers Tours
Mohammed Baza
P.O. Box 20 370
Sana'a, Republic of Yemen
Tel + Fax: 00 967-1-27 19 41

Wer gern Arabisch lernen möchte und dies mit dem Kennenlernen des Jemen verbinden will, dem empfehle ich die Sprachenschule in Sana'a:

Yemen Language Center
Sabri Saleem
P.O. Box 36 71
Sana'a, Rebublic of Yemen
Tel. 00 967-1-285 125; Fax: 00 967-1-270 127